MUJER
SEGURA DE SÍ MISMA

MUJER
SEGURA DE SÍ MISMA

■ EMPIECE A VIVIR HOY RESUELTAMENTE Y SIN MIEDO ■

JOYCE MEYER

CASA
CREACIÓN
A STRANG COMPANY

La mayoría de los productos de Casa Creación están disponibles a un precio con descuento en cantidades de mayoreo para promociones de ventas, ofertas especiales, levantar fondos y atender necesidades educativas. Para más información, escriba a Casa Creación, 600 Rinehart Road, Lake Mary, Florida, 32746; o llame al teléfono (407) 333-7117 en Estados Unidos.

Mujer segura de sí misma por Joyce Meyer
Publicado por Casa Creación
Una compañía de Strang Communications
600 Rinehart Road
Lake Mary, Florida 32746
www.casacreacion.com

A menos que se indique lo contrario, todos los textos bíblicos han sido tomados de la versión Reina-Valera, de la *Santa Biblia*, revisión 1960. Usado con permiso.

Algunos textos bíblicos han sido tomados de la *Santa Biblia, Nueva Versión Internacional* (NVI), © 1999 por la Sociedad Bíblica Internacional. Usado con permiso.

Este libro fue publicado originalmente en inglés con el título: *The Confident Woman*, Copyright © 2006 por Joyce Meyer, por Warner Faith, una división de Time Warner Book Group. This edition published by arrangement with Warner Books, Inc., New York, New York, USA. All rights reserved.

Traducido por: *María Fabbri Rojas*
Diseño interior por: *Grupo Nivel Uno Inc.*

Library of Congress Control Number: 2007921403
ISBN: 978-1-59979-043-5

Impreso en los Estados Unidos de América

07 08 09 10 ❖ 9 8 7 6 5 4 3 2 1

CONTENIDO

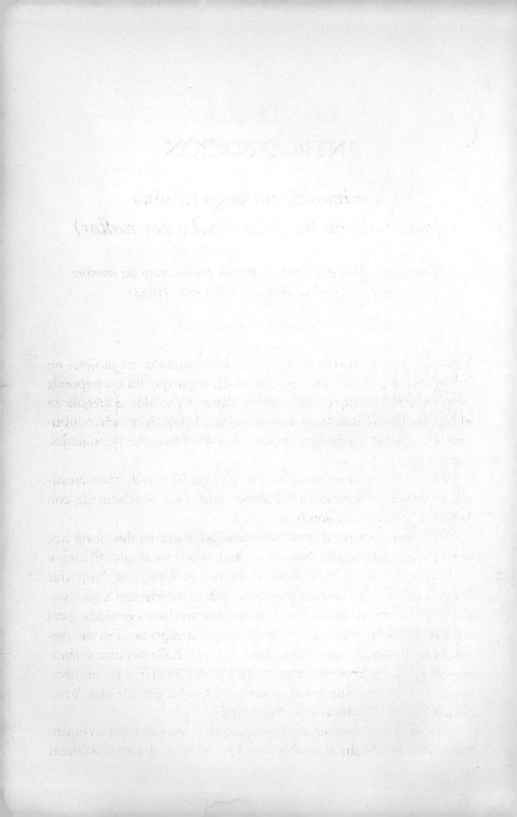

INTRODUCCIÓN

Venimos de un largo camino
(pero todavía nos falta mucho por andar)

"Una mujer tiene que ser dos veces tan buena como un hombre para ir la mitad de lejos." —FANNIE HURST

Durante la mayor parte de la existencia del mundo, las mujeres no han disfrutado del debido respeto, ni del lugar que les corresponde en la sociedad. Aunque mucha de esa injusticia ha sido corregida en el mundo Occidental, en el mundo siguen habiendo muchas culturas en el mundo donde las mujeres son terriblemente maltratadas. Esto es trágico.

Las mujeres son un precioso don de Dios al mundo. Son creativas, sensibles, compasivas, inteligentes, talentosas, y de acuerdo con la Biblia, iguales a los hombres.

Dios creó primero al hombre —pero rápidamente descubrió que él necesitaba una ayuda. No una esclava, sino una ayuda. Él creó a una mujer de una de las costillas de Adán y la llamó Eva. Note que Eva fue tomada del costado de Adán —de algo próximo a su corazón— no de abajo, de sus pies. Las mujeres no fueron pensadas para ser pisoteadas, no respetadas, intimidadas, o denigradas. Eva fue creada porque Adán la necesitaba. Dios dijo que Adán no estaba completo sin ella. Es lo mismo hoy; los hombres necesitan a las mujeres, y las necesitan para algo más que ser una cocinera, ama de casa, compañera de sexo, o máquina de hacer bebés.

Simplemente para estar segura de que nadie entiende mal mi comentario sobre que Adán no estaba completo sin Eva, déjeme establecer claramente que no todos tenemos que casarnos para estar completos. Y, dado que el 43% de los primeros matrimonios acaban en divorcio —y el 60% de los vueltos a casar—, es claro que el matrimonio no es la razón de ser, ni el único fin de una existencia feliz.[1]

Aunque la mayoría de las personas desean casarse y tener un compañero para la vida, Dios llama y capacita especialmente a muchos hombres y mujeres para que permanezcan solos toda su vida. Como este libro está escrito especialmente para las mujeres, quiero decirle enfáticamente que usted como mujer no necesita estar casada para disfrutar su vida y hacer grandes cosas. El hecho de que la mayoría de las mujeres se case, no significa que algo no esté bien en usted o que está perdiendo su vida si no lo hace.

Hombres y mujeres: trabajar codo a codo

Yo creo que la mayoría de las mujeres posee un sexto sentido que Dios no les dio a los hombres. Suele llamarse la intuición femenina, y no es ningún mito. Se trata de algo real. Funciona de este modo: Los hombres usualmente son más lógicos, mientras que las mujeres tienden a orientarse más por la "sensibilidad". Por ejemplo, un gerente masculino podría mirar el curriculum vitae de un candidato al puesto, su solicitud de trabajo, promedio de notas e historial laboral y estar listo para contratarlo, basado en los "hechos". Sin embargo, la colega femenina de este gerente varón podría guiarse más por instinto, por una "percepción visceral". Ella podría evaluar al mismo candidato y detectar intuitivamente rarezas de personalidad o actitudes sutiles-pero-destructivas que no se muestran en el papel. Esto no significa que las mujeres sean innatamente mejores líderes que los hombres o que sus instintos estén basados en una frecuencia especial con Dios que los hombres no sintonizan. De hecho, las emociones de una mujer también pueden ponerla en problemas, y frecuentemente ella necesita que la lógica de cerebro-izquierdo de un hombre la ayude a ver las cosas claramente.

Lo central es que mujeres y hombres se necesitan mutuamente; pueden complementarse uno al otro —como los jefes masculinos y femeninos del ejemplo que di. Ni el hombre ni la mujer vieron claramente el cuadro completo. Eso es por que hombres y mujeres deben trabajar juntos, codo a codo en armonía y respetándose el uno al otro como iguales.

Por razones de orden, Dios instruyó que si una mujer está casada, debe ser sumisa a su marido. Ahora bien, sé que a muchas mujeres no les gusta esa particular palabra con "s". Pero piénselo de esta manera: usted no puede tener a dos personas manejando un automóvil al mismo tiempo, luchando sobre cómo dirigir las ruedas y compitiendo por el pedal del freno. Por necesidad, una persona debe ocupar el asiento del conductor. Sin embargo, nunca fue la intención de Dios que las mujeres fueran dominadas y que se las hiciera sentir como si sus opiniones carecieran de valor. (Después de todos, como mi marido Dave le dirá, es bueno tener en el automóvil a alguien que puede darse cuenta de que estamos perdidos —¡y somos demasiado orgullosos para parar y preguntar por la dirección!)

▪   ¿Cuánto conoce usted el mundo de las mujeres?   ▪

Algunos recientes estudios nacionales sobre las mujeres arrojan muchas curiosas revelaciones sobre ellas. Haga la siguiente prueba de Verdadero/Falso para ver cómo su experiencia y actitudes coinciden con las de otras mujeres.

1. La mayoría de las mujeres norteamericanas puede dormir adecuadamente toda la noche.
2. Los fines de semana son el único tiempo en que las mujeres reciben un descanso de las responsabilidades y quehaceres de la casa.
3. La mayoría de los segundos casamientos no involucran niños.
4. La mayoría de las mamás dicen que gastan con sus hijos más tiempo de calidad que el que sus propias madres gastaron con ellas cuando eran niñas.
5. El deseo Nº 1 de las mujeres es tener más tiempo para el ejercicio.
6. La mayoría de las mujeres casadas está satisfecho con la cantidad de tiempo que ellos pasan con sus maridos.
7. El tiempo para el sexo es la cosa Nº 1 que las mujeres extrañan de la vida de casadas antes de tener niños.
8. La mayoría de las mamás dice que sus maridos son el tipo de papá que ellas pensaron que serían.
9. La mayoría de las mamás dice que ellas —no sus maridos— son quienes resuelven los problemas en sus familias.
10. La inmensa mayoría de las mamás dice que no tienen suficiente tiempo para sí mismas.

■ Respuestas a "¿Cuánto conoce usted el mundo ■
de las mujeres?"

1. Falso. Sólo el 15% de las mujeres logra tener por lo menos 8 horas de sueño por noche.[2]
2. Falso. La mitad de las mujeres de hoy pasa sus fines de semana haciendo quehaceres y atendiendo otras responsabilidades de la casa.[3]
3. Falso. El 65% de las segundas nupcias involucran a hijos de matrimonios anteriores.[4]
4. Verdadero. El 70% de las mamás dicen que ellas invierten en sus hijos más tiempo de lo que sus propias mamás hicieron.[5]
5. Falso. El 69% de las mamás deseaba tener más tiempo para disfrutar de actividades divertidas con sus hijos. El ejercicio estaba en un cercano segundo puesto; el 67%.[6]
6. Falso. El 79% de las mujeres quiere más tiempo con sus maridos.[7]
7. Falso. Las mamás de hoy querrían más tiempo en la cama con sus maridos, pero la mayoría de ellas extraña el dormir (69%) más que el sexo (22%).[8]
8. Verdadero. El 56% de las mamás dice que sus maridos son los papás que ellas preveían —aunque confiesan que eso no siempre es algo positivo. Por otro lado, en el 44% que dio la respuesta inversa, algunas hicieron notar que sus maridos han excedido las expectativas que tuvieron de ellos como papás.[9]
9. Verdadero. Esta respuesta podría escandalizar a algunos hombres, pero el 60% de las mamás dice que ellas son quienes resuelven los problemas en la familia.[10]
10. Verdadero. Un agobiando 90% de las mamás de hoy anhelan más tiempo para sí mismas.[11]

Pregunte a las mujeres del siglo 21: "Cómo se sienten respecto a sí mismas"? Y la mayoría les confesará: "Me odio a mí misma".

Debido a años de abuso y a una negativa manera de ver a las mujeres en el mundo, muchas de nosotras hemos perdido la confianza que Dios quiere que disfrutemos. Nuestra sociedad tiene una epidemia de personas inseguras en esto. Este problema causa gran dificultad en las relaciones y es que una de las razones de que el divorcio sea tan frecuente hoy.

Pregunte a las mujeres del siglo 21: "Cómo se sienten respecto a sí mismas"; y la mayoría les confesará: "Me odio a mí misma". O quizás su opinión de sí mismas no sea tan severa, pero admitirán que realmente no se gustan. Tres factores contribuyen a esta actitud negativa.

1. Una historia larga de maltrato de los hombres hacia las mujeres ha dejado en muchas de nosotras sentimientos vagos que somos de algún modo "menos" que los hombres. Menos valiosas. Menos dignas.

2. Nuestro mundo ha creado una imagen falsa, poco realista de cómo se supone que las mujeres deben verse y actuar. Pero la verdad es que cada mujer no fue creada por Dios para ser flaco, con una complexión perfecta y largo pelo suelto. Ni cada mujer fue pensada para hacer malabares con una carrera y con todos los otros deberes de ser una esposa, madre, ciudadana, e hija.

   Las mujeres solteras no tienen por qué sentir que se están perdiendo algo por no estar casadas. Las mujeres casadas no tienen por qué sentir que deben tener una carrera para estar completas. Si ellas escogen hacerlo, es maravilloso, pero debemos tener la libertad para ser individualmente quien cada una es.

3. Muchas mujeres se odian y no tienen confianza en sí mismas porque han sido abusadas, rechazadas, abandonadas, o de alguna, manera dañadas emocionalmente. Las mujeres necesitan experimentar una renovación del conocimiento de su infinito valer y valor. A través de este libro, espero ayudar a iniciar tal renovación.

Durante mi niñez, soporté muchos años de abuso sexual. El abuso afectó profundamente mi confianza y la imagen interior de mí misma. En mi fuero interno yo era muy temerosa, pero exteriormente me presenté como una pendenciera, persona atrevida a quien no le importaba lo que otros pensaran de ella. Me creé una "supuesta yo" para que nadie descubriera la "real yo". Estaba llena de vergüenza y condenación por algo que un me hombre había hecho, y debo confesar que como resultado durante muchos años tuve una opinión bastante baja de los hombres.

Hoy, sin embargo, creo ser una mujer equilibrada. Tengo un marido maravilloso y cuatro hijos crecidos. Soy la presidenta y fundadora de un ministerio mundial que a través de los medios de comunicación está ayudando a millones de personas a encontrar la salvación a través de Jesucristo, así como la libertad y completud en sus vidas. Mi marido, mis hijos y yo trabajamos todos juntos en el ministerio.

En mi jornada he aprendido mucho sobre qué es la "verdadera confianza", y será un gran deleite para mí compartirle cualquier cosa yo sepa que pueda ayudarle a ser la mujer que Dios se propuso que usted sea. Él desea que usted sea resuelta, valerosa, segura, respetada, admirada, potenciada, solicitada y, sobre todo, amada.

Dios tiene un maravilloso plan para su vida, y oro que la lectura de este libro le ayude a entrar en él tan plenamente como nunca antes. Usted puede sostener su cabeza en alto y puede estar llena de confianza respecto a sí misma y a su futuro. Usted puede ser resuelta y salir a hacer cosas nuevas —incluso cosas que ningún hombre o mujer ha hecho antes. ¡Usted tendrá lo que tome!

El don de la confianza ordenado por Dios

Capítulo Uno

LA CONFIANZA

¿Qué es la confianza? Yo creo que la confianza es todo lo referente a ser positiva respecto a lo que usted puede hacer —y no preocuparse por lo que no puede hacer. Una persona segura de sí misma está abierta a aprender, porque sabe que su confianza le permite atravesar las entradas a la vida, ávida por descubrir lo que la espera al otro lado. Sabe que cada nueva incógnita es una oportunidad para aprender más sobre sí misma y poder expresar sus capacidades.

Las personas seguras de sí mismas no se concentran en sus debilidades; desarrollan y aumentan al máximo sus aspectos fuertes.

Por ejemplo, en una escala de 1 a 10, yo podría ser un 3 cuando se trata de tocar el piano. Si practicara mucho tiempo y arduamente —y si mi marido pudiera aguantar el barullo— quizás podría transformarme en una pianista media, digamos de nivel 5. Sin embargo, como oradora, podría ser un 8. Así que, si invirtiera mi tiempo y esfuerzo en esta aptitud, podría alcanzar un nivel 10. Cuando usted lo mira de esta manera, es fácil ver donde debe invertir sus esfuerzos.

El mundo no tiene hambre de mediocridad. Realmente no necesitamos un manojo de 4 y 5 que dan vueltas y hacen un trabajo promedio en la vida. Este mundo necesita a los 10. Yo creo que todos podemos ser un 10 en algo, pero nuestro problema es que solemos trabajar tan duro intentando superar nuestras debilidades que nunca desarrollamos nuestros aspectos fuertes. Cualquier cosa en la que nos enfocamos se hace grande a nuestros ojos —demasiado grande, realmente. Podemos convertir algo en un gran problema cuando, en realidad, sería una molestia menor si solamente lo viéramos en perspectiva con nuestras fuerzas. Por ejemplo, digamos que usted no es el tipo de persona "de números". A usted le cuesta calcular un propina del 15% en los restaurantes, y su talonario de cheques no está balanceado desde 1987.

Usted podría obsesionarse con su incapacidad "para las matemáticas". Podría comprar *Matemática para bobos* y otros libros sobre el tema, y quizá hasta tome una clase en la universidad de la comunidad. Pero su obsesión por la matemática podría quitarle el tiempo que podría consagrar a cosas en las que usted es sensacional —como la enseñanza en la Escuela dominical, la escritura creativa, o levantar fondos para caridad. En otras palabras, usted podría robar tiempo y esfuerzo a las áreas 10 de su vida sólo para pasar de un humilde 3 a un mediocre 5.

¿No sería mucho mejor delegar esas cuestiones de la matemática a algún otro? ¿Usar para el pago de facturas un sistema online que tenga incorporadas herramientas para encontrar errores o sobregiros? Y siempre puede pedirles a sus compañeros de mesa que la ayuden a calcular la propina. Hasta hay guías que puede llevar con usted.

Recuerdo haber entrevistado a un hombre y a su esposa en el programa de televisión de nuestro ministerio. Le pregunté al hombre, que era un ministro, cuáles eran sus debilidades. Su respuesta fue: "Mire, yo no me concentro en ellas. Seguramente tengo algunas, pero no podría hablarle de ellas porque apenas les presto atención". Contesté risueñamente que después le preguntaría a su esposa. Estaba segura de que ella conocería sus debilidades, aunque él no lo hiciera. Cuando ella se nos unió después en la transmisión, le hice rápidamente esa pregunta. Ella contestó: "Para mí, mi marido es perfecto; yo no me enfoco en sus debilidades. Él tiene tantos aspectos fuertes que me concentro en ellos y lo ayudo a ser todo lo que él puede ser."

No me tomó mucho tiempo entender por qué esos dos estaban siempre tan contentos y optimistas —y por qué tenían un matrimonio tan maravilloso. Las personas seguras hacen un hábito de pensar y actuar positivamente. Por lo tanto, disfrutan la vida, y logran mucho.

Una persona sin confianza es como un avión asentado en una pista de aterrizaje con los tanques de combustible vacíos. El avión tiene la capacidad de

La confianza nos permite enfrentar la vida con audacia, franqueza, y sinceridad. Nos capacita para vivir sin preocupación y sentirnos seguros. Nos habilita para vivir auténticamente.

volar, pero sin algo de combustible, no puede dejar la tierra. La confianza es nuestro combustible. Nuestra confianza, nuestra convicción de que podemos tener éxito, nos hace empezar y nos ayuda a terminar cada desafío que asumimos en la vida. Sin confianza, una mujer vivirá con miedo y nunca se sentirá realizada.

La confianza nos permite enfrentar la vida con audacia, franqueza, y sinceridad. Nos capacita para vivir sin preocupación y sentirnos seguros. Nos habilita para vivir auténticamente. No tenemos que pretender ser alguien que no somos, porque estamos seguros de quién somos —aunque seamos diferentes de los que nos rodean. Creo firmemente que la confianza nos da permiso para ser diferentes, para ser únicos. Dios ha creado a cada persona de una manera singular, aunque la mayoría de la gente gasta su vida tratando de ser como el resto —y como resultado sintiéndose miserable. Créame esto: Dios nunca le ayudará a ser como otra persona. ¡Él quiere que usted sea usted! ¡Usted puede estar segura de esto!

Las personas con baja confianza, por otra parte, no están seguras de nada. Son personas de doble ánimo, indecisas que están constantemente frustradas en la vida. Si toman una decisión, las atormenta la incertidumbre. Se cuestionan continuamente a sí mismas. Como resultado, no viven audazmente. Viven vidas pequeñas, estrechas, y se pierden las vidas grandes y galardonadas que Dios quiere que disfruten.

Usted puede estar consciente de algunas de las promesas de Dios para su pueblo —promesas de paz, felicidad, bendiciones, y muchas más. Pero ¿sabe que todas las promesas de Dios son para cada persona?

Es correcto: cuando viene a cumplir promesas, Dios no discrimina. Pero ata ciertas condiciones a algunas promesas, así como un padre podría prometer a un niño llevarlo a una excursión como premio por obtener buenas calificaciones.

Similarmente, Dios requiere que nos acerquemos a Él con fe: la confianza profundamente sostenida de que Dios es digno de confianza y siempre cumplirá sus promesas. Dios lo ama; Él quiere que usted se relaje conociendo ese amor. Él quiere que usted experimente la paz mental que viene de descansar en su amor y vivir sin el tormento del miedo y de la duda. Demasiada gente se encoge a la sola mención del nombre de Dios, porque tiene miedo de que Él esté sentado en el cielo, esperando que resbalen para poder castigarlos. No quiero decir que nunca debamos enfrentar las consecuencias de nuestras acciones, pero Dios no se deleita en castigarnos. En cambio, quiere bendecirnos y prosperarnos. Él es misericordioso y si somos capaces de recibir su misericordia, frecuentemente nos dará bendiciones aunque legalmente merezcamos castigo. Gracias a Dios porque Él ve la actitud de nuestro corazón y nuestra fe en Jesús y no solamente nuestras acciones.

Cuando tenemos confianza en Dios y en su amor y bondad, podemos progresar viviendo confiadamente y disfrutar la vida que Él quiere para nosotros. Note que dije confianza en Dios, no en nosotros. Usualmente, cuando la gente piensa en confianza, piensa en la autoconfianza. Piense en cuántas veces usted oye por televisión a gurús de la autoayuda o atletas que le urgen: "¡Crea en usted mismo!". Yo le pido algo distinto. Yo quiero dejarle en claro, desde el inicio, que nuestra confianza debe estar sólo en Cristo, no en nosotros, no en otras personas, no en el mundo o sus sistemas. La Biblia dice que somos suficientes en la suficiencia de Cristo (Filipenses 4:13), así que también podemos decir que estamos confiados en la confianza en Cristo. Otra manera de decirlo sería: "sólo tenemos autoconfianza porque Él vive en nosotros y es a su confianza a la que recurrimos".

Imagine que usted es miembro de un equipo de básquetbol, capitaneado por un base que es el jugador más talentoso y más ducho del mundo. Este atleta no sólo juega mejor que cualquier otro de la cancha, sino que también puede sacar lo mejor de sus compañeros de equipo. Usted puede entrar a cada juego con confianza, sabiendo que el líder de su equipo tiene el conocimiento y la habilidad para llevarlo a la victoria. Por cierto usted deberá hacer su parte, cumplir su rol en el equipo, pero aunque se equivoque en una jugada, su superestrella lo cubrirá. Le cuida la espalda. Y, cuando cada juego se despliega, encuentra que la confianza de su líder es contagiosa. Usted puede jugar audazmente, porque su capitán lo inspira.

Así que, si le digo que estoy segura de mí misma, lo que frecuentemente estoy, no quiero decir que estoy confiando en mí o en mis aptitudes. Quiero decir que estoy confiando en mi líder, Dios, y en los dones, talentos y conocimiento que Él ha puesto en mí. Sé que sin Él no soy nada (Juan 15:5), pero con Él, yo puedo ser una campeona, porque Él saca lo mejor de mí.

...nos enorgullecemos en Cristo Jesús y no ponemos nuestra confianza en esfuerzos humanos. (Filipenses 3:3, NVI)

¿Está sufriendo de falta de confianza?

La baja confianza es una condición; hasta podría ser considerada una enfermedad. Y como muchas otras enfermedades, la baja confianza es causada por deficiencia de una cosa (confianza) y demasiado de otra —en este caso—, miedo. Me refiero al miedo como a un virus emocional porque empieza como un pensamiento en su cabeza, luego afecta sus emociones y conductas —tal como un virus de gripe podría invadir su cuerpo a través de un apretón de manos o un estornudo y luego podría hacer que toda usted se sienta completamente a la miseria.

El miedo es un virus peligroso, porque una persona temerosa no tiene confianza en sí misma y nunca puede alcanzar su potencial en la vida. No saldrá de su zona de comodidad para hacer algo —sobre todo, algo nuevo o diferente. El miedo es un gobernante cruel, y sus súbditos viven constantemente atormentados.

Me rompe el corazón ver personas que viven miedosamente, porque sin confianza en sí mismas, nunca pueden conocer y experimentar verdadera alegría. El propio Espíritu Santo de Dios se aflige, porque ha sido enviado a nuestras vidas para ayudarnos a cumplir los propósitos de Dios para nosotros. Pero usted no puede buscar su propósito cuando ha permitido que el miedo azote y cierre con llave la puerta de su vida. Entonces, usted se encoge detrás de la puerta, llena de odio a sí misma, condenación, miedo al rechazo, miedo al fracaso, y miedo a los otros.

Muchas víctimas del miedo terminan siendo personas complacientes, propensas a ser controladas y manipuladas por otros. Abandonan el derecho a ser ellas mismas y usualmente gastan sus vidas tratando de ser lo que piensan que deben ser a los ojos de alguien.

Tristemente, cuando intentamos ser algo o alguien distinto de lo que debemos ser, nos ahogamos a nosotros mismos y al poder de Dios en nosotros. Cuando tenemos confianza, podemos alcanzar alturas realmente asombrosas; sin confianza, hasta los logros simples estarán más allá de nuestras manos.

Ahora, puede que usted haya leído el precedente párrafo —sobre "las alturas realmente asombrosas," y se haya dicho: *Eh, corrige, Joyce. Yo no puedo hacer algo asombroso. (Y además me asustan las alturas.)* No se desespere si tiene pensamientos así. A lo largo de la historia, Dios ha acostumbrado usar a personas comunes para hacer cosas asombrosas, extraordinarias. Claro, todas ellas tuvieron que dar primero un paso de fe. Tenían que avanzar confiadamente hacia lo desconocido o poco familiar antes de hacer algún progreso. Tenían que creer que podrían hacer lo que estaban intentando hacer. "Alcanzar" viene antes que "Creer" en el diccionario, pero el orden se invierte en la vida real.

Es importante notar que, en muchos casos, las personas exitosas han realizado muchos intentos fallidos antes de finalmente tener éxito. ¡Ellas no sólo tuvieron que empezar con confianza, sino que debieron permanecer seguros ante cada circunstancia que parecía gritarles: "¡Fracaso! ¡Fracaso! ¡Fracaso!"

Considere al inventor Thomas Edison. Una vez dijo: "No exagero cuando digo que he construido tres mil teorías diferentes respecto a la luz eléctrica, cada una de ellos razonable y con probabilidades de ser verdadera. Todavía sólo dos casos de los experimentos que hice demuestran la verdad de mi teoría."

Eso significa que Edison desarrolló 2,998 teorías fallidas para llegar al éxito. De hecho, la verdadera historia de la bombilla eléctrica es una larga, tediosa historia de repetidos ensayos y errores. Imagine cómo se debe haber sentido Edison mientras los fracasos se amontonaban por docenas, luego centenares, luego miles. Sin embargo, a través de todos ellos, él siguió adelante. Creyó en su brillante idea, así que no perdió su decisión.[1]

El hecho de que las personas comunes den pasos para lograr cosas extraordinarias no significa que no sientan miedo. Yo creo que Ester, la heroína del Antiguo Testamento, sentía miedo cuando le pidieron que dejara su cómoda vida familiar y entrara en el harén del rey para que Dios pudiera usarla para salvar a su nación. Yo creo que Josué sentía miedo cuando, después de que Moisés murió, él recibió la tarea de introducir a los israelitas en la Tierra Prometida. Sé que yo tenía miedo cuando Dios me llamó a dejar mi trabajo y prepararme para el ministerio. Todavía recuerdo que mis rodillas se agitaban y mis piernas se sentían tan débiles que pensé que me caería. Recuerdo el miedo que sentía entonces, pero ahora me asusta más pensar cómo habría sido mi vida si no hubiera enfrentado el miedo y avanzado para hacer la voluntad de Dios. El miedo no significa que usted sea una cobarde. Sólo significa que debe estar dispuesta a sentir miedo y a pesar de todo hacer lo que debe hacer.

Si yo hubiera permitido que el miedo que sentía me detuviera, ¿dónde estaría hoy? ¿Qué estaría haciendo? ¿Me sentiría feliz y realizada? ¿Estaría escribiendo ahora un libro sobre ser una mujer confiada en sí misma —o estaría sentada en casa, deprimida y preguntándose por qué mi vida era semejante desilusión? Creo que muchas personas infelices son individuos que han permitido que el miedo gobierne sus vidas.

¿Qué pasa con usted, mi estimada lectora? ¿Está haciendo lo que realmente cree que debe estar haciendo en esta fase de su vida, o ha permitido que el miedo y la falta de confianza le impidan entrar en las cosas nuevas —o en niveles más altos de las cosas anteriores? Si no le gusta su respuesta, permítame darle algunas buenas noticias: ¡Nunca es demasiado tarde para empezar de nuevo! No pase un día más viviendo una vida estrecha en ese cuarto donde sólo están usted y sus miedos. Decida ahora mismo que aprenderá a vivir audaz, dinámica y confiadamente. Ya no deje que el miedo la dirija.

El valor no es ausencia de miedo; es acción en presencia del miedo. Las personas resueltas hacen lo que saben que deben hacer —sin importar cómo se sienten cuando lo hacen.

Es importante que note que no puede sentarse a esperar que se vaya el miedo. Usted tendrá que sentir el miedo y actuar a pesar de él. O, como lo expresó John Wayne: "El valor es estar asustado hasta la muerte, y sin embargo ensillar". En otras palabras, el valor no es ausencia de miedo; es acción en presencia del miedo. Las personas resueltas hacen lo que saben que deben hacer —sin importar cómo se sienten cuando lo hacen.

Mientras escribo estas palabras me siento muy emocionada por usted. Creo de verdad que este libro cambiará las vidas de muchas de ustedes cuando lo hayan leído. Puede ser un buen recordatorio para algunas de ustedes, pero a otras les ayudará a apretar el paso en el camino de su verdadera vida. La vida que la ha estado esperando desde el principio del tiempo —y la que usted pudo haberse perdido por causa del miedo y la intimidación. Satanás es el maestro de la intimidación, pero una vez que comprende que es él quien está detrás de su vacilación, usted puede tomar autoridad sobre él simplemente poniendo su confianza en Jesucristo y avanzando decididamente para ser todo lo que usted puede ser. Dios le dijo a Josué: "No temas, porque yo estoy contigo". Hoy Él le está enviando ese mismo mensaje: ¡NO TEMA! Dios está con usted, y nunca la dejará, ni la desamparará.

A Abraham le fue dicho: "Dios está contigo en todo cuanto haces." (Génesis 21:22). Eso me suena a vivir en grande. ¿Está preparada para una vida más grande, una que la deje sentirse satisfecha y realizada? Yo creo que lo está, y quiero hacer cuanto pueda para ayudarla en su jornada.

Yo sé lo que es vivir con miedo. El miedo puede hacer enfermar realmente su estómago. Puede ponerla tan tensa y nerviosa que todos los que la rodean noten que algo anda mal; hacerse evidente en sus expresiones faciales y su lenguaje corporal. Lo que es más, así como la confianza es contagiosa, lo mismo pasa con la falta de confianza en sí misma. Cuando no tenemos confianza interior, ningún otro tiene confianza en nosotros. Imagine a una jugadora de básquetbol tímida, encogida, de pie en la esquina de la cancha con los brazos envueltos alrededor de su cuerpo. ¿Alguien le va a pasar la pelota? ¿Alguien va a querer hacerla intervenir en el juego?

Cuando pensamos que las personas nos están rechazando, nos sentimos heridos por ellas. La jugadora de básquetbol del ejemplo podría pensar que sus compañeras de equipo la odian o tienen algo contra ella. Pero, para las personas temerosas, con falta de confianza, la raíz del problema es que se están rechazando a sí mismas. Están rechazando a la persona que Dios se propuso que fueran.

Un caso clásico de confianza

Así como la falta de confianza viene con su lista de síntomas, lo mismo es verdad de la confianza. Una persona confiada se siente segura. Confía en que es amada, valiosa, cuidada, y está segura de la voluntad de Dios para ella. Cuando nos sentimos seguros y afianzados, es fácil salir y probar cosas nuevas. Durante la construcción inicial del puente Golden Gate, no se usó ningún dispositivo de seguridad y veintitrés hombres cayeron y murieron. Pero en la parte final del proyecto, se usó una gran red como medida de seguridad. Por lo menos diez hombres cayeron en ella y se salvaron de una muerte segura. Lo más interesante, sin embargo, es el hecho de que después de instalarse la red el trabajo rindió un 25% más. ¿Por qué? Porque los hombres tenían la convicción de estar seguros, y se sentían libres para servir al proyecto sin reservas.[2]

Cuando las personas se sienten seguras, son libres para arriesgarse a errar intentando tener éxito. Cuando sabemos que somos amados por nosotros mismos y no sólo por nuestros logros o rendimiento, ya no necesitamos seguir temiendo el fracaso. Comprendemos que fallar en algo no nos hace un fracaso en todo. Somos libres para explorar y averiguar para qué estamos mejor preparados. Somos libres para encontrar nuestro propio nicho en la vida, lo cual no es posible sin salir y averiguar. Ensayo y el error es el camino al éxito, y usted no puede manejar en ese camino mientras su automóvil esté estacionado. Así que póngase en movimiento, y Dios lo dirigirá. Cuando las personas están confiadas, prueban cosas, y siguen probando hasta que encuentran la manera de tener éxito en lo que Dios las ha llamado a hacer.

Seguro, a veces la vida puede hacernos sentir que el agua nos tapa, pero la realidad es que, sin Dios, el agua siempre nos tapa.

Por ejemplo, una niñita de tres años se sentía segura en los brazos de su padre mientras Papá estaba de pie en medio de una piscina de natación. Pero Papá, por diversión, empezó a caminar despacio hacia el extremo profundo y a cantar suavemente: "más profundo y más profundo y más profundo", mientras el agua subía más y más alto en la niña. La cara de la niña registraba grados crecientes de pánico, y se sostenía más fuertemente de su padre que, por supuesto, tocaba fácilmente el fondo. Si la niñita hubiera podido analizar su situación, habría comprendido que no había ninguna razón para su creciente miedo. La profundidad del agua en CUALQUIER parte de la piscina le habría tapado la cabeza. Pero la seguridad de ella, en cualquier parte de esa piscina, dependía de su Papá.

En varios aspectos de nuestras vidas, todos nosotros sentimos que estamos yendo "más hondo de lo que podemos" o que "el agua nos tapa". A nuestro alrededor siempre habrá problemas: Se pierde un trabajo, alguien se muere, hay disputas en la familia, o el médico nos da una mala noticia. Cuando suceden estas cosas, nuestra tentación es dejarnos llevar por el pánico, porque sentimos que hemos perdido el control. Pero piénselo: como el niño de la piscina, la verdad es que nunca tenemos el control cuando la mayoría de los sucesos cruciales vienen a nuestra vida. Siempre hemos sido sostenidos por la gracia de Dios, nuestro Padre, y eso no cambiará. A Dios nada le resulta demasiado profundo, y por tanto estamos tan a salvo en la "parte más profunda" como en la piscina para niños.

Un poco de confianza en Dios hace un largo camino

Katie Brown sólo pesa sólo noventa y cinco libras, y mide apenas poco más de cinco pies de alto. Sin embargo, ella está de pie a una altura mucho mayor que esa, una vez que escala ágilmente una pared de 100 pies (que equivale a un edificio de diez pisos).

Katie es una "escaladora de riesgo", un empeño en el que cual es campeona mundial y varias veces medalla de oro en los "Juegos X" —qué usted puede haber visto por televisión en redes como ESPN2.

Como se puede imaginar, es intimidante para una persona pequeña acometer el escalamiento de paredes y precipicios que tienen veinte veces su altura, pero Katie dice que su extrema fe le trae paz, incluso cuando enrostra desafíos sumamente peligrosos.

"Yo sé que no podría hacer lo que hice sin ser cristiana", explica. "Mi fe en Dios no me libra de un miedo saludable o de la cautela al subir a alturas extremas, pero me ayuda a tratar con él. Se quita mucha presión, porque usted sabe que Dios no va a condenarlo si no gana. Así que no hay de qué preocuparse. Cuando veo a otros compitiendo, me pregunto cómo podría competir si no tuviera fe en Dios."

Las "paredes" que usted enfrenta en su vida pueden no ser literales o físicas. Pueden ser emocionales o relacionales. Y está bien sentirse intimidada o asustada por las paredes de su vida. Como Katie señala, no sería saludable no apreciar la importancia de un desafío mayor.

Pero, como Katie, usted puede descansar segura en la verdad de que Dios no la condenará si usted no puede alcanzar la cima de su pared —o si le toma cientos de intentos. Dios está más interesado en su esfuerzo fiel: un esfuerzo construido sobre su confianza en el amor que Él tiene por usted.[3]

Si al principio no tiene éxito, pruebe, pruebe otra vez

Yo creo que el fracaso es parte de cada éxito. Cuando dice John Maxwell: "Podemos fallar hacia adelante". La Historia está llena de ejemplos de personas que son famosas por hacer grandes cosas —pero si estudiamos sus vidas, hallamos que fallaron miserablemente antes de tener éxito. Algunos de ellos fracasaron numerosas veces antes de tener éxito en algo. Su verdadero fuerte no era tanto su talento como su tenacidad. Una persona que se niega a rendirse siempre terminará teniendo éxito.

Considere estos ejemplos:

- Henry Ford fracasó y tuvo quebrantos cinco veces antes de tener éxito.[4]
- La superestrella de la NBA Michael Jordan fue sacado de su equipo de básquetbol en la escuela secundaria.
- Antes de su primera audición, la leyenda de la pantalla Fred Astaire recibió la siguiente evaluación de un ejecutivo de MGM: "No puede actuar. Ligeramente calvo. Puede bailar un poco."
- El escritor de best sellers Max Lucado vio rechazar su primer libro por 14 editoriales antes de encontrar una que quisiera darle una oportunidad.
- Un así llamado experto del fútbol dijo una vez del preparador Vince Lombardi, dos veces ganador del Campeonato: "Él posee mínimos conocimientos de fútbol. Le falta motivación."
- Walt Disney fue despedido de un periódico porque le faltaron ideas. Después, él estuvo en bancarrota varias veces antes de construir Disneyland.
- En su elección como Presidente de los Estados Unidos, Abraham Lincoln fue llamado "un mandril" por un periódico de Illinois, su estado natal. La nota seguía diciendo que el pueblo norteamericano "estaría mejor si él fuera asesinado".
- A un joven Burt Reynolds se le dijo una vez que no podría actuar. Al mismo tiempo, a su compañero Clint Eastwood se le dijo que nunca lo haría en películas porque su nuez de Adán era demasiado grande.[5]

Las personas listadas en los ejemplos tuvieron éxito en una variedad de diferentes emprendimientos, pero tenían en común una cosa: la perseverancia. Otro ejemplo brillante de perseverancia es el renombrado pastor John Wesley. Echemos una miradita a su diario…

Domingo, A.M. Mayo 5
Prediqué en St. Ana. Se me pidió no regresar.
Domingo, P.M. Mayo 5
Prediqué en St. Jude. Tampoco puedo volver allí.
Domingo, A.M. Mayo 19
Prediqué en St. Somebody Else's. Los diáconos llamaron a una reunión especial y dijeron que yo no podría volver.
Domingo, P.M. Mayo 19
Prediqué en la calle. Me echaron de la calle a puntapiés.
Domingo, A.M. Mayo 26
Prediqué en un prado. Me echaron fuera del prado; un toro fue soltado durante el servicio.
Domingo, A.M. Junio 2
Prediqué en las afueras del pueblo. Me echaron a puntapiés de la carretera.
Domingo, P.M. Junio 2
Por la tarde, prediqué en un potrero. Diez mil personas salieron para escucharme.[6]

Usted sabe que el señor Wesley debió tener perseverancia —y un saludable sentido del humor— para seguir adelante ante el rechazo y el fracaso. Terminó teniendo éxito porque él era un caso clásico de confianza. Una negativa a rendirse es uno de los síntomas de la confianza. ¡Yo la animo a que usted siga probando y, si al principio no tiene éxito, pruebe, pruebe de nuevo!

Capítulo Dos

PONGAMOS LAS COSAS EN CLARO

Dios nunca quiso que las mujeres fueran menos de los hombres en cualquier estimación. Ni que estuvieran sobre los hombres. Ambos géneros deben trabajar juntos para el bien común de todos. El espíritu competitivo que hoy existe en nuestra sociedad entre los hombres y las mujeres es redomadamente loco. Cuando las mujeres empezaron a comprender que tendrían que luchar por sus derechos, algunas de ellas llegaron a ser extremas en sus actitudes. Parece que nosotros los imperfectos seres humanos, siempre vivimos en la cuneta de un lado o del otro. ¡Como un conductor principiante, nos desviamos hacia un lado del camino, y luego nos enderezamos tan fuertemente que terminamos escorando del otro lado!

La clave de la paz entre los sexos es el equilibrio. Veamos lo que Dios tiene que decir al respecto.

Cómo ve Dios a las mujeres

Dios creó a las mujeres, y dijo que todo lo que había creado era muy bueno. Aprenda a creer respecto a sí misma lo que Dios dice sobre usted, no lo que otras personas han dicho. Dios la creó, y mirándola proclamó: "¡Es muy buena!". Usted es una de las obra de arte de Dios, y el Salmo 139 declara que todas sus obras son maravillosas. ¡Por consiguiente, usted debe ser maravillosa!

Porque Eva desobedeció a Dios inicialmente y tentó a Adán, las mujeres han recibido una mala crítica desde entonces. Yo creo que Adán debería haber tomado el plato y rehusado hacer lo que Eva lo estaba tentando a hacer, en vez de hacerlo y culparla desde entonces del enredo en que se metieron. Después de todo, Dios creó a Adán primero, y era a Adán a quien le dio la orden de no comer de la fruta del árbol del conocimiento del bien y del mal.

Yo estoy segura de que Adán le habló a Eva sobre la orden de Dios, pero ciertamente no fue falta de ella que él no usara la disciplina cuando vino la tentación. Realmente, la Biblia establece que el pecado entró en el mundo a través de un hombre, Adán (Romanos 5:12; 1 Corintios 15:21-22). No estoy excusando a Eva. Ella hizo una mala elección y debió hacerse responsable por su parte, pero no fue la única causa de un gran pecado. Fue un esfuerzo en equipo.

Usted conoce la historia: Satanás tentó a Eva inicialmente y luego la usó para tentar a Adán. Cada uno de ellos es responsable. Desgraciadamente, hombres y mujeres nos hemos culpado unos a otros de crear problemas desde el Huerto de Edén. Es tiempo de hacer un cambio.

¿Se ha preguntado alguna vez por qué Satanás se acercó a Eva con sus mentiras, en lugar de Adán? Puede haber sido porque pensó que podría jugar con sus emociones más fácilmente que con las de Adán. Aunque no siempre es el caso, normalmente las mujeres se manejan más emocionalmente, mientras que los hombres son más lógicos.

En todo caso, Satanás tuvo éxito en lograr que Eva hiciera lo que ella no había imaginado hacer. Él la atrajo al pecado con engaños, y hoy le sigue haciendo lo mismo a cualquiera que lo escucha.

Cuando Dios trató con lo que Adán y Eva habían hecho, no sólo trató con ellos sino también con Satanás. Dios dijo a Satanás: "Pondré enemistad entre tú y la mujer, y entre tu simiente y la de ella; su simiente te aplastará la cabeza, pero tú le morderás el talón" (Génesis 3:15, NVI). Loren Cunningham y David Joel Hamilton hacen una interesante observación en su libro *Why Not Women?* (¿Por qué no mujeres?: "Desde que en el Huerto del Edén Dios le dijo a Satanás que la Semilla de la mujer pisotearía su cabeza, el diablo ha estado atacando ferozmente a las mujeres en todo el mundo".[1]

Génesis 3 deja en claro que Satanás y la mujer están en desacuerdo el uno con el otro. ¿Por qué? Satanás ha odiado a las mujeres casi desde el principio, porque sería una mujer quien finalmente daría a luz a Jesucristo, el que derrotaría a Satanás y todas sus malas obras. Como dijo Dios, su descendencia pisoteó su cabeza (su autoridad).

Un vistazo para atrás a las mujeres

En la antigua mitología y literatura griega, con frecuencia las mujeres eran descriptas como una maléfica maldición que los hombres deben soportar. Por ejemplo, el filósofo Platón enseñó que no había ningún Hades. Dijo que el verdadero castigo de los hombres era soportar a las mujeres. (¿No le hubiera gustado ver que lo entrevistaran en *Oprah*?) Él dijo que los hombres no podían entrar en el mundo sin las mujeres —pero ellos no sabían cómo aguantarlas después de eso. Platón es considerado por muchos como un gran filósofo y muchas de sus ideas han influido en nuestra cultura. ¿Sería posible que algunas de las persistentes actitudes sobre las mujeres pudieran ser rastreadas hasta el 400 a.C.?

En uno de los documentos más antiguos de la literatura europea, la Ilíada de Homero, él sostiene que las mujeres eran la causa de toda disputa, sufrimiento y miseria. Ellas eran posesiones a ser ganadas y no tenían ningún valor intrínseco.[2]

El poeta Hesíodo es otro tipo al que no se invitaría a hablar en una convención de la Organización Nacional de Mujeres (N.O.W.) Él sostuvo que Zeus, el dios supremo de la mitología griega, odiaba a las mujeres.[3] Hesíodo también dijo que Zeus creó a las mujeres de una de diez fuentes: una cerda melenuda, el zorro malo, un perro, el polvo de la tierra, el mar, el asno terco y obstinado, la comadreja, la yegua delicada y de larga melena, el mono, o la abeja. No exactamente "azúcar y especias y todo bueno," ¿no es así?

Para empeorar las cosas, Hesíodo pintó a las mujeres como la fuente de toda tentación y mal. Para él, las mujeres eran una maldición, creada para hacer a los hombres miserable.

De los tres ejemplos vistos, usted puede apreciar que en Occidente la misoginia —el odio a la mujer— tiene raíces pro-

Esto es lo esencial: los hombres necesitan a las mujeres, y las mujeres necesitan a los hombres.

fundas. Yo creo que Satanás se ha tomado metódicamente siglos para construir pensamientos erróneos sobre las mujeres en la mente de la sociedad. Este pensamiento erróneo ha ocasionado que las mujeres sean maltratado, y a su vez, ha generado en las mujeres falta de confianza. Parece que las mujeres o no tienen confianza en sí mismas o son feministas radicales que intentan corregir un problema real de una manera extremista que crea más problemas que los que resuelve.

Lo esencial es esto: los hombres necesitan a las mujeres, y las mujeres necesitan a los hombres. Esto no significa que todos los hombres y mujeres tienen que casarse, pero significa que el mundo necesita a los hombres y a las mujeres para funcionar sin complicaciones. Dios nos creó para que nos necesitemos unos a otros. La feminista radical tiene hacia los hombres la misma actitud que los hombres han tenido hacia ella en el pasado. Los odia y se siente que puede sobrevivir sin ellos lo más bien.

Ciertamente, las mujeres han sido abusadas, difamadas, y tratadas con desprecio y falta de respeto a lo largo de la historia. Pero una actitud amargada, vengativa, no es la manera de corregir este error.

Permítame llevar esto a un nivel personal: yo fui abusada sexualmente por mi padre durante muchos años. También sufrí abuso en manos de otros hombres durante los primeros 25 años de mi vida. Desarrollé una actitud endurecida hacia todos los hombres y adopté un comportamiento áspero, duro. Actué como si no necesitara a nadie. Desarrollé una falsa personalidad que realmente odiaba, pero jugué ese papel porque tenía terrible miedo de ser nuevamente herida —o que tomaran ventaja de mí. Muchas feministas radicales fueron abusadas de maneras indecibles. Están heridas, son niñitas lastimadas entrampadas dentro de cuerpos de adultas, asustadas de salir por miedo de volver a ser heridas.

Yo entiendo los sentimientos de estas mujeres. Pero quiero que todos sepan que, por medio de la Palabra de Dios y la ayuda del Espíritu Santo, yo fui sanada en mi espíritu, emociones, mente, voluntad y personalidad. Fue un proceso que se desarrolló durante varios años, y tengo bastante experiencia de primera mano para recomendar sin reservas los caminos de Dios para la restauración y sanidad, en lugar de los caminos del mundo. Es mucho mejor permitir que Dios la sane que gastar su vida amargándose por el pasado.

Estadísticas estremecedoras

Alrededor de nuestro mundo, horribles crímenes y actos indecibles les suceden todos los días a mujeres y niños que son impotentes para detenerlos. Una tendencia perturbadora que parece haber incrementado su fuerza durante los últimos diez a veinte años es la industria del tráfico de sexo: seres humanos que son secuestrados y vendidos en el comercio del sexo, usualmente en los círculos de la prostitución o peor. El Departamento de Estado de los Estados Unidos estimó que en 2004, de los estimados 600,000 a 800,000 hombres, mujeres, y niños traficados cada año a través de las fronteras internacionales, aproximadamente el 80% son mujeres y muchachas y más del 50% son menores.[4]

Neary es una de esas estadísticas. Ella creció en la Camboya rural.[5] Sus padres murieron cuando era niña, y,

en un esfuerzo por darle una vida mejor, su hermana la casó cuando tenía diecisiete años. Tres meses después fueron a visitar un pueblo pesquero. Su marido alquiló un cuarto en lo que Neary pensó que era una casa de huéspedes. Pero cuando despertó a la mañana siguiente, su marido se había ido. El dueño de la casa le dijo que había sido vendida por su marido por $300 y que estaba en un burdel. Durante cinco años, Neary fue violada por cinco a siete hombres todos los días. Además del brutal abuso físico, Neary se infectó con HIV y contrajo SIDA. El burdel la echó cuando se enfermó, y finalmente ella encontró su camino en un refugio local. Murió de HIV/SIDA a la edad de veintitrés años.[5]

Esto empeora. Se estima que entre 114 millones y 130 de millones de mujeres alrededor del mundo experimentan la circuncisión genital femenina (FGM), una antigua práctica todavía usada hoy para guardar a las muchachas jóvenes "puras" y controladas por sus familias. El ritual, que frecuentemente envuelve riesgo de vida, convierte a la relación sexual o al parto en experiencias sumamente dolorosas y traumáticas. Es practicada principalmente en África y el Medio Oriente.[6]

Acerquémonos a casa.

Cada dos minutos y medio, en alguna parte de Norteamérica, alguien es asaltado sexualmente y una de cada seis mujeres norteamericanas ha sido víctimas de una violación o intento de violación. Dos tercios de las violaciones que ocurren son realizados por personas que la víctima conoce.[7]

El diez por ciento de los crímenes violentos en 2003, incluyendo agresión física y lesiones fueron cometidos por el compañero íntimo de la víctima y para variar las mujeres fueron victimizadas por sus compañeros íntimos en una proporción mayor que los hombres.[8]En el mismo año, el 9% de víctimas de asesinato fueron matadas por su esposo o compañero íntimo. La mayoría de las víctimas, el 79% para ser exactos, eran mujeres. [9]

Es importante notar que cada una de las tristes, espeluznantes estadísticas citadas afectan la vida de una preciosa persona, creada a la imagen de Dios. Nunca debemos ver sólo números; debemos ver a las personas.

Recientemente estábamos ministrando en África, y mientras estábamos allí visitamos un programa de alcance para niños afectados por el SIDA pandémico. Durante nuestra visita, notamos una fila de chozas en una calle principal, y uno de nuestros organizadores señaló que si una niña no podía encontrar comida o alojamiento durante el día, podía ir a una de estas chozas para ser usada como prostituta a cambio de dinero suficiente para la comida y una cama donde dormir. Muchas de las niñas reducidas a este horrible estilo de vida tenían tan poco como ocho y nueve años de edad.

La degradación de las mujeres es un problema mundial. Y este problema es peor en las partes del mundo que no tienen herencia cristiana. Esta trágica situación viola las normas de justicia de Dios. Jesús dijo no hay más varón o hembra: todos somos uno en Él (Gálatas 3:28). La suma total de nuestro valor se basa en quién somos en Cristo, no en si tenemos o no tenemos un cromosoma Y.

Nuestro género no determina nuestro valor; nuestro Dios lo hace.

El movimiento de los derechos de las mujeres

Debemos apreciar a las mujeres que han luchado por los derechos de las mujeres. Los cambios positivos que han ocurrido desde 1848, por ejemplo, son maravillosos. El movimiento de los derechos de las mujeres empezó cuando cinco mujeres se encontraron para tomar el té. Su conversación se volvió hacia la situación de las mujeres. Una de las mujeres, Elizabeth Stanton, expresó su descontento acerca de las limitaciones puestas a las mujeres bajo la nueva democracia de América.[10] Después de todos, se preguntó, ¿no había ocurrido setenta años antes la Revolución Americana para ganar libertad de la tiranía? Las mujeres se habían arriesgado tanto como los hombres, pero todavía ellas no habían ganado su libertad. Seguían sin poder tomar un papel activo en la nueva sociedad.

Así, estas cinco mujeres decidieron convocar por primera vez en el mundo una Convención de Derechos de las Mujeres. La reunión tuvo lugar en Seneca Falls, Nueva York, en la Capilla Wesleyana el diecinueve y veinte de julio en 1848.

En la resultante Declaración de Sentimientos, Stanton enumeró cuidadosamente áreas de la vida donde las mujeres eran tratadas injustamente. Ella usó el modelo de la Declaración de la Independencia y declaró: "Sostenemos estas verdades por ser evidentes, que todos los hombres *y mujeres* (énfasis agregado) fueron creados iguales; que fueron dotados por su Creador de ciertos derechos inalienables; que entre estos están la vida, la libertad, y la búsqueda de la felicidad."

En la versión de Stanton se lee: "La historia de humanidad es una historia de repetidos agravios y usurpaciones por parte del hombre hacia la mujer, teniendo como objeto directo el establecimiento de una absoluta tiranía sobre ella. Para demostrar esto, presentemos los hechos a un mundo abierto". Entonces entró en especificaciones:

Las mujeres casadas estaban legalmente muertas a los ojos de la ley.
No se permitía a las mujeres votar.
Las mujeres tenían que someterse a las leyes aunque no tenían ninguna voz en su formación.
Las mujeres casadas no tenían ningún derecho de propiedad.
Los maridos tenían poder legal y responsabilidad sobre su esposa —al punto que ellos podían encerrarlas o podían pegarles con impunidad.
El divorcio y las leyes de custodia de los hijos favorecían a los hombres, no dando ningún derecho a las mujeres.
Las mujeres tenían que pagar impuesto a la propiedad, pero no tenían ninguna representación en la imposición de esos tributos.
La mayoría de las ocupaciones estaban cerradas a las mujeres, y cuando las mujeres trabajaban en ellas se les pagaba sólo una fracción de lo que ganaban los hombres.
No se permitía a las mujeres ingresar a profesiones como la medicina o el derecho.
Las mujeres no tenían medios para obtener una educación, dado que ninguna universidad o colegio universitario aceptaban estudiantes mujeres.
Con pocas excepciones, no se permitía a las mujeres participar en los asuntos de la iglesia.

En otras palabras, las mujeres fueron privadas de la confianza en sí mismas y del respeto propio, y fueron puestas en total dependencia de los hombres.

Sin embargo, el cambio estaba en el aire, y Stanton y sus colegas estaban esperanzados en que el futuro pudiera y fuera más luminoso para las mujeres.

Por supuesto, la historia nos dice que la batalla por los derechos de las mujeres fue larga y agotadora. Inicialmente, la gente se escandalizó e indignó de que las mujeres estuvieran exigiendo votar. Incluso muchas mujeres estaban decididamente contra eso. Los periódicos lanzaron un despiadado ataque contra el movimiento; no obstante, continuó creciendo rápidamente.

¿Dónde estamos hoy?

Como sabemos, las mujeres han hecho un largo camino, y personalmente aprecio a quienes pelearon la buena batalla y pavimentaron el camino para la libertad que yo disfruto hoy. Triste es decir, sin embargo, que la discriminación contra las mujeres todavía sigue siendo evidente en muchas áreas. Recientemente leí que en los Estados Unidos, las mujeres todavía ganan sólo el 77% del sueldo que un hombre recibe por hacer el mismo trabajo.[11]

Al ser una mujer en el ministerio, me ha tocado mi porción de críticas y juicios por la sola razón de ser mujer y porque, según muchas personas creen, "las mujeres no deben predicar o enseñar la Palabra de Dios y, mucho menos, a los hombres."

Responderé a esta disputa más tarde y mostraré que Dios siempre ha usado mujeres en el ministerio. De hecho, el Salmo 68:11 dice: "El Señor da la palabra; las *mujeres* que anuncian las *buenas* nuevas son gran multitud" (LBLA)

Por la prolongada discriminación, a muchas mujeres todavía les falta confianza. Viven con miedo de ir más allá de lo que sienten que es una conducta "femenina" aceptable. Puedo recordar haber tenido sentimientos de que yo no era "normal" porque era emprendedora, tenía sueños y metas, y quería hacer grandes cosas. Seguí tratando de establecerme y ser una mujer "normal", pero eso nunca funcionó para mí. Ahora me alegro de haber encontrado el valor para hacer algo radical y perseguir mis sueños.

Es tiempo de que la verdad sea dicha y de que las personas comprendan que el ataque a las mujeres es realmente del propio Satanás. Aunque trabaja a través de personas, él mismo es la fuente del problema. Y su obra ensucia nuestra historia. Las mujeres han sido habitualmente discriminadas, contrariamente a la voluntad de Dios. En Génesis, la Biblia simplemente establece:

Creó, pues, Dios al hombre a imagen suya, a imagen de Dios lo creó; varón y hembra los creó. Y los bendijo Dios y les dijo: Sed fecundos y multiplicaos, y llenad la tierra y sojuzgadla; ejerced dominio sobre los peces del mar, sobre las aves del cielo y sobre todo ser viviente que se mueve sobre la tierra (Génesis 1:27-28, LBLA).

Eso ciertamente me suena como que Dios está hablando tanto al hombre como a la mujer, les está dando derechos y autoridad y les está diciendo a los dos que vivan vidas fructíferas.

Vemos en otras partes de la Palabra de Dios que Él estableció cómo la autoridad debe fluir de Él hacia el hombre y luego a la mujer. La Biblia establece que el marido es la cabeza de la esposa como Cristo es la Cabeza de la iglesia. La mujer debe someterse a su marido como es apropiado en el Señor. Sin embargo, en mi estimación y entendimiento de la naturaleza de Dios, eso nunca tuvo el propósito de incluir el abuso, el control, la manipulación, o el maltrato de cualquier tipo. De hecho, el hombre es instruido en la Palabra de Dios para amar a su esposa como ama a su propio cuerpo; nutrirla y tratarla amable y tiernamente (Efesios 6:21-33).

Dios es un Dios de orden, y ha establecido líneas de autoridad que permiten una existencia pacífica y ordenada. Él espera que nos sometamos y respetemos uno al otro. Si una pareja casada puede tratarse entre sí de la manera que Dios pensó, su relación será maravillosa e increíblemente fructífera. Sin embargo, el orgullo destruye la mayoría de las relaciones. Es el gran factor "yo". Las personas egoístas, egocéntricas, hacen cualquier cosa para obtener sus propios fines, incluso abusando de quienes se pensaba que ellos debían nutrir y proteger.

Si una persona con autoridad la administra de una manera piadosa, llega a tejer una red de protección y seguridad para los que están bajo ella. Pero, si una figura de autoridad abusa de su posición, usándola para el poder y la ganancia personales, entonces quienes están bajo su autoridad resistirán y se rebelarán, o, a lo mejor, se llenarán de resentimiento. Yo tengo mucha autoridad, y he aprendido que "el jefe no tiene que ser mandón". La gente admira la autoridad y realmente quiere alguien a quien respetar —mientras los trate bien.

Está claro hoy que muchas personas no saben usar su autoridad con responsabilidad y amor. Las estadísticas sobre abusos de todo tipo a niños son estremecedoras y aumentan en una proporción alarmante. Todos preguntamos "¿Cómo puedo alguien abusar de un niño desvalido, inocente?"? Sí, ocurre en alguna parte del mundo cada minuto de cada día. ¿Por qué? Algunos adultos son absolutamente egoístas. Mi padre abusó sexualmente de mí para cumplir un deseo sexual egoísta. Él tenía autoridad y nadie podría detenerlo; por consiguiente, hizo lo que quiso. No consideró qué consecuencias tendría para mí; sólo pensó en lo que él quería en el momento.

El abuso también puede tomar otras formas. Algunos padres descargan sus frustraciones en sus hijos, verbal y físicamente, privándolos de la nutrición emocional que ellos necesitan. Los niños son culpados, acusados, ofendidos, y vistos como una molestia. Muchos niños son quemados, golpeados, hambreados, encerrados bajo llave, y tratados de otras maneras increíblemente crueles. Podría contarles historia tras historia que romperían su corazón, pero ése no es mi propósito para este libro. Mi propósito es animarlas como mujeres, para decirles que es tiempo de que ustedes tengan su lugar en la familia y en la sociedad. Es tiempo de que usted tenga un saludable respeto por sí misma, dignidad, equilibrada autoestima y una firme, indestructible confianza en Dios y en los dones, talentos, y capacidades que Él ha puesto dentro de usted. ¡Usted es mujer! Dios la ama, usted es igual que los hombres, y usted tiene un propósito. ¡Es tiempo de que alguien comprende quién es realmente usted!

Capítulo Tres

¿EMPLEA DIOS A LAS MUJERES EN EL MINISTERIO?

El debate sobre si es o no apropiado que las mujeres sean usadas en el ministerio todavía irrita hoy, por lo menos en algunos círculos. La pregunta especialmente delicada es: ¿Puede una mujer pastorear una iglesia?

Cuando trato este asunto, quiero enfatizar desde el principio que no estoy intentando cuestionar a los hombres en general, pues en realidad algunos hombres sostienen que las mujeres son usadas por Dios. Estos hombres han estudiado a conciencia lo que la Biblia dice sobre tema y han aprendido que Dios siempre ha empleado, y siempre quiere emplear mujeres en roles clave de liderazgo. Conozco a muchos hombres que están luchando para restaurar los derechos de las mujeres en la iglesia.

Sin embargo hay hombres —y denominaciones enteras— que están completamente en contra de que la mujer ocupe posiciones importantes en el liderazgo de la iglesia, o haga nada que pueda definirse como predicar o enseñar más allá de una clase de escuela dominical para niños.

Históricamente, a las mujeres se les ha permitido a menudo hacer muchas, si no la mayor parte, de las tareas de oración y las propias de la servidumbre en la iglesia. Mientras tanto, estos mismos hombres que rehúsan permitirles predicar o enseñar se quedan en casa y descansan.

Los pastores suelen decirme que si las mujeres dejaran de ir a la iglesia y de hacer la mayor parte del trabajo, la mayoría de las iglesias no sobreviviría.

Visite cualquier típica iglesia americana y encontrará más mujeres que hombres como maestros de escuela dominical. Este hecho es importante, porque, si vamos a tomar literalmente la famosa declaración de Pablo sobre que es necesario que las mujeres guarden silencio en la iglesia, ellas no deberían estar dando toda esa enseñanza de escuela dominical. Los hombres deberían estar haciéndolo todo.

No es de extrañar que la mayoría de las mujeres con quienes hablo sobre este asunto estén confundidas al respecto. Especialmente aquellas a quienes Dios está llamando a hacer algo para Él, pero se les ha dicho que si lo hicieran sería contrario a la Escritura. Para mayor confusión, en la mayoría de las iglesias hoy se ven más mujeres que hombres asistiendo a los servicios y reuniones de oración. Los pastores suelen decirme que si las mujeres dejaran de ir a la iglesia y de hacer la mayor parte del trabajo, la mayoría de las iglesias no sobreviviría.

Una vez más, quiero decir que estoy agradecida a los hombres que están luchando por los derechos de las mujeres y a los que han intentado poner equilibrio en el modo de entender los roles de las mujeres en la iglesia. Hay muchos de ellos, y los aprecio a todos. He recibido muestras de respeto y honra de miles de hombres, pero sigue habiendo hombres en posiciones de autoridad espiritual que pueden impedir que las mujeres tomen los roles que les corresponden. Esto me entristece. ¿Por qué las mujeres deberían verse impedidas de cumplir el destino que Dios ha ordenado para ellas por causa de hombres que tienen un ego sobredimensionado y se niegan a ver todo lo que Dios tiene que decir acerca de las mujeres?

Si algunos hombres quieren tener toda la autoridad, ellos deben tomar también toda la responsabilidad. Nadie debe tener autoridad sin tener también la responsabilidad que conlleva. Triste es decirlo, pero muchas mujeres son la cabeza espiritual de sus hogares. Algunas mujeres necesitan que sus hombres se levanten y sean verdaderos hombres, y yo creo que eso significa ser un hombre que busca regularmente a Dios y guía a su familia en rectitud y piedad. Ciertamente conozco a muchos excelentes hombres que están haciendo eso —incluido mi propio marido— pero me gustaría ver que más hombres hagan progresos en esta área.

Yo animo a las mujeres a orar por sus maridos, para que ellos quieran tomar su lugar como cabeza espiritual de la casa. También las aliento a dejar que los hombres lo hagan sin oponérseles. Algunas mujeres dicen que quieren que sus maridos sean la cabeza del hogar, pero cuando él lo intenta, ellas lo resisten.

¿Cuánto trabajo están haciendo los críticos?

Es una verdad probada por el tiempo: La mayoría de quienes critican a otros por lo que hacen, normalmente no están haciendo *nada*. Es triste cuando la gente no tiene nada mejor que hacer sino criticar a quienes están intentando hacer del mundo un lugar mejor.

Recuerdo que fui miembro de una iglesia en la cual el pastor opinaba que las mujeres sólo debían ser empleadas en ciertas áreas. Cualquier mujer que quisiera hacer algo distinto de orar, limpiar o trabajar en la guardería tenía que presentar su caso ante él y los ancianos para que lo aprobaran. Enseñaba un muy exitoso estudio bíblico en casa cuando empezamos a asistir a la iglesia, y un domingo cuando salíamos del edificio después del servicio, el pastor nos detuvo a Dave y a mí. Él miró a Dave y le dijo: "Hermano, ¡es usted quien debe enseñar en esas reuniones de su casa, no su esposa!" Dave y yo quisimos ser obedientes a la autoridad bajo la cual estábamos, así que durante las siguientes semanas Dave intentó enseñar y yo intenté estar callada. Ninguno de nosotros era feliz, ni tampoco las personas que asistían al estudio. El pastor tenía sus reglas, pero el problema era que Dios me había llamado a mí para enseñar, y no había llamado a Dave en ese sentido. Dave tiene otros dones, maravillosos y valiosos, y es una parte muy importante de nuestro ministerio, pero él será el primero que en decirle que no ha sido llamado a enseñar. Ciertamente si Dios no hubiera querido que yo enseñara, no me habría dotado para ello —ni me hubiera dado el deseo de hacerlo. Hasta donde yo puedo discernir en la Escritura, Dios no se dedica a frustrar y confundir a las personas.

El pastor que mencioné procedía de una formación religiosa donde las mujeres no son ordenadas, ni se les permite desarrollar ningún oficio público en la iglesia. No se les permite enseñar, predicar, o ser pastor. Lo extraño es que en la mayoría de las iglesias donde no se permite a las mujeres realizar estas funciones, se les permite ser misioneras en tierras extrañas. No puedo imaginar cómo una mujer puede ser una misionera exitosa y no enseñar. Es imposible llevar a la gente a Cristo sin predicarle el evangelio. Podemos llamarlo "testificar", pero lo principal es lo mismo según veo. Por supuesto, estoy bastante segura de que un crítico diría que está muy bien que las mujeres hablen de Cristo, mientras no sea en la iglesia, pero la iglesia ¿es un edificio o es un organismo viviente que consiste en las personas de todo el mundo que siguen a Jesucristo? Ciertamente la iglesia es más que ladrillos y argamasa con ventanas de vidrio coloreadas y un órgano.

Mientras asistía a esa misma iglesia, también reuní a un grupo de mujeres y las motivé a ir conmigo una vez por semana para repartir tratados evangélicos. Poníamos esa literatura en los parabrisas de los automóviles y los entregamos en mano a la gente en los centros comerciales y en las esquinas de las calles. En pocas semanas, habíamos distribuido diez mil tratados evangélicos, por la única razón de que queríamos servir a Dios. Yo fui llamada ante los ancianos y corregida públicamente por distribuir ese material sin el permiso de los ancianos.

Los que me criticaron no habían querido ayudarme a conseguir los tratados, pero quisieron detenerme. Lamento tener que decir esto, pero creo que su desaprobación no era nada más que ego masculino. Vieron a una mujer hacer lo que ellos deberían haber estado haciendo, así que encontraron en mí una falta para aliviar sus propias conciencias culpables.

Mujeres en el ministerio: una tradición ordenada por Dios

Si miramos a Miriam, Débora, Ester, y Rut en el Antiguo Testamento, o María la madre de Jesús, María Magdalena, o Priscila en el Nuevo

Testamento, vemos fácilmente que Dios siempre ha utilizado mujeres en el ministerio. Cuando necesitó a alguien para salvar a los judíos de la destrucción que

> Si Dios no quiere emplear mujeres en el ministerio, ¿por qué las incluyó en los acontecimientos más importantes de la vida de Jesús?

el malvado Amán había planeado para ellos, llamó a Ester (Ester 4:14b). Si Dios es contrario a emplear mujeres ¿por qué no llamó a un hombre para esta tarea? Ester sacrificó sus planes de mujer joven y aceptó ser llevada al harén del rey para estar en posición de hablar a favor del pueblo de Dios cuando llegó el tiempo de hacerlo. Por su obediencia, Dios le dio favor con el rey, y puso al descubierto un complot para matar a todos los judíos. Ella salvó a su nación y llegó a ser una reina que ocupó una alta posición de liderazgo en la tierra y cuidó de los pobres.

Débora fue una profetisa y una jueza. Como profetisa, fue un portavoz de Dios. Como jueza, tomó decisiones en nombre de Dios (Jueces 4:5).

María Magdalena y algunas otras mujeres fueron las primeras en visitar la tumba el Domingo de Resurrección (Juan 20:1). Ellas encontraron la tumba vacía, pero se les apareció un ángel y les dio estas instrucciones: "Id y decid a sus discípulos que Él ha resucitado" (Mateo 28:7). "Id y decid". Eso me suena a predicar el Evangelio. En realidad, Lucas registra que cuando María y sus amigas encontraron a los otros discípulos, fueron ellos quienes no creyeron que Jesús había resucitado de los muertos y que la tumba estaba vacía. Me pregunto: ¿por qué algunos de ellos no habían ido ya a la tumba? ¿Por qué sólo las mujeres se aventuraron a hacerlo?

Una mujer dio a luz nuestro Salvador, y muchas mujeres ayudaron a cuidar de Él y apoyaron a Jesús durante su vida y ministerio. Mujeres estuvieron junto a la cruz cuando Él murió, y fueron las primeras en ir a la tumba vacía. Si Dios no quisiera emplear mujeres en el ministerio, ¿por qué las incluyó en los acontecimientos más importantes de la vida de Jesús?

Me parece que Dios les dio a las mujeres un lugar de honor —más bien que excluirlas, como algunos hombres han intentado hacer.

¿Quiere más ejemplos? Priscila y su marido, Aquila, tenían una iglesia en su casa y como se la menciona de la misma forma que a él, ella debe haber pastoreado la iglesia junto con él (Hechos 18:2-26). Es interesante que su nombre se mencione primero, lo cual, según dicen algunos eruditos, podría indicar que ella tenía un rol pastoral más destacado que su marido.

Mujeres ministraron a Jesús y con Jesús. El mismo verbo griego que se traduce diácono y se aplica a siete hombres en el Nuevo Testamento se aplica también a siete mujeres. Ellas son: la suegra de Pedro; María Magdalena; María, la madre de Jacobo y José; Salomé, la madre de los hijos de Zebedeo; Juana, la esposa de Chuza; Susana; y Marta, la hermana de María y Lázaro.

Cuando Lucas menciona los viajes de Jesús, también menciona los doce hombres que estaban con Él, y algunas mujeres. ¿Es posible que estas mujeres tuvieran un rol públicamente reconocido similar al de los hombres? Por lo menos un estudioso cree que así fue. Estas mujeres proveyeron para Jesús de sus propios recursos, según Lucas (Lucas 8:3).

Cuando 120 personas se reunieron en el aposento alto en el día de Pentecostés, la cuenta incluye mujeres (Hechos 1:14-15). Si las mujeres no necesitan poder para difundir el evangelio, ¿por qué estuvieron incluidas en el derramamiento del Espíritu Santo? Hechos 1:8 establece claramente que "recibiréis poder cuando el Espíritu Santo venga sobre vosotros; y me seréis testigos en Jerusalén, en toda Judea y Samaria, y hasta los confines de la tierra." (LBLA)

Cuando Joel profetizó sobre el futuro derramamiento del Espíritu Santo, dijo que Dios vertería su espíritu sobre toda carne. Sobre sus siervos y sobre sus siervas Él vertería su Espíritu (Joel 2:28-29). Dijo que "vuestros hijos y vuestras hijas" profetizarían. No dijo que solamente los hombres profetizarían. Profetizar puede significar la misma cosa que enseñar y predicar. Significa simplemente hablar la palabra inspirada por Dios.

De los treinta y nueve colaboradores que Pablo mencionó a lo largo de sus escritos, por lo menos un cuarto eran mujeres. En Filipenses 4,

Pablo exhorta a Evodia y Síntique a que sigan cooperando y deja sentado que ellas se habían esforzado junto con él en extender las buenas noticias del evangelio.

Más allá de los precedentes ejemplos de la Biblia, yo podría crear una lista realmente larga de mujeres que han sido exitosamente usadas a través de la historia de la iglesia para hacer cosas mayores en el reino de Dios. Sólo algunas son: Juliana de Norwich, Madame Guyón, Juana de Arco, Aimeé Semple McPherson, Kathryn Kuhlman, María Woodworth Etter, la Madre Teresa, Catherine Booth del Ejército de Salvación, Corrie ten Boom, y Joni Eareckson Tada.

¿Pero qué pasa con Pablo?

La mujer aprenda en silencio, con toda sujeción.
Porque no permito a la mujer enseñar, ni ejercer dominio
sobre el hombre, sino estar en silencio.
(1 Timoteo 2:11-12)

En casi cada entrevista que doy, me preguntan qué pienso sobre lo que Pablo dijo respecto a que las mujeres deben guardar silencio en la iglesia y no les está permitido enseñar a los hombres. Gracias a Dios, después que termine este libro podré limitarme a decirle a la gente que consiga una copia antes de la entrevista. Así sabrán lo que pienso.

Primero, debemos comprender que en la Escritura hay verdades absolutas, y también hay verdades que son relativas al tiempo en que fueron escritas. En 1 Corintios 14, cuando Pablo les dice a las mujeres que guarden silencio, ya les había dicho a otros dos grupos que estuvieran callados. Eran los que hablaban en lenguas y los que profetizaban (vea 1 Corintios 14:28,32,34). Todas estas instrucciones eran entendidas para poner orden en el servicio —no para silenciar para siempre a las personas o impedirles enseñar y predicar el evangelio de Jesucristo. Para ser sincera, habiendo tanta gente que necesita oír el evangelio, yo no puedo imaginar que Dios le prohíba predicarlo a ninguna persona que desee hacerlo. El Señor nos ha ordenado que oremos que Él envíe obreros para hacer la cosecha. Dijo que la cosecha está madura y que los obreros son pocos (Lucas 10:2). Él no dijo: "Ora que yo enviaré obreros masculinos a la cosecha."

Ahora, volvamos a nuestro problemático pasaje de Pablo. Parece que los que hablaban en lenguas, los que profetizaban, y algunas de las mujeres interrumpían el servicio por diversas razones. Les faltaba autodominio, y no estaban empleando sabiduría para saber cuándo hablar. Las mujeres carecían de educación y pueden haber estado haciendo preguntas en momentos inapropiados. Muchas de las personas devenidas cristianas habían estado involucradas en cultos paganos, qué incluían abundancia de ruidos fuertes durante su adoración a los dioses paganos. Es posible, según algunos estudiosos, que algunas de las mujeres puedan haber vuelto a algunas de sus modalidades paganas en su excitación y entusiasmo.

Sobre este fondo, echemos una mirada mejor a lo que Pablo dijo.

Vuestras mujeres callen en las congregaciones; porque no les es permitido hablar, sino que estén sujetas, como también la ley dice. Y si quieren aprender alguna cosa, pregunten en casa a sus maridos; porque deshonesta cosa es hablar una mujer en la congregación. Qué, ¿ha salido de vosotros la palabra de Dios? ¿o a vosotros solos ha llegado? (1 Corintios 14:34-36, RV1909).

La iglesia corintia y Pablo intercambiaron cartas, en las que los líderes de la iglesia hacía preguntas, y Pablo se las contestaba. Algunos estudiosos señalan que Pablo parece repetir una pregunta que le habían hecho los corintios en los versículos 34 y 35, y entonces en el versículo 36 responde con: "Qué, ¿ha salido de vosotros la palabra de Dios? ¿o a vosotros solos ha llegado?"? Note la exclamación señalada después de la palabra "qué". Parece que Pablo suena sorprendido por su pregunta y les recuerda que la Palabra de Dios ha venido para todas las personas. Me inclino a coincidir con esta línea de pensamiento; de otro modo el comentario de Pablo en el versículo 36 no tendría ningún sentido. Él sigue explicando que los corintios deben desear fervientemente y poner sus corazones en profetizar, hablar en lenguas, e interpretar —y no prohibir o impedir esos dones. Concluye diciendo que todas las cosas deben hacerse cuidando la decencia y el decoro y de un modo ordenado.

Usted habrá notado que Pablo dijo que las mujeres no deben usurpar autoridad sobre los hombres. Es verdad que algunas mujeres que enseñan o predican puede desarrollar una actitud equivocada. Pueden pensar que su posición les permite ejercer autoridad sobre las personas. Yo no puedo ser responsable de lo que otras mujeres hagan, pero en lo que a mí respecta, puedo decir sinceramente que cuando enseño la Palabra de Dios, no me veo a mí misma ejerciendo autoridad sobre hombres o mujeres. Simplemente uso el don de comunicación que Dios me ha dado para cumplir el llamado a enseñar que puso en mi vida. Quiero ayudar a las personas a entender la Palabra de Dios para que pueden aplicarla fácilmente a su vida diaria. Cuando celebro una reunión pública, considero tener autoridad sobre esa reunión y ser la responsable de guardar el orden, pero, vuelvo a decirlo, nunca he considerado tomar autoridad sobre las personas. La iglesia corintia puede haber estado tratando con una mujer o con algunas mujeres que tenían una actitud no escritural, pero no por ello todas las mujeres deben ser permanentemente castigadas.

Es difícil saber con exactitud qué estaba pasando cuando Pablo escribió esta carta, pero no podemos tomar este versículo como significando que a las mujeres se les prohibió para siempre hablar en la iglesia. Debemos mirar todas las otras Escrituras que claramente indican que Dios empleó mujeres con regularidad.

Además, Pablo reconoció a las mujeres y su derecho a aprender y ser educadas cuando les dijo que aprendieran de sus maridos en casa. Como he dicho antes, creo que su comentario de guardar silencio en la iglesia estaba dirigido a guardar el orden, no a impedir que las mujeres participaran apropiadamente. Sencillamente ellas debían subordinarse a la autoridad presente, así como se esperaba que lo hicieran otros.

En 1 Corintios 11:5, Pablo dio instrucciones a una mujer para que tuviera su cabeza cubierta cuando oraba o profetizaba (enseñaba, refutaba, reprobaba, amonestaba o confortaba) públicamente. ¿Por qué ordenaría Pablo a una mujer cómo vestir cuando orara o profetizara (recuerde, parte de la definición de profetizar significa enseñar), si él exigiera que las mujeres siempre guardaran silencio en la iglesia? Es imposible profetizar y guardar silencio al mismo tiempo. (A propósito, era la costumbre de entonces que las mujeres cubrieran sus cabezas durante estas ocasiones como señal de respeto y sumisión a la autoridad. Esa costumbre no continuó en nuestra sociedad, y no se enseña a las mujeres que deban hacerlo.)

Entonces, recapitulemos: En 1 Timoteo 2, Pablo dijo que no permitía a las mujeres enseñar. A lo largo de los años, este único versículo ha impedido que muchos miles de mujeres respondan al destino que Dios ordenó para sus vidas. Priscila junto con su marido, Aquila, era una líder fundadora de esta misma iglesia a la cual Pablo estaba escribiendo. Dado ese hecho, ¿realmente tuvo él la intención de que las mujeres guardaran silencio y no enseñaran? ¿Estaba Pablo diciendo que las mujeres nunca podrían ser líderes en la iglesia, cuando él fue quien pidió a la iglesia de Roma que recibiera a la diaconisa Febe con todo el debido respeto y honor (Romanos 16:1-2)?

Nunca podremos saber exactamente con qué estaba tratando Pablo y por qué se expresó de la manera en que lo hizo en estos controvertidos pasajes, pero es evidente que estaba tratando con una situación específica para un marco de tiempo específico en la historia: algo que no fue pensado como una regla "para siempre".

Recuerde, Pablo dijo en 1 Timoteo 2:9 que las mujeres deben adornarse con ropa decorosa, con pudor y modestia; no con peinados ostentosos ni oro ni perlas, ni vestidos costosos. ¿Significa eso que cualquier mujer de hoy que lleva oro o perlas está desobedeciendo lo que Pablo dijo? No se trata de eso de ninguna manera, porque una vez más vemos que lo que Pablo escribió se debía a situaciones específicas relacionadas con las costumbres de entonces. Los romanos apreciaban las perlas sobre toda la otra joya, y llevarlas era un despliegue de vanidad demasiado ostentoso. Pablo consideraba que las

mujeres cristianas no debían
hacer nada que las hiciera
parecer mundanas. Efeso
era una ciudad pecadora, y
las mujeres que llevaban
puestas joyas y ropas elabo-

> No permita que nadie le diga que Dios no puede o no quiere emplearla a usted, sólo porque es mujer.

radas o peinados llamativos eran consideradas vanidosas, sino de
dudosa moral. Pablo quería que las mujeres se concentraran en la
belleza interior más que en la apariencia externa.

Si estamos entrampados en todas las costumbres de los días en
que Pablo escribió sus cartas, entonces los hombres deben vestir togas
o túnicas, porque por esos días ellos no llevaban pantalones. Los esti-
los cambian, los tiempos cambian, y permítame decir una vez más que
mucho de lo que Pablo dijo respecto a las mujeres es relativo a un
tiempo específico de la historia de la iglesia. Y ese tiempo ha pasado.

Por último, déjeme decir que algunos estudiosos creen que Pablo
le estaba hablando a una mujer específica que estaba engañada y fuera de orden. Él quería que ella aprendiera la manera apropiada de
conducirse, pero debía aprenderlo en casa y no durante el servicio de
la iglesia. Hasta que ella aprendiera, le prohibieron hablar en la iglesia o enseñar de forma alguna.

No soy lo bastante teóloga para debatir este problema en detalle.
He leído bastante de lo que otros más preparados que yo han escrito,
e intento compartir, en parte, lo que considero que he aprendido de
ellos. Todo lo yo sé es que Dios siempre ha utilizado —y lo sigue
haciendo— a mujeres como líderes y maestras, predicadoras, minis-
tros, misioneras, autoras, evangelistas, profetas, y así sucesivamente.
Al final de este capítulo encontrará una lista de otros libros sobre este
tema, que usted podría considerar leer si estima que quiere tener más
información de la que he incluido en esta sección.

Sólo recuerde que Dios la ama y quiere usarla de maneras poderosas para ayudar a otras personas. No permita que nadie le diga que
Dios no puede o no quiere emplearla, sólo porque usted es mujer.
Como mujer, usted es creativa, confortadora, sensible, y capaz de ser
una tremenda bendición. Usted puede dar mucho buen fruto en su

vida. Usted no tiene que pasar por la vida inadvertida, siempre en el fondo. Si Dios la ha llamado al liderazgo, pues usted debe liderar. Si la ha llamado al ministerio, usted debe ministrar. Si la ha llamado a los negocios o a ser ama de casa, entonces usted debe ser audazmente todo lo que Él la ha llamado a que sea.

Recursos recomendados

Why Not Women? A Fresh Look at Scripture on Women in Missions, Ministry and Leadership, por Loren Cunningham and David Joel Hamilton with Janice Rogers. YWAM Publishing, 2000.

Are Women Human?, por Dorothy L. Sayers, William B. Eermans Publishing Company, Grand Rapids, 1971.

Beyond Sex Roles: What the Bible Says About a Woman's Place in Church and Family, por Gilbert Bilezikian, Baker Book House, Grand Rapids, Second Edition, 1993.

Female Ministry: Woman's Right to Preach the Gospel, por Catherine Booth, The Salvation Army Supplies Printing and Publishing Department, New York, 1859, reprinted 1975.

What Paul Really Said About Women: An Apostle's Liberating View on Equality in Marriage, Leadership, and Love, por John Temple Bristow, Harper and Row, San Francisco, 1988.

Who Said Women Can't Teach?, por Charles Trombley, Bridge Publishing, Inc., South Plainfield, 1985.

Capítulo Cuatro

SIETE SECRETOS DE UNA MUJER SEGURA DE SÍ MISMA

Cada causa tiene un efecto. Si algunas mujeres están seguras mientras que otras no lo están, debe haber razones. Quiero examinar algunas de ellas para ayudarla a aprovechar cosas que pueden hacer que viva más confiada y audazmente.

SECRETO #1—Una mujer segura de sí misma sabe que es amada.

Ella no teme no ser amada, porque sabe ante todo que Dios la ama incondicionalmente. Para estar íntegros y completos, necesitamos saber que somos amados. Todos deseamos y necesitamos amor y aceptación de Dios y de otros. Aunque no todos nos aceptarán y nos amarán, algunos lo harán. Yo la animo a que se concentre en los que la aman y se olvide de quienes que no lo hacen. Dios ciertamente nos ama, y puede proporcionarle otros que también lo hagan —si queremos ver como Él y dejamos de hacer malas elecciones respecto a quienes traemos a nuestro círculo de inclusión. Yo creo que necesitamos tener lo que llamo "conexiones divinas". En otras palabras, ore respecto a su círculo de amigos. No se limite a decidir qué grupo social quiere integrar para luego tratar de entrar en él. En vez de eso, siga la guía del Espíritu Santo para escoger con quién quiere asociarse estrechamente.

El amor es el bálsamo curativo que el mundo necesita, y Dios se lo ofrece gratuita y continuamente.

Hay mujeres que se sienten tan mal respecto de sí mismas que se involucran con hombres que las herirán, porque creen que eso es todo lo que merecen. Usted necesita tener a su alrededor personas confiables, no personas que la sigan hiriendo. Dios la ayudará a aprender a reconocer a esas personas si usted escucha su consejo.

El primer lugar para empezar si usted necesita ser amada es con Dios. Él es un Padre que quiere derramar amor y bendiciones sobre sus hijos. Si su padre natural no la amó apropiadamente, ahora usted puede recibir de Dios lo que le faltó en su niñez. El amor es el bálsamo curativo que el mundo necesita, y Dios se lo ofrece gratuita y continuamente. Su amor es incondicional. Él nos ama simplemente y para siempre. Él no nos ama porque lo merecemos; Él nos ama porque Él es amoroso y quiere hacerlo.

Dios nos escogió en él antes de la creación del mundo, para que seamos santos y sin mancha delante de él. En amor nos predestinó para ser adoptados como hijos suyos por medio de Jesucristo, según el buen propósito de su voluntad (Efesios 1:4-5, NVI)

En todos mis libros, incluyo algo sobre el amor de Dios y cuán importante es para nosotros recibirlo plenamente. Hago esto porque creo que recibir el regalo gratuito del amor incondicional de Dios es el principio de nuestra curación, y el fundamento de nuestra nueva vida en Cristo. Nosotros no podemos amarnos a menos que comprendamos cuánto nos ama Dios, y si no nos amamos a nosotros mismos, no podemos amar a otras personas. No podemos mantener relaciones buenas, saludables sin este fundamento de amor en nuestras vidas.

Muchas personas fracasan en el matrimonio simplemente porque no se aman a sí mismas, y por consiguiente no tienen nada que dar en la relación. Gastan la mayor parte de su tiempo tratando de recibir de sus cónyuges lo que sólo Dios puede darles, que es un sentido de su propia valía y valor.

Yo crecí en una atmósfera disfuncional, abusiva, y estaba llena de vergüenza, culpa, y oprobio a los dieciocho años. Me casé muy joven simplemente porque tenía miedo de que nadie me quisiera. Un muchacho de diecinueve mostró interés en mí, y aunque ni siquiera sabía qué era el amor, me casé con él porque estaba desesperada. Él tenía sus propios problemas y realmente no sabía cómo amarme —así que en mi vida continuó el patrón de dolor. Fui repetidamente herida en esa relación que a los cinco años acabó en divorcio.

Cuando encontré al hombre con quien estoy casada desde 1967, yo estaba desesperada por amor pero no sabía recibirlo, aunque estaba disponible. Dave (mi esposo) realmente me amaba, pero yo me encontré desviando constantemente su amor debido a cómo me sentía en lo más profundo de mí. Cuando entré en una seria y comprometida relación con Dios a través de Jesucristo, empecé a aprender sobre el amor de Dios. Pero me tomó un largo tiempo aceptarlo totalmente. Cuando usted siente que no merece amor, es difícil meter en su cabeza y bajar a su corazón que Dios la ama perfectamente —aunque usted no sea perfecta, y nunca lo será mientras esté en la tierra.

Sólo hay una cosa que usted puede hacer con un don gratuito, y es recibirlo y agradecer. Yo la insto a dar ahora mismo un paso de fe y decir en voz bien alta: "¡Dios me ama incondicionalmente, y yo recibo su amor!" Quizá tenga que decirlo unas cien veces por día, como yo lo hice durante meses, antes de que por fin penetre en usted, pero cuando suceda será el día más feliz de su vida. Saber que es amada por alguien en quien usted puede confiar es el mejor y más consolador sentimiento del mundo. Dios no sólo la amará de esa manera, sino que también le proporcionará otras personas que la amarán de verdad. Cuando Él se las proporcione, asegúrese de seguirle agradeciendo por esas personas. Las personas que la aman genuinamente son uno de los regalos más preciosos del mundo.

La Biblia dice en 1 Juan 4:18 que el perfecto amor de Dios echa fuera el temor. Cuando no nos gobierna el miedo, somos libres para ser resueltas y seguras de nosotras mismas.

¡Dios la ama! ¡Dios la ama! ¡Dios la ama! ¡Créalo y recíbalo!

SECRETO #2—La mujer segura de sí misma se niega a vivir con miedo.

"No temeré" es la única actitud aceptable que podemos tener hacia el miedo. Eso no significa que nunca *sentiremos* miedo, pero significa que no le permitiremos gobernar nuestras decisiones y acciones. La Biblia dice que Dios no nos ha dado un espíritu de temor (2 Timoteo 1:7). El miedo no es de Dios; es la herramienta del diablo para impedir a las personas disfrutar de sus vidas y progresar. El miedo hace que una persona huya, se retire, o vuelva atrás. La Biblia dice en Hebreos 10:38 que nosotros vivimos por fe —y que si retrocedemos por temor, el alma de Dios no se deleita en nosotros. Eso no significa que Dios no nos ame; simplemente significa que Él se desilusiona porque quiere que experimentemos todas las cosas buenas que tiene en su plan para nosotros. Sólo podemos recibir de Dios a través de la fe.

Debemos esforzarnos por hacer todo con un espíritu de fe. La fe es confianza en Dios y la confianza en que sus promesas son verdaderas. Cuando una persona empieza a caminar en fe, Satanás inmediatamente tratará de impedírselo mediante muchas cosas, incluso el miedo. La fe hace que una persona vaya adelante, pruebe nuevas cosas, y tenga empuje. Yo creo que el miedo es la principal fuerza maligna que Satanás usa contra la gente. El miedo hace que las personas entierren sus talentos por temor al fracaso, el juicio o la crítica. Las hace retroceder al sufrimiento y vivir atormentadas.

A menos que tomamos la firme decisión de "no temer", nunca seremos libres de su poder. La animo a que usted se mantenga firme en su resolución de hacer cualquier cosa que deba hacer; y si es necesario "¡hágalo asustada!". "Hacerlo asustada" quiere decir sentir miedo pero de todos modos hacer lo que usted cree que debe hacer. El único caso en que debemos temer es a Dios, reverencialmente.

Satanás es un mentiroso. Él le miente a la gente y pone en la pantalla de sus mentes imágenes que muestran derrota y bochorno. Por esta razón, necesitamos conocer las promesas de Dios (su Palabra) para que podamos echar abajo las mentiras del enemigo y negarnos a escucharlo.

El miedo parece ser una epidemia en nuestra sociedad. ¿Está usted asustada de algo? ¿Es al rechazo, el fracaso, el pasado, el futuro, la soledad, a conducir, a envejecer, a la oscuridad, a las alturas, a la vida, o a la muerte? La lista de temores que las personas experimentan puede ser interminable. A Satanás nunca le faltan nuevos temores que poner en la vida de cualquiera. Al menos no hasta que ellos establezcan firmemente en su mente que no vivirán con miedo. Usted puede cambiar desde el dolor y la parálisis al poder y el entusiasmo. Aprenda a vivir más allá de sus sentimientos. No permita que los sentimientos de cualquier tipo la dominen, porque recuerde que los sentimientos son inconstantes. Siempre están cambiando. Los malos están allí cuando usted desea los buenos, y los buenos desaparecen cuando usted más los necesita.

Dios quiere enseñarnos a caminar en el Espíritu, no en la carne, y eso incluye a las emociones. No podemos caminar en la vanidad de nuestra propia mente, en nuestros sentimientos o nuestra propia voluntad y experimentar victoria en nuestras vidas. Dios dice: *"No temas"* y debemos decidirnos a obedecerlo en esta área. El miedo puede presentarse como un sentimiento pero si nos negamos a doblegarnos ante él —eso es todo lo que es... ¡un sentimiento! Piénselo: ¿Debe usted intimidarse por un mero sentimiento? (El tema del temor será tratado extensamente más adelante en este libro).

SECRETO #3—Una mujer segura de sí misma es positiva

La confianza y la negatividad no van juntas. Son como el aceite y el agua; sencillamente no se mezclan. Yo era una mujer negativa, pero, gracias a Dios, finalmente aprendí que ser positiva es mucho más divertido y fructífero. Ser positivo o el negativo es una elección: es una manera de pensar, hablar y actuar. Cualquiera de los dos viene de un hábito que se ha formado en nuestras vidas a través de comportamientos repetitivos. Usted puede ser como yo. Yo simplemente venía de un mal comienzo en la vida. Crecí en una atmósfera negativa rodeada de personas negativas. Ellos fueron mis modelos de roles, y me volví como ellos. Realmente no comprendí que mi actitud negativa era un problema hasta que me casé con Dave en 1967. Él era muy positivo y empezó a preguntarme por qué era tan negativa. La verdad es que nunca había pensado en eso, pero cuando empecé a hacerlo, comprendí que siempre era así. No era que mi vida fuera tan negativa. Empecé a entender que no estaba esperando nada bueno — y eso era exactamente lo que conseguía.

La gente no disfruta estando alrededor de un individuo negativo, así que frecuentemente me sentía rechazada —lo que aumentaba mis temores y falta de confianza. Ser negativa abrió la puerta a muchos problemas y desilusiones que a su vez alimentaban mi negatividad. Me tomó tiempo cambiar, pero me convencí de que si yo puedo cambiar, cualquiera puede. El miedo es el cuarto oscuro donde se desarrollan todos sus pensamientos negativos, así que ¿por qué no mira el lado más luminoso de la vida? ¿Por qué no cree que le va a pasar algo bueno? Si piensa que se está protegiendo de ser defraudada al no esperar nada bueno, está equivocada. Si lo hace, está viviendo desilusionada. Cada uno de sus días están llenos de desilusión si todos sus pensamientos y expectativas son negativos. ¿Qué hay de malo en mirar el sol en lugar de las nubes? ¿Qué está mal en ver el medio vaso lleno en lugar de la mitad vacía?

Cuando animo a pensar positivamente, la gente suele contestar: "Eso no es cierto". Pero la verdad es que pensar positivamente puede cambiar su realidad actual. Dios es positivo, y ésa es su realidad. Es la manera en que Él es, la manera en que Él piensa, y la manera en que Él nos anima a ser. Dice que todas las cosas pueden operar para bien si nosotros lo amamos y queremos su voluntad en nuestras vidas (Romanos 8:28). Él dice que siempre debemos creer lo mejor de cada persona (1 Corintios 13:7).

Se ha dicho que el 90% de lo que preocupa nunca sucede. ¿Por qué la gente supone que siendo negativa es más realista que siendo

positiva? Se trata simplemente de si queremos ver
las cosas desde la perspectiva de Dios o desde la de
Satanás. ¿Quién está for-

> Una persona no es un fracaso por haber intentado algunas cosas que no le funcionaron. Sólo fracasa cuando deja de intentar.

mando sus pensamientos por usted? ¿Está haciendo usted sus propios pensamientos, escogiéndolos cuidadosamente o, está pensando pasivamente cualquier tipo de pensamientos que llenan a su mente? ¿Cuál es el origen de sus pensamientos? ¿Están ellos de acuerdo con la Escritura? Si no lo están, entonces no se originaron en Dios.

Pensar negativamente la abate. ¿Por qué está abatida cuando podría estar contenta?

Pensar negativamente le impide tener empuje, audacia y seguridad en sí misma. ¿Por qué no piensa en positivo y camina confiadamente?

SECRETO #4—Una mujer segura se recupera de los reveses

No debemos ver los reveses como fracasos. Una persona no es un fracaso por haber intentado algunas cosas que no le funcionaron. Sólo fracasa cuando deja de intentar. La mayoría de las personas muy exitosas fracasó en su camino al éxito. En lugar de permitir que los errores la detengan, permita que la entrenen. Siempre digo que si salgo y pruebo algo y no funciona, por lo menos sé que no debo volver a hacerlo.

Muchas personas están desconcertadas respecto a lo que deben hacer con sus vidas. No saben cuál es la voluntad de Dios para ellas; carecen de dirección. Yo me sentía de la misma manera alguna vez, pero descubrí mi propósito probando varias cosas. Probé a trabajar en la guardería en la iglesia y rápidamente descubrí que no había sido llamada a trabajar con niños. Probé a ser la secretaria de mi pastor, y después de un día fui despedida sin ninguna explicación, excepto "Este no es su lugar correcto". Me sentí anonadada al principio, hasta que poco después me pidieron que empezara una reunión semanal los jueves por la mañana en la iglesia y enseñara la Palabra de Dios.

Encontré rápidamente dónde encajaba. Podría haber gastado mi vida estando desconcertada, pero agradezco a Dios que estaba lo bastante segura para salir y descubrir lo que era adecuado para mí. Lo hice a través del proceso de eliminación, y experimenté algunas desilusiones —pero al final todo funcionó para bien.

Si usted no está haciendo nada con su vida porque no está segura de qué hacer, le recomiendo que ore y empiece a probar algunas cosas. No pasará mucho tiempo antes de que se sienta cómoda en algo. Será una prueba perfecta para usted. Piénselo de esta manera: Cuando sale a comprar un nuevo equipo, probablemente lo prueba en varias cosas hasta que ve que es adecuado, cómodo y luce bien en usted. ¿Por qué no hace la misma prueba para descubrir su propósito? Obviamente hay algunas cosas que usted no puede "probar" —como ser astronauta o presidente de los Estados Unidos— pero una cosa es cierta: Usted no puede manejar un automóvil estacionado. Saque su vida del "estacionamiento" y empiece a moverse en alguna dirección. No le estoy sugiriendo que se meta en grandes deudas para averiguar si debe ser propietaria de un negocio, pero podría empezar de alguna manera pequeña y, si funciona, ir al próximo nivel. Cuando damos pasos de fe, nuestros propósitos se despliegan. Una mujer segura de sí misma no tiene miedo de cometer errores, y si lo hace, se recupera y sigue adelante.

Una de las grandes cosas de una relación con Dios es que Él siempre nos da nuevos comienzos. Su Palabra dice que su misericordia es nueva cada día. Jesús escogió discípulos que tenían debilidades y cometieron errores, pero siguió trabajando con ellos y ayudándolos a llegar a ser todo lo que ellos podían ser. Él hará lo mismo para usted, si se lo permite. El apóstol Pablo dijo enfáticamente que era importante dejar ir lo que queda detrás y seguir hacia lo que está adelante (Filipenses 3:13). No tenga miedo de su pasado; no tiene poder sobre usted excepto que usted se lo dé. No dejar que el pasado dicte su futuro es parte del estilo de vida seguro de sí mismo.

Recuperarse de cualquier tipo de dolor o desilusión no es algo que les pase sólo a algunas personas y no a otras. ¡Es una decisión! Usted toma la decisión de dejarlo ir y sigue adelante. Aprende de sus errores. Recoge los fragmentos y se los da a Jesús, y Él se asegurará que nada se desperdicie (Juan 6:12). Usted se niega a pensar en lo que ha perdido, pero en cambio hace inventario de lo que ha dejado y comienza a usarlo. No sólo puede recuperarse, sino que también puede ser usada para ayudar a otras personas a recuperarse. Sea un ejemplo viviente de una mujer segura de sí misma que siempre se recupera de los reveses no importa cuán difíciles o frecuentes sean. No diga: "Ya no puedo seguir". En cambio, diga: "Yo puedo hacer cualquier cosa que necesite hacer a través de Cristo que me fortalece. Nunca abandonaré, porque Dios está a mi lado".

SECRETO #5—Una mujer segura de sí misma evita las comparaciones

La confianza no es posible mientras nos comparemos con otras personas. No importa cuán buenas podamos parecer, cuán talentosas, inteligente o exitosas seamos, siempre hay alguien que es mejor, y tarde o temprano nos encontraremos con él o ella. Yo creo que la confianza se encuentra haciendo lo mejor que podemos con lo que tenemos para trabajar, y no comparándonos con otros y compitiendo con ellos. Nuestra alegría no se debe encontrar en ser mejor que otros, sino en ser lo mejor que podemos ser. Esforzarnos siempre para mantener la posición número 1 es un trabajo duro. En realidad, es imposible.

La publicidad suele estar orientada a hacer que la gente se esfuerce por lucir lo mejor, ser lo mejor y poseer lo mejor. ¡Si usted compra "este" automóvil, usted realmente será el número uno! ¡Si usted lleva "esta" marca particular de ropa, la gente realmente lo admirará! Pruebe "esta" nueva dieta y pierda esas pocas libras extra —y entonces usted será aceptado y lo notarán. El mundo constantemente nos da la impresión de que nosotros necesitamos ser alguna otra cosa que lo que somos —y que algún producto o programa o receta nos pueden ayudar a lograrlo. Como la mayoría de las personas, yo me esforcé durante años intentando ser como mi vecina, mi marido, la esposa de mi pastor, mi amiga, y así sucesivamente,. Mi vecina era muy creativa para decorar y cosía, y hacía muchas otras cosas, mientras yo apenas podía coser un botón y tener confianza en que no se caería. Tomé lecciones e intenté coser, pero odiaba hacerlo.

Mi marido es muy calmo y sin complicaciones, y yo era justamente lo opuesto. Así que traté de ser como él, y tampoco funcionó. La esposa de mi pastor era dulce, misericordiosa, menuda, atractiva y rubia. Yo, por mi lado, era agresiva, audaz, fuerte, no-tan-menuda — y morena (es decir, si mi pelo estuviera recién coloreado).

En general, siempre me encontré comparándome con alguien, y en el proceso, rechazando y desaprobando a la persona que Dios me creó para ser. Después de años de sufrimiento, entendí al fin que Dios no comete errores, Él nos hace a todos intencionalmente diferentes, y ser diferente no es malo; es Dios mostrando su variedad creativa. El Salmo 139 nos enseña que Dios intricadamente nos formó a cada uno de nosotros en el vientre de nuestra madre con su propia mano y que escribió todos nuestros días en su libro antes de que cualquiera de ellos tomara forma. Como dije, Dios no comete errores, así que debemos aceptarnos a nosotros mismos como creación de Dios y permitirle que nos ayude a ser el individuo único, precioso que Él se propuso que fuéramos.

La confianza empieza con la autoaceptación —que se hace posible a través de una fuerte fe en el amor y plan de Dios para nuestras vidas. Yo creo que insultamos a nuestro Fabricante (Dios) cuando nos comparamos con otros y deseamos ser lo que ellos son. Tome la decisión de no volver a compararse nunca con otros. Aprecie a otros por lo que son y disfrute de la maravillosa persona que usted es.

Uno de los Diez Mandamientos es "No codiciarás" (Éxodo 20:17). Eso significa que no debemos codiciar lo que otras personas tienen, su apariencia, sus talentos, su personalidad o cualquier otra cosa de ellas. Yo creo que la codicia está presente cuando queremos tanto algo que no podemos estar contentos sin tenerlo. Es posible resentirse con alguien porque él o ella tienen lo que nosotros no tenemos. Estas actitudes no agradan a Dios. Otra persona puede ser un ejemplo para nosotros, pero nunca debe ser nuestro estándar. La Biblia dice en Romanos 8:29 que estamos destinados a ser moldeados interiormente a la imagen y semejanza de Jesucristo. Otra Escritura dice que tenemos la mente de Cristo (1 Corintios 2:16). Nosotros podemos pensar, hablar y aprender a comportarnos como Jesús lo hizo, y ciertamente Él no se estuvo comparando con algún otro o deseando ser otra cosa que como su Padre lo hizo ser. Él vivió para hacer la voluntad del Padre, no para competir con otros y compararse con ellos.

La animo a que usted esté satisfecha con ser quien es. Eso no significa que no pueda hacer progresos y mejorar continuamente, pero cuando les permite a otras personas volverse una ley (regla o norma), usted se decepciona continuamente. Dios nunca la ayudará a ser otro. Recuerde que ser "diferente" es bueno; no es algo malo. Celebre su singularidad y regocíjese en el futuro que Dios ha planeado para usted. ¡Esté segura de sí misma y empiece a disfrutarlo!

SECRETO #6- Una mujer segura de sí misma actúa

Yo he oído que hay dos tipos de las personas en el mundo. Las que esperan que algo pase y las que hacen que algo pase. Algunas personas son naturalmente tímidas, mientras que otras son naturalmente resueltas, pero con Dios de nuestro lado podemos vivir en lo sobrenatural, no en lo natural. Todos tenemos algo que superar. Una persona naturalmente resuelta tiene que superar el orgullo, el excesivo empuje y la falsa confianza, mientras que el naturalmente tímido debe superar la ansiedad, la timidez, la tentación de huir de los desafíos y la falta de confianza.

Una persona resuelta a menudo puede ser asertiva hasta el punto de ser ruda. Me gustan las personas resueltas que no me temen, pero no me gustan las personas que no me respetan y tienen malos modales. Es decir que lo que algunas personas piensan que es resolución, en realidad es orgullo —que es uno de las cosas que la Palabra de Dios dice que Él odia. Yo soy naturalmente resuelta y he tenido que hacerle frente al orgullo. Parece que las personas resueltas asumen naturalmente que tienen razón en la mayoría de las cosas, y no se molestan en decirles a otras personas cuán correctos son. Y, mientras la confianza es una cosa buena, el egotismo no lo es. Gracias a Dios podemos

Dios trabaja a través de nuestra fe, no de nuestro miedo.

aprender a tener equilibrio en nuestras vidas. Con su ayuda podemos beneficiarnos de nuestras fortalezas y superar nuestras debilidades.

Una persona tímida retrocede ante muchas cosas que debe confrontar. Hay muchas que cosas le gustaría decir o hacer, pero el miedo la paraliza. Creo que debemos aprender a salir de las cosas y averiguar lo que Dios tiene para nosotros en la vida. Un acercamiento más tímido puede proteger a los individuos de cometer errores, pero el resultado es que gastan sus vidas preguntándose por "lo que podría haber sido". Las personas resueltas, por otra parte, cometen más errores, pero se recobran y terminan por encontrar lo que es correcto para ellas y cumplirlo.

Cometer errores no es el fin del mundo. Podemos recuperarnos de ellos. ¡De hecho, uno de los pocos errores de los que no nos podemos recuperar nunca es el error de no estar deseosos jamás de hacer uno en el primer lugar! Dios trabaja a través de nuestra fe, no de nuestro miedo. No se siente al costado de la vida deseando hacer lo que ve que otros hacen. ¡Actúe y tenga una vida!

Si una persona es naturalmente introvertida o extrovertida, siempre tendrá mayor tendencia hacia ese rasgo natural —y eso no está mal. Como hemos declarado previamente, Dios nos crea a todos diferentes. Sin embargo, podemos tener la vida que deseamos y seguir negando quién somos. Así que investigue su corazón y pregúntese lo que cree que Dios quiere que usted haga —y entonces hágalo. Cuando Él guía, Él siempre provee. Si Dios le está pidiendo que vaya a hacer algo que le resulta incómodo, puedo asegurarle que cuando usted dé el paso de fe, lo encontrará a Él caminando a su lado.

Cuando usted quiera hacer algo, no se permita pensar en todas las cosas que podrían salir mal. Sea positiva y piense sobre las cosas emocionantes que pueden pasar. Su actitud hace toda la diferencia en su vida. Tenga una actitud positiva, emprendedora, de pasar a la acción, y disfrutará más de su vida. Puede ser difícil al principio, pero al fin habrá valido la pena.

Realmente creo que es más difícil para una persona resuelta superar el orgullo que para una persona tímida superar la timidez. Si usted es tímido y temeroso, simplemente recuerde que podría ser peor. Tome la decisión de que con la ayuda de Dios usted será la persona que Él se propuso que fuera y tendrá la vida que Él quiere que usted tenga.

Dios honra la fe

¡La fe honra a Dios y Dios honra la fe! Una historia de la vida de los misioneros Robert y Mary Moffat ilustra esta verdad. Durante diez años, esta pareja laboró en Bechuanaland (ahora llamada Botswana) sin un rayo de estímulo que iluminara su camino. Ellos no podían informar de un solo convertido. Finalmente, los directores de la junta de la misión empezaron a cuestionar la sabiduría de continuar el trabajo. El pensamiento de dejar su puesto, sin embargo, trajo gran pesar a esta consagrada pareja, porque ellos se sentían seguros de que Dios estaba en sus labores, y que verían a las personas volverse a Cristo en el momento debido.

Se quedaron, y durante un año o dos la oscuridad reinó. Hasta que un día un amigo de Inglaterra les envió a decir a los Moffats que quería mandarles por correo un regalo y preguntó qué les gustaría. Confiando que, a su tiempo, el Señor bendeciría su trabajo, la señora Moffat contestó: "Envíanos un juego de comunión; estoy segura de que se necesitará pronto". Dios honró la fe de esa querida mujer. El Espíritu Santo se movió en los corazones de los lugareños, y pronto un pequeño grupo de seis convertidos se unió para formar la primera iglesia cristiana en esa tierra. El juego de comunión enviado desde Inglaterra se demoró en el correo; pero llegó el día antes de que se celebrara por primera vez en Bechuanaland la Cena del Señor.[1]

SECRETO #7-Una mujer segura de sí misma no vive de "si sólo," ni de "y si"

El mundo está lleno de personas que se sienten vacías y no realizadas porque han gastado sus vidas lamentando lo que no tenían, en lugar de usar lo que tenían. No viva bajo la tiranía de "si sólo". Si sólo hubiera tenido más educación, más dinero, más oportunidades o alguien para ayudarme. Si sólo hubiera tenido una salida mejor en la vida; si no hubiera sido abusada; si sólo hubiera sido más alta. Si sólo no hubiera sido tan alta. Si sólo, si sólo, si sólo....

Uno de los errores más grandes que podemos cometer en la vida es mirar fijamente lo que no tenemos o hemos perdido y no hacer un inventario de lo que tenemos. Cuando Jesús deseó alimentar a 5,000 hombre —más las mujeres y los niños— los discípulos dijeron que todo lo que tenían era el almuerzo de un muchacho que consistía en cinco pequeños panecillos y dos peces. Le aseguraron que no era bastante para una muchedumbre del tamaño de la que tenían. Sin embargo, Jesús tomó el almuerzo y lo multiplicó. Él alimentó a miles de hombres, mujeres y niños, y juntaron doce cestas de sobrantes (Mateo 14:15-21). La lección para nosotros: Si le damos a Dios lo poco que tenemos, Él lo usará y nos devolverá más de lo que teníamos al empezar. La Biblia dice que Dios creó todo lo que vemos de "lo que no se ve", así que he decidido que si Él pudo hacer eso, ciertamente puede hacer algo con mi bocadito —no importa lo insignificante que sea.

Cuando Dios llamó a Moisés para sacar a los israelitas de Egipto, Moisés se sentía muy inadecuado y le dijo a Dios contundentemente lo que él no podría hacer y lo que no tenía. Dios le preguntó qué tenía en su mano y Moisés contestó: "Una vara". Era una vara común, usada para reunir el rebaño de ovejas. Dios le dijo que la tirara al piso, lo que implicaba que Moisés se la diera a Él. Cuando Dios le devolvió la vara a Moisés, estaba llena de poder para hacer milagros y fue usada por Moisés para partir el Mar Rojo así como para otros milagros. Le repito, si usted le da a Dios lo que tiene no importa cuán pequeño e ineficaz le parezca que es, Dios lo usará y le devolverá a usted más de lo que le dio.

En otras palabras, no son nuestras aptitudes lo que Dios desea, sino que quiere nuestra disponibilidad. Él quiere que veamos las posibilidades, no los problemas. No gaste su vida pensando que "si sólo" usted hubiera tenido alguna cosa, entonces podría hacer algo que valiera la pena. "Si sólo" es el ladrón de lo que sí puede ser.

"Y si" puede ser tan abrumador como "si sólo" —pero el "y si" se aplica de una manera negativa. Anticiparse negativamente a una futura experiencia es potencialmente más aplastante que experimentar realmente el problema.

Considere a mi amiga Heather. Un día, ella estaba sentada en una tienda de café con lágrimas en los ojos. Aunque tenía muchas habilidades y era atractiva, vivió con miedo y permitió que le robara su vida. Ella estaba abatida la mayor parte del tiempo, porque el miedo atormenta. Dios no se propuso que viviéramos con miedo y terror. Con Heather, siempre había algo nuevo que temer. En esa ocasión en particular, cuando hablamos, lamentó el hecho de que su madre y tía se habían muerto de enfermedades al corazón, y ahora ella temía tener el mismo destino. Ella tenía tres hijos pequeños y temía que no llegaría a verlos crecer. Le pregunté si había experimentado algún síntoma que la hiciera pensar que estaba teniendo problemas del corazón. Dijo que tenía una sensación de opresión en el pecho. Me contó que había ido al doctor, y que después de realizar las pruebas apropiadas, él le dijo que ella estaba experimentando síntomas de tensión inducidos por su miedo a enfermarse del corazón.

La animé con varias escrituras sobre vivir con fe en lugar de miedo, pero ella persistió diciendo: "¿Y qué si yo me muero y dejo a mi marido con los niños"? Debo admitir que mi paciencia con Heather se iba agotando —no porque yo no tuviera empatía con ella, sino porque la última vez que habíamos estado juntas tenía la misma actitud, sólo que con otro tipo de problemas. En ese tiempo tenía miedo respecto a un nuevo trabajo que su marido había empezado —el cual le requería estar fuera de casa en viajes comerciales. Ella dijo: ¿"Y si" él encuentra a alguien con quien se involucra mientras está de viaje? También dijo: "si sólo" este nuevo trabajo no implicara viajar.

Heather creaba sus propios problemas viviendo en "si sólo" e "y sí". Cualquiera estaría deprimido con ese tipo de pensamiento. Ella necesitaba decidir pensar diferentemente. Tenía en su mente una fortaleza de miedo que probablemente empezó en su niñez, pero ella podría renovar su mente a través del estudio de la Palabra de Dios y meditando en ella. A menudo, las personas quieren que los problemas desaparezcan, pero no quieren hacer lo que deben hacer para ayudarse a sí mismos. He tenido muchos miedos en mi vida, y todavía se me presentan de vez en cuando. Pero les respondo corriendo a la Palabra de Dios que me fortalece para dar pasos de fe sin importar cómo me sienta.

Donde la mente va, el hombre sigue. Si usted presta más atención a sus pensamientos y elige pensar en cosas que la ayudarán en lugar de dificultarla, soltará el poder de Dios que la ayudará a ser la mujer segura de sí misma que Dios quiere que sea. ¡Piense seguro y estará segura!

Estos siete secretos la ayudarán en su camino a ser plenamente segura. Hay todavía mucho que aprender, pero estos puntos son un buen principio.

Capítulo Cinco

LA MUJER QUE NO
ME GUSTABA

¿Quién puede competir con la mujer descrita en Proverbios 31?

Esta mujer puede hacerlo todos; ¡es una gran esposa, madre, maneja la casa, dirige un negocio, cocina, cose —¡parece que nunca se cansa! Parece absolutamente perfecta. ¿Quizá fue por eso que mi primera respuesta al leer sobre ella fue: "Tú no me gustas"? ¿Se ha sentido alguna vez de esta manera después de leer este pasaje? Su estilo de vida me desafió en tantas áreas que yo preferí simplemente no conocerla. Por lo menos, esa fue hace treinta años mi actitud cuando empecé a estudiar mi Biblia seriamente.

La mujer en cuestión es una famosa mujer segura de sí misma, pero su nombre no se menciona. Tengo la convicción de que esto es así porque Dios quiere que cada mujer pueda insertar su nombre en la historia de esta mujer. Quiero que usted también lea sobre ella y luego le compartiré algunas visiones prácticas que creo la ayudarán a llegar a ser la mujer segura de sí misma que usted quiere ser.

▓   Proverbios 31:10-31   ▓
(NVI, excepto los versículos 17 y 21 de LBLA)

10   Mujer ejemplar, ¿dónde se hallará? ¡Es más valiosa que las piedras preciosas!

11   Su esposo confía plenamente en ella y no necesita de ganancias mal habidas.

12   Ella le es fuente de bien, no de mal, todos los días de su vida.

13   Anda en busca de lana y de lino, y gustosa trabaja con sus manos.

14   Es como los barcos mercantes, que traen de muy lejos su alimento.

15   Se levanta de madrugada, da de comer a su familia y asigna tareas a sus criadas.

16   Calcula el valor de un campo y lo compra; con sus ganancias planta un viñedo.

17   Ella se ciñe de fuerza, y fortalece sus brazos.

18   Se complace en la prosperidad de sus negocios, y no se apaga su lámpara en la noche.

19   Con una mano sostiene el huso y con la otra tuerce el hilo.

20   Tiende la mano al pobre, y con ella sostiene al necesitado.

21   No tiene temor de la nieve por los de su casa, porque todos los de su casa llevan ropa escarlata.

22   Las colchas las cose ella misma, y se viste de púrpura y lino fino.

23   Su esposo es respetado en la comunidad; ocupa un puesto entre las autoridades del lugar.

24 Confecciona ropa de lino y la vende; provee cinturones a los comerciantes.

25 Se reviste de fuerza y dignidad, y afronta segura el porvenir.

26 Cuando habla, lo hace con sabiduría; cuando instruye, lo hace con amor.

27 Está atenta a la marcha de su hogar, y el pan que come no es fruto del ocio.

28 Sus hijos se levantan y la felicitan; también su esposo la alaba:

29 "Muchas mujeres han realizado proezas, pero tú las superas a todas."

30 Engañoso es el encanto y pasajera la belleza; la mujer que teme al Señor es digna de alabanza.

31 ¡Sean reconocidos sus logros, y públicamente alabadas sus obras!

Espero que usted dedique tiempo a leer los versículos anteriores. Vamos a profundizar y examinar este pasaje versículo por versículo para que podamos echar una buena mirada a cada cualidad que esta mujer representa.

Versículo 10
Una mujer buena es difícil de encontrar; ella será más valorada que rubíes o perlas. Las mujeres buenas son preciosas, más preciosas que joyas o que gemas caras. Debemos trabajar deliberadamente para fortalecer a nuestros esposos con pensamientos, preguntas cuidadosas y declaraciones porque, como puntualiza este versículo, una mujer que es capaz, inteligente y virtuosa es una rara combinación. Cualquier hombre que tiene una esposa así debe apreciarla y valorarla tremendamente.

Hay otros versículos de Proverbios que esclarecen la importancia que nuestro rol como mujer puede tener para nuestro rol como esposa. Una mujer buena es la suprema alegría de su marido pero una mala es como la podredumbre a sus huesos (Proverbios 12:4). Una esposa sabia, entendida y prudente es un regalo del Señor (Proverbios 19:14).

Versículo 11

La confianza es el pegamento que une a un matrimonio y la Biblia dice que el marido de nuestra mujer de Proverbios 31 puede confiar en ella plenamente; él confía y cree firmemente en ella. ¡Qué bendición es poder decir eso! Vivimos en una sociedad donde a tantas relaciones les faltan estas cualidades, que cuando están presentes, deben valorarse sobre todo lo demás. La confianza, confiabilidad y seguridad traen paz y descanso a nuestras almas. Cuando confiamos en otros y ellos confían en nosotros, aumenta nuestro nivel de confianza. Yo tengo confianza en mi marido; confío y me siento segura de él. Disfruto estas cualidades de él y creo que él también puede decir lo mismo de mí. Él no siempre pudo decir eso de mí. Hubo un tiempo en mi vida en que yo era muy inestable pero, gracias a Dios, Él nos cambia cuando estudiamos su Palabra. Nosotros podemos confiar en la promesa que se encuentra en 2 Corintios 3:18 —que si continuamos en la Palabra de Dios, seremos transformados (cambiados) a su imagen de un grado de gloria a otro. Esta transformación no toma lugar de repente, pero poco a poco seremos cambiados.

Yo detesté a la mujer de Proverbios 31 hasta que comprendí que ella era un ejemplo para mí, una meta que yo podría alcanzar. Una que Dios mismo me ayudaría a comprender si yo ponía mi confianza en Él y estaba deseosa de cambiar. A través de muchos años esta mujer a quien una vez detesté inmensamente se ha hecho una buena amiga. Bastante a menudo cuando tomo decisiones voy a ella para ver lo que creo que ella haría en una situación similar.

Versículo 12

Esta mujer conforta a su marido y le hace el bien mientras hay vida en ella. Muchos matrimonios podrían salvarse del divorcio si una mujer tomara la iniciativa de empezar confortando y felicitando a su marido. El marido también tiene la misma responsabilidad pero si él no lo está haciendo, la animo a que usted esté deseosa de empezar y ser la primera en hacer un movimiento en la dirección correcta para su matrimonio. En nuestra lectura de Proverbios 31:10-31 notamos que no hay ninguna mención de lo que el marido hace sino el hecho de que él la alaba y es bien conocido en la ciudad debido a su magnífica esposa. Yo creo que si usted da los primeros pasos de obediencia Dios también tratará con su marido y usted verá cambios positivos en él. También creo que aumentará su propio nivel de confianza. Cuando felicitamos otros nosotros también empezamos a vernos bajo una luz mejor.

Una mujer espiritualmente madura será la primero en hacer lo que es correcto aunque nadie más lo esté haciendo. Nosotros vivimos para Dios y no para el hombre. Vivimos para agradar al Señor y no a las personas.

Y todo lo que hagáis, hacedlo de corazón, como para el Señor y no para los hombres; sabiendo que del Señor recibiréis la recompensa de la herencia, porque a Cristo el Señor servís (Colosenses 3:23-24).

Miramos los versos justamente anteriores al pasaje citado arriba (Colosenses 3:18-22, NVI) y encontramos instrucciones para vivir diariamente, como:

Esposas, sométanse a sus esposos, como conviene en el Señor.
Esposos, amen a sus esposas y no sean duros con ellas.
Hijos, obedezcan a sus padres en todo, porque esto agrada al Señor.

*Padres, no exasperen a sus hijos, no sea que se desanimen.
Esclavos, obedezcan en todo a sus amos terrenales, no sólo
cuando los estén mirando, como los que quieren ganarse el favor
humano, sino con integridad de corazón y por respeto al Señor.*

Por favor note que hay una instrucción para cada grupo de personas de una casa de familia y que cada uno debe obedecer en algo hecho para el Señor y no para el hombre. Si todos obedeciéramos estas instrucciones, piense en la paz y alegría que llenarían cada una de nuestras casas. No habría ningún divorcio.

Note también que no hay ninguna mención de un miembro que sólo hace lo que debe si los otros lo hacen. No, cada miembro es responsable por su parte. Cada uno de nosotros estará de pie ante Dios y dará cuenta de su vida (Romanos 14:12). No se nos preguntará por otra persona, sino sólo por nosotros. Cada uno de nosotros debe esforzarse por hacer lo correcto aun cuando seamos el único que lo haga. Esto honra grandemente a Dios y será premiado a su debido tiempo.

Versículo 13
Nuestra mujer de Proverbios 31 no es perezosa, ni deja las cosas para más tarde. ¡Ella *busca* (pide, sigue y va después con todo su poderío) lana y lino y trabaja con manos voluntariosas (de desarrollarlos). Una cosa es segura, que esté haciendo vestiduras para su familia o cosas para vender en el mercado, ¡ella es definitivamente entusiasta en lo que hace! No considera que su trabajo sea una carga, ni es algo que la horrorice o se queje de hacer. Esto es parte de su ministerio a su familia y lo hace con celo y una actitud positiva.

Versículo 14
Ella planea buenas comidas buenas que incluyen mucha variedad. Incluso importa cosas de países lejanos para asegurarse de que su familia no se aburra de comer lo mismo una y otra vez.

¡Guau! ¡Me impresiona! Yo alimenté a mi familia con hamburguesas de 1,001 maneras diferentes. Debo admitir que no fui demasiado creativa. Nuestro presupuesto era magro y lo usé como una excusa, pero una vez más nuestra señora de Proverbios nos desafía a ir la milla extra y hacer las cosas tan bien como sea posible. Realizar el esfuerzo de hacer siempre las cosas con excelencia me hace sentir mejor respecto a mí y aumenta mi confianza.

> Versículo 15
> Ella se levanta antes de que amanezca para pasar tiempo con Dios. Sabe que nunca puede ser una buena esposa o madre a menos que se alimente con comida espiritual. Estoy segura de que ella leyó la Palabra de Dios, oró, adoró y alabó y se aseguró de estar espiritualmente lista para el día.

Ella también tenía un plan para el día. Esto es tan importante porque no creo que debamos ser vagos e irreflexivos, meramente levantarnos a diario y esperar a ver lo que pasa. Las personas que tienen esta mentalidad raramente logran algo en la vida, normalmente están frustrados y no realizados. Tenga un plan y aplíquelo. Aténgase a su plan a menos que Dios le muestra algo que Él quiere que usted haga. Nuestro plan no debe convertirse en ley, pero debemos tener una dirección y propósito para cada día de nuestras vidas.

Nuestra mujer de Proverbios tenía ayuda doméstica y estoy segura de que muchos están pensando justamente ahora: "Bien, si yo tuviera sirvientas también podría conseguir algo bien hecho". Sea cuidadosa de no usar eso como una excusa.

Una vez conocí bastante bien a una mujer que estaba en el ministerio a tiempo completo junto con su marido. Ella siempre estaba lamentando el hecho de que Dios no le había proporcionado ayuda para la casa. Sentía que necesitaba una niñera y un ama de llaves y no tenía ninguna. Cuanto más estaba alrededor de esta mujer, más comprendí que Dios no había contestado su oración porque ella

Tenga un plan y aplíquelo. Aténgase a su plan a menos que Dios le muestra algo que Él quiere que usted haga.

era perezosa, desorganizada y siempre estaba empezando cosas que nunca terminaba. Ella debía mostrarse fiel en las cosas pequeñas antes de que Dios le proporcionara la ayuda que pensaba que necesitaba. Ella culpaba de su desorganización e incapacidad para terminar proyectos al hecho de que no tenía ayuda, pero ésa no era realmente la razón. Podría haber hecho menos cosas y hacerlas bien y entonces Dios le habría permitido que hiciera más dándole ayuda. Si realmente hacemos lo que podemos hacer, Dios siempre hará lo que no podemos hacer.

La mayoría de las mujeres nunca puede tener una empleada doméstica, pero hay maneras de conseguir que nuestro trabajo esté hecho y bien hecho. Podemos hacer una lista para que ayuden los niños que tiene edad suficiente para hacerlo. Podemos recortar de nuestras agendas algunas cosas que realmente no están dando buen fruto para tener más tiempo para las cosas que realmente debemos hacer. Quiero animarla a encargarse de su vida. ¡No permita que la vida la maneje, manéjela usted a ella! Decida lo que quiere hacer y hágalo. Tenga cuidado de dar excusas, ellas les roban a las personas su propósito más que cualquier otra cosa. Un gran propulsor de confianza es sentir que está haciendo con su vida lo que sabe que debe estar haciendo, en lugar de gastarla siendo desorganizada y distraída.

Considere las siguientes escrituras:

Así que tengan cuidado de su manera de vivir. No vivan como necios sino como sabios, aprovechando al máximo cada momento oportuno, porque los días son malos. Por tanto, no sean insensatos, sino entiendan cuál es la voluntad del Señor (Efesios 5:15-17, NVI).

Versículo 16
Este versículo es muy importante a mí. Soy una persona emprendedora que quiere estar involucrada en todo pero he aprendido
de la manera dura que no es sabio y ni siquiera posible. No podemos hacerlo todo y hacerlo bien. La calidad es mucho mejor que
la cantidad. Nuestra mujer de Proverbios parece ser una mujer de
negocios realmente buena además de ser una gran esposa y
madre. El versículo 16 empieza diciendo de ella que "considera"
un nuevo campo antes de comprarlo. Ella considera sus deberes
presentes y tiene cuidado de no descuidarlos asumiendo otros
nuevos. En otras palabras, piensa seriamente lo que está a punto
de hacer y no actúa emocionalmente sin reflexionar.

Oh, cuánto mejor sería nuestra vida si todos nos tomáramos
tiempo para pensar en lo que estamos a punto de hacer antes de
hacerlo. Es asombroso cuántas cosas yo no compro si voy a casa y lo
pienso algún tiempo. Es asombroso cómo una noche de buen sueño
cambia nuestras mentes. Las cosas que ayer pensamos que teníamos
que tener pueden no interesarnos siquiera al día siguiente. Esto
muestra la inconstancia de las emociones. No son del todo malas, tienen la capacidad de brindarnos placer, pero no podemos contar con
que sean estables. Las emociones son inconstantes y cambiantes. Ésta
es la razón por la que es peligroso hacer cosas basadas en emociones
fuertes sin considerar suficientemente todo lo que está involucrado.

Por no moverse emocionalmente la Biblia dice que esta mujer
ahorra tiempo y fuerzas que utiliza para plantar vides fructíferas en su
viña.

No todo lo que parece bueno es bueno y una persona sabia se
dará tiempo para examinar las cosas completamente. Si usted lo piensa, a veces lo bueno es enemigo de lo mejor. Puede haber muchas
buenas oportunidades para que usted ministre en su iglesia; pero eso
no significa que cada oportunidad sea la mejor opción para usted.

Debemos escoger las cosas más excelentes y no meramente conformarnos con otra cosa buena. Yo recibo muchas buenas oportunidades casi a diario y tengo que rechazar participar en la mayoría de ellas. Sé lo que Dios me ha llamado a hacer y me apego a mi llamado.

Éste es un ejemplo: Recientemente estaba viajando fuera de los Estados Unidos y a último momento, después que mi agenda ya estaba fijada, recibí una invitación para hablar al Senado de esa nación. Mi equipo me animaba a que aprovechara la oportunidad pero dentro de mi corazón sentía que algo en eso no era correcto. Tomé tiempo para contestar y para no moverme demasiado rápido diciendo sí a algo sobre lo cual en realidad no tenía entusiasmo. Dios dejó caer en mi corazón una cuestión para preguntar. Pregunté si se requeriría que el Senado entero estuviera allí o si sólo sería asistencia voluntaria. La respuesta fue que el Senado no estaba en sesión y que sería voluntario.

También explicaron que podrían tener dos personas o cinco y que el tiempo total para hablar sería de cinco minutos. Yo no tomo a la ligera cinco minutos o dos personas, pero cuando consideré las otras cosas que tenía oportunidad de hacer ese día supe que tenía que decir no. La animo a que usted se tome tiempo para pensar las cosas. El que se precipita siempre termina mal.

Nuestra mujer de Proverbios 31 se extiende prudentemente. Ella era de hecho una mujer prudente y la prudencia significa buen manejo de los recursos. Cada uno de nosotros tiene asignada una cantidad de tiempo y de energía y debemos manejarlos de tal manera que llevemos el mayor fruto posible. Las personas que se manejan emocionalmente llevan en general vidas frustradas. Están llenas de ideas creativas pero son incapaces de calmarse lo suficiente para diseñar un proyecto y conseguir un fundamento sólido. Quieren resultados al instante y si no los consiguen usualmente pasan a otro nuevo proyecto que también fallará.

En cualquier circunstancia en que usted quiera terminar un producto de calidad, negocio, ministerio o matrimonio, le insumirá tiempo y paciencia. Dave y yo disfrutamos ahora de un ministerio internacional que está ayudando a millones de las personas, pero nos tomó treinta años construirlo.

Yo la animo a "considerar" las decisiones, compras, y opciones de vida. Asegúrese de extenderse prudentemente. No se tiente abandonando otros deberes para asumir nuevos, a menos por supuesto, que esos deberes presentes puedan traspasarse a otro para hacer sitio para su nuevo emprendimiento. Una manera segura de perder su confianza es tener tanto para hacer que no haga nada bien.

Versículo 17
¡Nuestra amiga de Proverbios 31 incluye los ejercicios! El versículo 17 empieza diciendo que ella se ciñe con fuerzas espirituales y mentales.ᵃ Sabemos por un versículo anterior que se preparó espiritualmente para el día. Quizás ella gana fortaleza mental meditando en la Palabra de Dios a lo largo del día. O puede ser una lectora ávida. Quizás se informa de eventos actuales para poder conversar inteligentemente con casi cualquiera. Ella se mantiene físicamente en forma para las tareas dadas por Dios, lo que sólo puede significar que obtiene ejercicio suficiente. Puede ser a través de su trabajo o que ella aparte algún tiempo para mantenerse físicamente en forma.

Yo llegué a estar tan preocupada sobre las condiciones a que la mayoría de las personas deja llegar a su cuerpo que escribí un libro que se publicó en abril de 2006 titulado *Luzca estupenda, siéntase fabulosa: Doce claves para disfrutar de una vida saludable ahora.* Como cristiana, su cuerpo es el templo del Espíritu Santo y usted debe guardarlo en buenas condiciones para que Dios pueda trabajar a través de usted de la manera que Él desea. Estar excesivamente cansados pueden afectarnos adversamente a nosotros y a nuestra vida espiritual. No estamos espiritualmente tan afiladas como debemos estar, y es más fácil ser engañadas. No tenemos el deseo o la vitalidad para orar normalmente. No presentamos el mejor testimonio a otros. Es aún más fácil ser gruñonas e incapaces de caminar en el fruto del Espíritu cuando nos sentimos cansadas la mayor parte del tiempo.

La animo a que haga sitio en su vida para el ejercicio. Usted pueda decir: "Joyce, yo odio el ejercicio" o "Yo no tengo tiempo para ejercitarme". Estoy muy familiarizada con esas excusas porque fueron mías la mayor parte de mi vida. Todavía no estoy donde debo estar pero voy haciendo progresos. He decidido en definitiva que hacer lo que puedo es mejor que no hacer nada en absoluto. Encuentre algo que usted pueda disfrutar y que le permita hacer ejercicio. Pruebe a caminar o a jugar un deporte para conseguir el ejercicio que necesita. Ejercitarse con otras personas podría darle resultado. Leer de vez en cuando sobre los beneficios del ejercicio la motivará a incluirlo en su vida. Recuerde, sin conocimiento las personas perecen.

Las personas que se ejercitan regularmente tienden a estar más seguras de sí mismas. En primer lugar, se sienten mejores y con más energía, así que tienen más logros y disfrutan lo que hacen. Normalmente lucen mejor y eso aumenta su confianza. El ejercicio también relaja la tensión y el estrés lo cual ayuda a cualquiera a estar más seguro. ¡Deje de pensar en el ejercicio, vaya y hágalo!

Versículo 18
Todos nosotros tenemos épocas en la vida en que sentimos que nos rendimos y nuestra mujer de Proverbios no era diferente del resto de nosotros. Sin embargo, el versículo 18 empieza con una importante declaración: "Se complace en la prosperidad de sus negocios". El versículo de la Escritura sigue diciendo que su lámpara no se apaga ni siquiera en tiempos de problemas, privación o dolor. Ella sigue adelante en fe, lo que dispersa el miedo, la duda y la desconfianza.

Tomar tiempo para disfrutar el fruto de sus labores es que una de las principales cosas que la ayudarán a seguir adelante en tiempos difíciles. Dios dio a muchos hombres y mujeres de la Biblia tareas difíciles de realizar pero Él siempre prometió una recompensa. Mirar la recompensa nos ayuda a soportar la dificultad. La Biblia dice en

Hebreos 12:2b que Jesús, por el gozo que le esperaba, soportó la cruz, menospreciando la vergüenza que ella significaba, y ahora está sentado a la derecha del trono de Dios.

Piense en la historia de Abraham. A este hombre se le pidió que dejara a sus parientes y su país y fuera a una tierra que no le era familiar. Era una elección difícil de hacer pero Dios prometió que si Abraham le obedecía sería bendecido y sería de bendición para muchos.

La animo a que usted no mire meramente su trabajo sino que mire también la promesa de recompensa. Tome tiempo para disfrutar el fruto de su labor y se dará energía para terminar su recorrido. También edificará su confianza cuando, al disfrutar la recompensa de sus labores, comprenda que usted es valiosa, y ése es el propósito de Dios para usted.

Versículo 19
Vemos a nuestra mujer trabajando de nuevo. Al parecer está haciendo ropa para su familia o para vender en el mercado. Una cosa es segura: No la vemos perder tiempo.

Yo creo que ser fructífero lo hace a uno seguro. No fuimos creados por Dios para gastar lo que Él nos ha dado y el tiempo es ciertamente uno de los más grandes recursos que tenemos. Todos tenemos la misma cantidad de él, pero algunos hacen tantas cosas con el suyo mientras que otros no hacen nada. Usted nunca experimentará confianza en sí misma si pierde su vida y su tiempo.

Versículo 20
La señora de Proverbios 31 es una dadora. Ella abre sus manos a los pobres. Tiende sus manos llenas al necesitado (sea en cuerpo, mente o espíritu).

Parece que ella toma la iniciativa de dar. Abre sus manos, extiende la mano. Creo que un verdadero dador busca oportunidades para dar; las investiga. Job dijo: "A los menesterosos era padre, y de la causa que no entendía, me informaba con diligencia", (Job 29:16). Job incluso fue más lejos en el capítulo 31 para declarar que si él no usaba su brazo a ayudar a las personas entonces que alguien se lo quebrara.

En mi opinión, los dadores son personas poderosas; están felices y realizadas. Yo viví un largo, largo tiempo como una mujer egoísta, centrada en mí misma, y estaba deprimida todo el tiempo. Con los años he aprendido, sin embargo, a ser una dadora pujante; busco oportunidades y eso hace mi vida excitante y realizada. No hay nada mejor en el mundo que hacer más feliz a alguien. Recuerde que lo que usted hace que pase para otros, Dios hará que pase para usted. Ponga una sonrisa en la cara de otro y su propia alegría aumentará.

Note que nuestra mujer de Proverbios 31 extendió sus manos llenas al necesitado. Cuando una persona verdaderamente quiere dar, Dios le dará semilla para sembrar. Aunque usted no tenga dinero extra para dar, tiene algo. Eche una mirada alrededor de su casa y salga a regalar todo lo que no está usando o no se está poniendo. Si un artículo de ropa estuvo en su armario un año sin moverse, es probable que nunca lo vuelva a usar. Páseselo a alguien que lo necesite y Dios la bendecirá con cosas nuevas cuando usted las necesite. Creo que sabemos que lo que hay que hacer es dar. En nuestros corazones podemos sentir alegría y confianza cuando llegamos a ser dadores y no meramente tomadores.

No es ninguna maravilla que no me haya gustado esta mujer de Proverbios 31 cuando empecé a leer sobre ella. Era todo lo que yo no era pero debía llegar a ser. Cuando las personas están haciendo algo mejor que nosotros, no debemos rechazarlas: ¡debemos ser lo bastante inteligentes para aprender de ellas! No tenemos que compararnos con ellas, pero podemos aprender y podemos permitirles ser nuestro ejemplo.

Versículo 21
La Biblia declara que ella no teme el mal tiempo porque su familia se viste ropas dobles en escarlata. ¿Podría significar esto que ha hecho ropa de color escarlata para ellos y también los ha cubierto en oración con la sangre del Mesías? ¿Un Mesías que para ella, todavía estaba por venir? Vemos en la Biblia dos referencias cruzadas a esta Escritura. Un versículo es Josué 2:18 que muestra a Rahab, una mujer con un pasado pecador, desplegando un hilo de color escarlata en su ventana mientras Jericó es destruida. Cuando los hombres de Josué vinieron a espiar en Jericó, Rahab los ayudó guardándolos seguros, y como premio por sus esfuerzos, ella pidió que no se hiciera ningún daño a su familia. El hilo de color escarlata representó al Salvador que iba a venir, así como la sangre puesta en el dintel y los postes de la puerta de los israelitas en Egipto en la noche de Pascua (Éxodo 12:13).

La segunda referencia es Hebreos 9:19-22 que da un vívido relato de Moisés rociando la sangre de los becerros y machos cabríos sacrificados sobre el Libro de la Ley y pacto y sobre todo el pueblo. También la puso en el tabernáculo, los artefactos y vasos. De hecho, bajo la ley casi todo se purificó por sangre para la liberación del pecado, la culpa y el merecido castigo. ¡Gracias a Dios nosotros tenemos un mucho mejor pacto ratificado por la sangre de Jesús! ¿Por qué sangre? La vida está en la sangre y la vida es la única cosa que puede conquistar la muerte. El pecado es meramente muerte en pequeñas dosis. Todos nosotros pecamos y cometemos errores pero podemos limpiarnos continuamente por la sangre de Jesús cuando ponemos nuestra fe en Él.

La mujer de Proverbios que estamos estudiando probablemente era bien consciente del poder de la sangre. Por consiguiente ella cubrió a su familia con vestidos de color escarlata que bien pueden haber representado para ella la sangre del Mesías venidero.

Una de las cosas que usted puede hacer como una mujer segura de sí misma es aplicar la sangre de Jesucristo por fe a su casa. Yo hago esto regularmente. La aplico a mi propia vida, a mi mente, emociones, voluntad, cuerpo, conciencia, espíritu, finanzas, relaciones, mi andar con Dios, mi marido, hijos y sus familias, colaboradores y todos los compañeros de Joyce Meyer Ministries. Hago esto orando y soltando mi fe en que en la sangre de Jesús hay poder para limpiar y proteger.

Arrepentirme regularmente por el pecado de mi vida y guardar mi conciencia cubierta con la sangre de Jesús me ayuda a estar más segura ante Dios, en mis oraciones y en la vida diaria. Las personas culpables no funcionan bien. Son hasta cierto punto temerosas y normalmente deprimidas. Usted no tiene que ser culpable y condenada; usted puede admitir sus pecados, y pedirle a Dios que la perdone, y la limpie con la sangre de Jesús. Cuando pone su confianza en la Palabra de Dios, su propia confianza aumenta.

Versículo 22

Yo soy particularmente aficionada al versículo 22 porque me dice que nuestra famosa mujer de los Proverbios tenía cosas buenas. Ella vivió una vida equilibrada. Hizo mucho para otros, pero también se dio tiempo para atenderse a sí misma. Muchas personas se queman porque no toman tiempo para refrescarse. Sentimos tal necesidad de dar y hacer para otros que ignoramos nuestras propias necesidades o peor, nos sentimos culpables hasta de pensar en nosotros. Necesitamos ser atendidos espiritual, mental, emocional y físicamente. Cada una de estas áreas es importante para Dios; Él las hizo y está interesado en el bienestar de todas ellas, incluyendo nuestras necesidades físicas y emocionales. Nuestra mujer segura se hizo cojines, alfombras y vestimenta. Su ropa estaba hecha de la misma tela que vestían los sacerdotes. En otras palabras, ella tenía material realmente muy bueno. ¡El mejor!

Muchas personas tienen la idea equivocada de que el cristianismo significa hacer todo por los demás pero sacrificando todas las cosas de la vida que usted podría disfrutar personalmente. ¡Yo no creo esto! Ciertamente todos seremos llamados a tiempos de sacrificio a lo largo de la vida y cuando Dios nos pide que dejemos cualquier cosa debemos hacerlo alegremente. Pero no tenemos que hacer un concurso para ver de cuánto podemos privarnos en la vida para intentar impresionar y agradar a Dios. Jesús dijo: "Yo he venido para que tengan vida, y para que la tengan en abundancia." (Juan 10:10).

Esta mujer tenía cosas buenas y la Biblia dice que las hizo para sí misma. Si no está haciendo nada para usted, debe averiguar qué es lo que disfruta y permitirse el privilegio de ministrar a sus propias necesidades así como a las de todos los demás. Obviamente, usted no debe gastar en sí misma dinero que no tiene o llegar a excesos adorándose a sí misma. Pero prestar muy poca atención, si alguna, a sus propias necesidades no es saludable, ni agrada Dios.

Yo creo que nos sentimos más seguros cuando lucimos mejor y tenemos buen cuidado de nosotros. Usted vale la pena y no lo olvide jamás. Usted tiene valor y debe hacer una inversión en sí misma.

Versículo 23
Nuestra mujer tiene un marido famoso pero lo es debido a su magnífica esposa. ¡Eso sí que es un gran cumplido para ella! Imagine que su marido va a una fiesta y todos nos reunimos a su alrededor comentando qué gran esposa tiene él. O, que él fuera caminando calle abajo y dos hombres del otro lado de la calle tuvieran una conversación más o menos así: "Allí va el Sr. Proverbios 31, y hombre, él tiene una gran esposa. ¡Usted no creería todo lo que esta mujer logra en la vida! No sólo cuida de todos los demás, también tiene muy buen cuidado de ella misma. Sí, señor, el Sr. Proverbios 31 es un hombre bendecido. El favor de Dios está ciertamente con él al darle una esposa tan magnífica."

Tome la decisión de ser el tipo de esposa que causará que otros crean que su marido es bendito porque la tiene a usted.

Versículo 24
Ahora encontramos a nuestra multitalentosa mujer haciendo vestidos para vender en el mercado. Qué mujer: ella también añade al ingreso familiar usando algunas de las mismas habilidades que necesita en casa para ser una bendición para otros. Me gusta el hecho de que hace fajas que lo liberan a uno para el servicio. El estilo de ropa de la cultura en que ella vivió requería que las personas recogieran sus faldas y las ataran para poder trabajar libres. Ella hizo fajas que harían esto. También era algo que todos necesitaban. Si usted va a entrar en negocios, asegúrese de hacer suficiente investigación para estar segura de que, efectivamente, muchas personas necesitarán lo que va a ofrecer.

Versículo 25
Proverbios 31:25 nos dicen que su fuerza y dignidad son su ropa, y que su posición es fuerte y segura. Esto ciertamente debe de haber aumentado su confianza. Ella no tuvo miedo de perder su posición o de que algo malo aconteciera.

> Saber que usted está preparada para cualquier cosa que se presente incrementará su confianza en sí misma de una manera asombrosa.

Ella enfrentó audazmente el futuro porque sabía que ella y su familia estaban preparados. La falta de preparación es un de las mayores causas de la falta de confianza. (Más adelante dedicaré al tema un capítulo entero de este libro.) Prepararse requiere trabajar por adelantado en lugar de aplazar las cosas hasta el último minuto.

Mateo 25 nos cuenta de diez vírgenes. Cinco eran sabias y cinco eran necias. Las sabias tomaron aceite extra con ellas cuando esperaban que viniera el novio, pero las necias no se prepararon. El novio fue lento en venir y, como era previsible, las necias se quedaron sin aceite. Cuando él llegaba, ellas quisieron pedir prestado a las sabias que tenían aceite extra. Ellas les respondieron que no habría bastante para todas, y así perdieron su oportunidad de encontrarse con el novio.

Esto mismo les pasa a muchas personas en la vida. Van aplazando hasta que es demasiado tarde para aprovechar una oportunidad que podría resultarles de tremenda bendición.

Saber que usted está preparada para cualquier cosa que se presente incrementará su confianza en sí misma de una manera asombrosa. ¡Si usted es una de las personas que postergan las cosas, ya no las aplace más y comience a prepararse hoy!

Versículo 26
Nuestra mujer de Proverbios 31 conoce la importancia de las palabras. Ella abre su boca con sabiduría hábil y piadosa. La ley de bondad está en su lengua. Hablar amablemente a otras personas es un tremendo atributo y uno que ciertamente realza a una mujer piadosa. Todos necesitamos bondad y creo que segaremos lo que sembramos. Si usted necesita que le demuestren bondad, demuéstresela a otras personas. Piense en lo que va a decir antes de decirlo y será más probable que hable con sabiduría en lugar de con mera emoción. Proverbios 18:20-21 dice que cada uno se llena con lo que dice y se sacia con lo que habla, y que en la lengua hay poder de vida y muerte; Sigue diciendo que comeremos el fruto de nuestras palabras para vida o para muerte.

No sólo tenemos la capacidad de hablar vida o muerte a otras personas, sino que tenemos la misma habilidad en nuestras propias vidas. Podemos hablar palabras que construyen confianza en nosotros y en otros o podemos hablar palabras que destruyen la confianza. La animo a que empiece a aumentar hoy su propia confianza por lo que dice. Sobre todo tenga cuidado en lo que se habla a sí misma. Ésta es la conversación que usted tiene con usted dentro de usted. Usted realmente habla consigo mismo más de lo que lo hace con nadie. Esté segura de que lo que está diciendo es algo con lo que usted quiere vivir.

Versículo 27
Nuestra amiga de Proverbios es una mujer responsable. Está alerta a cómo van las cosas en su casa, se niega a estar ociosa y no pierde su tiempo en cosas como sentarse a chismear o revolcarse en la autocompasión. No está descontenta. Aprecia la vida y creo que celebra plenamente cada día. La ociosidad, el derroche, la autocompasión, la chismografía y el descontento son ladrones de la vida abundante que Jesús murió para darnos. No les permita que la gobiernen. Cuando usted mantiene una actitud positiva disfrutará de más confianza.

Versículos 28-29
Ella disfruta la alabanza de sus hijos y su marido. Ellos suben a pedir su bendición. Su marido dice que muchas hijas han sido virtuosas y nobles pero que ella las excede a todas. En otras palabras, él dice que ella es la mejor esposa que cualquiera podría tener en la vida. Aplaude y celebra su fuerza de carácter y bondad.

Un año mi cumpleaños tuvo lugar durante una de nuestras conferencias y mi esposo Dave se puso de pie y leyó Proverbios 31 para mí en frente de un salón lleno de gente. Luego mis hijos uno por uno subieron a decir cosas lindas y edificantes para mí. No hay mejor sentimiento que invertir años criando a sus hijos, y que luego ellos digan que la honran, la aman y creen que no habrían podido tener una madre mejor. O que su esposo diga que usted es la mejor esposa del mundo. Estos comentarios ciertamente fueron un espaldarazo para que me sienta segura de mí misma.

Versículos 30-31

Encanto, gracia y belleza pueden ser engañosas, porque no son duraderas, pero la mujer que reverentemente y en completa adoración teme al Señor, será alabada. Ella comerá del fruto de sus manos, y sus obras la alabarán.

Hacer lo que uno cree que es correcto siempre aumentará la confianza. Usted no puede salir mal cuando mantiene a Dios como el foco de su vida. Siga el ejemplo de la mujer de Proverbios 31. Ella nos da una tremenda visión de cómo ser la mejor y la más segura ama de casa, esposa y madre que podemos ser.

Nota de la traductora:

a. *The Amplified Bible*, versión empleada por la autora, dice en el original: "She girds herself with strength [spiritual, mental, and physical fitness for her God given task] and makes her arms strong and firm." (Ella se ciñe con fuerza [espiritual, mental, y física dada por Dios para su tarea] y hace sus brazos fuertes y firmes.)

Capítulo Seis

SUPERAR LA INSEGURIDAD

Póngase un sobretodo o una chaqueta y una sus muñecas con un lazo. Luego pruebe a quitarse la chaqueta. ¿No puede hacerlo, verdad? Eso es lo que le pasa cuando se esfuerza por creer en usted misma, aunque ha permitido que el miedo y la inseguridad la ataran. ¡Es imposible tener éxito! La inseguridad y la confianza no operan juntas, sino una contra otra. La confianza destruirá la inseguridad, pero la inseguridad destruirá la confianza.

La inseguridad atormenta. La mujer insegura es inestable en todo cuanto hace, siente y decide. Vive confusa la mayor parte del tiempo y lucha para tomar decisiones y sostenerlas porque siempre está cambiando de opinión porque le parece que podría estar equivocada. ¡Una mujer segura de sí misma no tiene miedo de equivocarse! Ella es consciente de que puede cometer un error y no permite que el miedo a hacerlo la encarcele, o la ate a la inseguridad.

En la Biblia, Santiago 1:5-8 nos enseña que Dios no puede contestar las oraciones de una persona de doble ánimo. Dios responde a nuestra fe, no a nuestros miedos. La inseguridad es miedo. Temor a cometer errores o hacer algo incorrecto. Con frecuencia va más allá del temor a hacer las cosas mal; más a menudo implica que las personas se sienten totalmente mal respecto a sí mismas. Llevan profundamente arraigada la vergüenza y parecen no poder aceptarse o no tener confianza en su capacidad para tomar decisiones.

Es probable que en este momento usted esté pensando: "Bien, Joyce, pero realmente yo no puedo remediar sentirme así. Yo desearía sentirme segura pero no puedo hacerlo". Lo que estoy tratando de decirle puede ser una de las cosas más importantes que haya oído en su vida. ¡USTED NO NECESITA SENTIRSE SEGURA PARA

> Debemos creer a la Palabra de Dios más de lo que creemos a nuestros sentimientos.

ESTAR SEGURA! Para vivir en victoria, cada uno de nosotros debe aprender a ir más allá de sus sentimientos. He aprendido que puedo sentirme mal y seguir eligiendo hacer lo que corresponde. También he aprendido que no tengo que sentirme segura para verme a mí misma como segura.

Si tomo una decisión y creo que es correcta en el momento en que la tomo, después no tengo que cambiar mi opinión sólo porque empiezo a pensar o sentir que podría haber cometido un error. Debo cambiar mi decisión si Dios me muestra que he cometido un error, pero no tengo que doblegarme bajo cada pensamiento o sentimiento desbocado que me salga al encuentro. Cuando Satanás guerrea contra mi mente, puedo abrir mi boca y decir lo que la Palabra de Dios dice de mí, y usted puede hacer lo mismo. "Porque en él [yo vivo], y [me muevo], y [soy]" (Hechos 17:28, la sustitución de la persona verbal es mía).

No es equivocado que diga cosas buenas de usted misma. Debemos decir: "La sabiduría de Dios está en mí y yo tomo buenas decisiones". Debemos creerle a la Palabra de Dios más que a nuestros sentimientos. Ya hemos establecido en este libro que los sentimientos pueden ser muy inconstantes, y están siempre cambiando y que no son confiables para ayudarnos a tomar decisiones en la vida. Los sentimientos en sí y por sí no son malos pero ciertamente pueden descaminar a las personas, y lo hacen. Los sentimientos pueden darnos información correcta pero también son capaces de darnos información inexacta; por consiguiente, tenemos que vivir a una profundidad mayor que la de las emociones. La Palabra de Dios nos enseña a seguir la paz (Salmos 34:14; 2 Timoteo 2:22; Hebreos 12:14; 1 Pedro 3:11).

En mi vida hubo tiempos en que sentía paz en mi corazón respecto a una dirección que estaba tomando, pero mi cabeza reñía conmigo. Santiago 1:22 nos enseña claramente que ese razonamiento nos lleva al engaño y a la traición. Si cambiamos nuestra opinión respecto a una decisión que habíamos tomado, debe ser porque hemos perdido nuestra paz respecto a la dirección que pensábamos tomar o que hemos ganado una sabiduría o comprensión que no teníamos previamente.

No retroceda

La inseguridad hace que una persona retroceda por miedo. La Palabra de Dios declara en Hebreos que "el justo vivirá por fe; pero si retrocede, no agradará a mi alma" (Hebreos 10:38 RV95). Eso no significa que Dios esté enfadado con nosotros, pero le entristece que estemos viviendo tan por debajo de la vida segura que Él nos proporcionó a través de Jesucristo.

La fe es estar seguro de Dios y su Palabra. Quizás usted tiene una buena relación con Dios y no tiene ningún problema en confiar en Él, pero cuando se trata de confiar en que usted hará lo que corresponde, se achica: permite que el miedo la controle y la haga retroceder.

Dios me dijo una vez que si yo no confiaba en mí, entonces no confiaba en Él. Me dijo que Él vive en mí, y me dirige, me guía y me controla porque yo le pedí que lo hiciera. Era necesario que yo creyera en las promesas de Dios, no en mis sentimientos o pensamientos. Por supuesto, cualquiera de nosotros puede pasar por alto a Dios y cometer errores. Podemos pensar que estamos yendo en la dirección correcta y descubrir que estamos equivocados, pero eso no es el fin del mundo, ni es nada por lo que debamos llegar a preocuparnos excesivamente. Si nuestros corazones son sinceros y estamos buscando francamente la voluntad de Dios, aunque cometamos un error, Él intervendrá y nos volverá al rumbo. Él lo hace con bastante frecuencia, sin que ni siquiera nos demos cuenta.

La animo a confiar en que está siendo guiada por Dios a menos que Él le muestre lo contrario, en lugar de suponer que siempre está equivocada y vivir en la agonía de la inseguridad. Como Dios lo ha prometido en su Palabra (Juan 16:13), confíe en que Él, por su Espíritu Santo, la guía a toda la verdad. Si estamos en el rumbo equivocado, Dios nos ayudará a volver al correcto.

Cuando Jim Burke llegó a ser la cabeza de una nueva división de los productos Johnson & Johnson, uno de sus primeros proyectos fue el desarrollo de una friega para el pecho de los niños. El producto falló de una manera lamentable, y Burke esperó que lo despidieran. Sin embargo, cuando fue llamado para ver al presidente de la junta, se encontró con una recepción sorprendente.

"¿Es usted el que nos costó todo ese dinero?", le preguntó Johnson a Robert Wood. "Bien, quiero felicitarlo. Si usted está cometiendo errores, significa que se está arriesgando, y no creceremos a menos que usted se arriesgue."

Algunos años después, cuando el propio Burke llegó a ser presidente de Johnson & Johnson, continuó aplicando esa palabra.[1]

No tenga miedo de equivocarse. Nunca tendrá éxito si no comete errores y posiblemente muchos. Yo creo que las personas adjudican a sus errores más poder de lo necesario. Debemos admitirlos, arrepentirnos, y pedirle a Dios que nos perdone por ellos. También debemos aprender de nuestros errores, porque al hacerlo ellos pueden agregar valor a nuestras vidas. En lugar de permitir que los errores la hagan sentirse culpable y mal, permítales ser sus maestros y recuerde que el hecho de haber cometido un error no significa que usted sea un error.

Aprenda a separar "quién" es de lo que "hace". Cometer errores es algo que hacemos como seres humanos, pero seguimos siendo los hijos de Dios y Él tiene un buen plan para nuestras vidas. Él es longánimo, abundante en misericordia y lleno de amorosa bondad.

Dave y yo tenemos cuatro hijos adultos y puedo asegurar que a lo largo de los años ellos cometieron muchos errores, pero siguen siendo mis hijos y los amo tanto como si nunca hubieran cometido errores. Algunos padres sobreprotegen tanto a sus hijos que nunca les permiten tomar sus propias decisiones o cometer sus propios errores. Éste es el mayor error de todos. Para crecer debemos avanzar y probar. Así aprendemos qué hacer y qué no hacer. El aprendizaje de primera mano que da la experiencia es un maestro mucho mejor que un libro de texto.

Quitar el pecado de la duda

La inseguridad es simplemente miedo a estar equivocado. El Espíritu que usted ha recibido no es un espíritu de esclavitud para volver a ponerla en la cautividad del temor (Romanos 8:15). Dios no quiere que usted viva con miedo, dudas o inseguridad.

Si lo piensa, en realidad la duda es un pecado porque en Romanos 14:23 la Biblia dice que "todo lo que no proviene de fe, es pecado". Cuando damos lugar a la duda, a la desesperación y al temor, comienza a levantarse un muro a las bendiciones de Dios. No permita que ese muro empiece a construirse en su vida.

La duda es temor a que pasen cosas negativas, en cambio la fe espera que pasen cosas buenas. Realmente requiere menos energía emocional caminar con fe que hacerlo con dudas y temor.

Las personas que creen y son positivas son mucho más saludables que quienes están llenos de miedo, duda y negatividad. Las personas positivas envejecen más lentamente que las negativas y de hecho pueden vivir mucho más tiempo.[2]

Usted puede haber desarrollado negatividad por causa de desilusiones vividas, pero no fue creada por Dios para ser negativa, temerosa y vacilante.

Como he compartido, yo crecí en una casa verdaderamente disfuncional. Mi padre era un alcohólico de temperamento explosivo. Era casi imposible agradarle. Abusaba físicamente de mi madre y abusaba sexual, mental, emocional y físicamente de mí. Experimenté muchas desilusiones y devastaciones a la edad de dieciocho años. Yo esperaba que me pasaran cosas malas pensando que así me protegería de ser defraudada cuando sucedieran. Puedo decir sinceramente que por ese tiempo nada resultó en mi vida de la manera que me hubiera gustado.

Dejé mi casa a los dieciocho años, conseguí un trabajo y empecé a tratar de cuidar de mí. Pensé que me había alejado del problema porque me había alejado físicamente de él; pero no comprendí que lo llevaba conmigo dentro de mi alma. Mi mente y mis emociones se habían dañado y necesitaban ser sanadas. Mi voluntad era rebelde y obstinada porque me prometí que nadie volvería a herirme. Mi espíritu estaba herido. Yo era una persona angustiada con una actitud muy negativa. Creía en Dios y oré por su ayuda pero no conocía nada sobre las leyes de la fe. Orar y ser negativa no le traerán una respuesta. Orar y vivir con miedo tampoco. Yo tenía mucho que aprender, pero a lo largo de los años Dios ha sido fiel, paciente y amoroso. Él me cambió, me sanó, y me dio oportunidad de ayudar a otras personas que también están heridas. Me sacó del montón de ceniza y me dio una vida que vale ser vivida.

Soy libre del miedo, la negatividad y la inseguridad. Esto no significa que esas cosas nunca intenten visitarme, pero he aprendido que puedo decirles "NO" tan fácilmente como podría decirles "SÍ". ¡Cuando el miedo golpee a su puerta, contéstele con fe! ¡Cuando golpee la inseguridad, contéstele con confianza! Cuando me surgen pensamientos o conversaciones negativas, el Espíritu Santo (o a veces mi marido) me recuerda que ser negativa no ayudará en nada y yo decido cambiar.

El poder de decisión

Dios nos creó a cada uno de nosotros con libre albedrío. Esto nos capacita para tomar nuestras propias decisiones aparte de toda influencia. Satanás trata de forzarnos a hacer cosas poniendo presión sobre nosotros pero Dios trata de guiarnos por su Espíritu Santo desde adentro de nuestro corazón en donde mora. Jesús no es exigente o áspero, duro, cortante o apremiante. Él es humilde, amable, manso y modesto (Mateo 11:29-30). Nosotros somos criaturas realmente complejas. Nuestra mente puede pensar una cosa, mientras nuestras emociones quieren algo distinto y nuestra voluntad ciertamente parece tener su propia opinión. Una vez que la fuerza de voluntad de las personas es renovada por la Palabra de Dios y saben lo bastante para escoger lo bueno sobre lo malo, se vuelven muy peligrosas para Satanás y su reino de oscuridad. La persona renovada puede anular todas las cosas negativas que Satanás ha planeado con sólo ejercer su fuerza de voluntad para estar de acuerdo con Dios y su Palabra.

He descubierto que la duda es un pensamiento plantado en mi cabeza por el diablo. Él trata de impedir que disfrute mi vida y progrese en el buen plan que Dios tiene para mí. También he descubierto que sin importar cuán vacilante me sienta, yo puedo decidir seguir adelante por fe. Mis sentimientos no son yo. Yo soy mayor que mis sentimientos y eso vale para usted. No importa cómo nos sintamos, seguimos pudiendo escoger hacer lo debido. Ir contra sus sentimientos no siempre es fácil porque los sentimientos suelen ser muy fuertes,

Una vez que la fuerza de voluntad de las personas es renovada por la Palabra de Dios y ellas saben lo bastante para escoger lo bueno sobre lo malo, se vuelven muy peligrosas para Satanás y su reino de oscuridad

pero mantenerse firme contra ellos hasta que llegue a disfrutar de la libertad es mucho mejor que seguirles permitiendo que dirijan su vida y la mantengan en esclavitud.

En Josué 24:15 vemos que Josué toma una decisión. Él dice: "escogeos hoy a quién sirváis; ... pero yo y mi casa serviremos a Jehová". Josué tomó su decisión y nadie lo haría cambiar. Él no tomó su decisión sobre la base de lo que otros hicieron. Él se negó a vivir bajo el temor al hombre. Si usted toma una decisión no debe permitirse dudar sólo porque algún otro no esté haciendo lo que usted hace. No suponga que usted está equivocada y debe cambiar. Quizás ambos estén en lo correcto. Dios dirige a diferentes personas a hacer cosas diferentes por razones que sólo Él sabe.

La práctica perfecciona

La animo a que practique ser una persona positiva. Precisamente se trata de romper un hábito malo y formar uno nuevo. Yo era tan negativa en una época de mi vida que si hubiera intentado pensar dos pensamientos positivos sucesivamente a mi cerebro le hubiera dado un calambre. Pero ahora soy muy positiva, y realmente no disfruto de estar con personas negativas.

Se requiere que sea disciplinada cada vez que está formando un nuevo hábito. Usted podría considerar poner algunos recordatorios por su casa o en su automóvil. Cartelitos que digan "Sé positiva". Pida a una buena amiga o a su esposo que le hagan notar si la oyen resbalar en el negativismo.

Practique confiar en sí misma en vez de dudar. Recuérdelo, usted puede estar equivocada, pero también podría tener razón así que ¿por qué no considerar primero la posibilidad positiva? Si está solicitando una promoción en su trabajo, no piense o diga: "Probablemente no la conseguiré". Ore y pídale a Dios que le dé favor con su patrón y luego diga: "Yo confío en que voy a conseguir el ascenso". Podría preguntarse:

"¿Qué pasa si no lo consigo?", pero ¿qué pasará si no lo intenta? ¡Exactamente, no pasa nada! Y si lo intenta y el resultado no es el que estaba esperando, entonces diga: "Si el trabajo fuera adecuado para mí, Dios me lo habría dado, y como no lo hizo, Él debe tener en mente algo mejor para mí". Usted puede entrenarse para ser positiva en lo que parece ser una situación negativa. ¡No deje que el diablo le gane! Él ha desparramado duda, miedo y negatividad desde el principio de los tiempos y ya es hora de que dejemos de permitirle que nos use como su vaso.

Espere favor

Dios quiere darle favor: bondad que usted no merece. En la Biblia vemos mencionar el favor de Dios hacia muchos y no hay ninguna razón para pensar que no puede ofrecérselo también a usted. Aprenda a creer en Dios para que le dé favor. Confiese varias veces por día que usted tiene favor con Dios y con el hombre. Usted se asombrará de las cosas excitantes que le sucederán si habla la Palabra de Dios en lugar de decir cómo se siente.

El favor sobrenatural puede expresarse de diferentes maneras. Usted puede conseguir el trabajo que quiere pero para el cual no es idónea en lo natural. Las personas parecen gustar de usted sin ninguna razón especial. Usted recibe el mejor asiento del restaurante con el mejor mozo. Las personas le dan cosas sin ninguna razón. Favor significa que alguien se detendrá y la dejará en una línea de tráfico mientras otros pasan zumbando como usted no estuviera allí.

Vivir en el favor de Dios es muy excitante. Cuando José fue cruelmente maltratado por sus hermanos y lo vendieron como esclavo, Dios le dio favor por todas partes donde fue. Él tuvo favor con Potifar que lo puso a cargo de su casa. Tuvo favor con el carcelero durante su encarcelamiento por un delito que no cometió. Tuvo tanto favor con el Faraón que José llegó a ser el segundo de Faraón en poder. Sí, el favor de Dios es una manera excitante de vivir. En la Biblia vemos que se da favor a tantos hombres y mujeres a quienes admiramos. Ahí están Rut, Ester, Daniel, y Abraham para nombrar solamente algunos. Resístase y niéguese a permitir que la duda la convenza de que a usted y su familia no le pasarán cosas buenas; ¡espere decididamente cosas buenas! Pídale a Dios que le dé el sobrenatural favor divino y luego espere verlo en su vida cada día.

Hubiera yo desmayado, si no creyese que veré la bondad de Jehová
En la tierra de los vivientes.
Aguarda a Jehová; esfuérzate, y aliéntese tu corazón;
Sí, espera a Jehová. (Salmo 27:13-14)

Proclame la Palabra de Dios con confianza

* "Sé fuerte y valiente" —Josué 1:6 (NVI)
* "...hace mis pies como de ciervas, me hace estar firme sobre mis alturas" —2 Samuel 22:34
* "Tendrás confianza, porque hay esperanza; mirarás alrededor, y dormirás seguro" —Job 11:18
* "En paz me acostaré, y asimismo dormiré; porque solo tú, Jehová, me haces vivir confiado" —Salmo 4:8
* "Confío en Dios y alabo su palabra; confío en Dios y no siento miedo. ¿Qué puede hacerme un simple mortal?" —Salmo 56:4 (NVI)

Empiece con usted

Si ha comprendido que debe proponerse disfrutar de la vida mejor que Dios le tiene, también debe darse cuenta de que debe empezar con usted. Debe creer lo que la Palabra de Dios dice sobre usted más de lo que cree lo que dicen otros, o lo que sus sentimientos o su propia mente dicen.

Quizá tenía mensajes negativos introducidos en usted desde que era niña. Podría tratarse de un padre que tenía problemas y descargó sus frustraciones en usted. Podría ser un maestro que se deleitó denigrándola delante del resto de la clase. Quizás sus padres la compararon tanto con otro hermano que le dio la impresión de que usted había venido con imperfecciones. Puede haber experimentado una o más rupturas de relaciones y haberse convencido de que era su culpa. Pero sea cual fuere la razón de su inseguridad y actitud negativa hacia usted misma, debe cambiar si verdaderamente desea disfrutar de lo mejor de Dios en su vida.

Véase como Dios la ve, no de la manera que el mundo la ve ni de la manera en que usted se ve. Estudie la Palabra de Dios y averiguará que usted es preciosa, creada en el útero de su madre por la propia mano de Dios. Usted no es un accidente. Aun cuando sus padres le hayan dicho que realmente nunca la quisieron, yo puedo asegurarle que Dios la quiso; pues de otra manera usted no estaría aquí en la tierra. Usted es valiosa, usted tiene valor, usted tiene dones, usted es talentosa y usted tiene un propósito en esta tierra. Dios dice que Él la ha llamado por su nombre y que usted es suya.

No temas, porque yo te redimí; te puse nombre, mío eres tú.
(Isaías 43:1b)

Porque a mis ojos fuiste de gran estima, fuiste honorable, y yo te amé; daré, pues, hombres por ti, y naciones por tu vida. No temas, porque yo estoy contigo. (Isaías 43:4-5a)

Tómese un minuto y mire en su corazón. ¿Qué ve usted allí? ¿Cómo se siente respecto a usted misma? Si su respuesta no está de acuerdo con la Palabra de Dios, quiero animarla a empezar hoy a renovar su mente respecto a usted misma. He escrito muchos libros que la ayudarán en esta área y por supuesto la Palabra de Dios es el mejor libro de referencia que existe.

No sólo debemos pedirle a Dios las cosas que nos ha prometido, sino que debemos recibirlas. Juan 16:24 dice que debemos pedir y recibir para que nuestro gozo sea completo. Si se siente indigna probablemente usted no pedirá y aunque lo haga no recibirá a través de la fe. La inseguridad que usted tiene siempre estará de pie entre usted y lo mejor que Dios tiene para usted. Es su decisión. No permita que los sentimientos la gobiernen ya. Dé un paso de fe y comience a mejorar su calidad de vida hoy. ¡Crea que toma buenas decisiones, que es una persona valiosa con un gran futuro y algo bueno le va a pasar a usted hoy!

Capítulo Siete

EL PODER DE LA PREPARACIÓN

La preparación nos equipa para movernos confiadamente. Muchas mujeres tiene falta de confianza sencillamente porque no se preparan del modo apropiado para lo que intentan hacer. Puede haber varias razones para esta falta de preparación. Ellas no comprenden la importancia de la preparación, o son perezosas, o están demasiado ocupadas haciendo cosas que no las ayudarán a lograr sus metas, y entonces no les queda tiempo para hacer lo que las ayudaría. Imagine a un médico que trate de estar seguro sin tener ningún entrenamiento o preparación. Cualquiera que considera seriamente realizar un deporte practica y se prepara. Y, como maestra de la Palabra de Dios, nunca voy al púlpito sin prepararme completamente. Estudio, oro y reviso una y otra vez mis notas. Con bastante frecuencia no miro las notas mientras predico, porque cuando me pongo de pie para enseñar ellas se han vuelto a tal punto parte de mí que fluyen con facilidad. Saber que he puesto todo de mi parte para estar preparada me ayuda a ministrar con confianza.

¿Puede usted pensar realmente en cualquiera que sea un experto en algo que no practique y se prepare? Yo no puedo. Un concertista de piano practica, un gimnasta de nivel mundial practica, un bailarín practica. Toda esa práctica y preparación edifican la confianza del individuo.

Moisés tenía en su vida un llamado a liberar a los israelitas de la esclavitud en que estaban cautivos en Egipto. Él quiso empezar enseguida, pero cuando lo hizo mató a un egipcio y fue obligado a huir de Egipto durante muchos años. La acción realizada sin el permiso de Dios mostró claramente que Moisés no estaba listo todavía. Él tenía celo pero no conocimiento. Era emocional, pero no se preparó. Dios lo llevó al desierto donde permaneció durante cuarenta años siendo preparado por Dios para el trabajo que tenía por delante.

Cuando Dios nos da a hacer un trabajo a menudo pensamos que será fácil lograrlo. Sin embargo, la mayoría de las cosas son más arduas de lo que usted alguna vez pensó que serían y toman mucho más tiempo del que pensó que podría soportar, pero también pagan dividendos mayores de lo que podría imaginarse en su vida.

Cuando Dios me llamó al ministerio yo pensé que todo me saldría bien enseguida. No comprendí que tenía ante mí un gran trato para aprender y que me prepararía para el ministerio que Dios quiso darme. Gasté cada hora libre que podía encontrar estudiando la Palabra de Dios y leyendo los libros que me enseñaron la doctrina y principios bíblicos. Me entregué a mi llamado. Empecé a decir no a las invitaciones que recibía de amigos para hacer cosas que sentía serían simplemente una pérdida de tiempo para mí. Muchos de mis amigos no entendieron mi nuevo celo. Me dijeron que realmente ellos pensaban que se me había ido la mano y debía tranquilizarme y volver a una conducta normal. Pensaban que era extraño que yo no quisiera salir con ellos todos los días cuando en el pasado iba a las ventas de garaje, fiestas en casas, fiestas de disfraces, fiestas de la vela, etc. No estoy diciendo de ningún modo que haya algo malo en hacer esas cosas, pero Dios me estaba llamando a separarme y prepararme para el ministerio de instrucción bíblica. Yo nunca podría ser un éxito y glorificar a Dios si no estaba preparada y la preparación requiere tiempo y dedicación. Realmente no era un sacrificio para mí porque Dios me dio un deseo increíblemente fuerte de aprender, pero me resultaba emocionalmente duro ser malentendida así. Yo estaba tratando de seguir a Dios y mis amigos se enfadaron y me rechazaron. Aprendí después que hasta eso era parte de mi preparación.

Durante cinco años di estudios bíblicos en casas para veinticinco o treinta personas. Fui fiel y no recibí beneficios financieros

La confianza no aparece simplemente en nuestras vidas, sino que crece cuando nosotros damos pasos de fe y experimentamos la fidelidad de Dios.

durante ese tiempo. Era una etapa de gran necesidad financiera para Dave y para mí, pero Dios siempre nos proveyó. Bastante a menudo era en el último minuto y de maneras inesperadas, pero Él proveyó.

Como parte de mi preparación, Dios me guió a dejar mi trabajo para que yo tuviera algún tiempo para prepararme. Teníamos tres hijos en ese momento, además yo trabajaba a tiempo completo y era bastante activa en la iglesia. Me habría sido imposible tener tiempo para prepararme si no sacrificaba el sueldo y confiaba en Dios para que satisficiera nuestras necesidades. Aprender a confiar en Dios de esta manera fue un periodo de prueba para mí y también parte de mi preparación para el ministerio que ahora tenemos, donde debemos confiar en Dios literalmente para todo. La confianza no aparece simplemente en nuestras vidas, sino que crece cuando damos pasos de fe y experimentamos la fidelidad de Dios.

Luego trabajé bajo la autoridad de otro en una iglesia durante cinco años y aprendí mucho. Fueron años buenos pero arduos. Estar bajo autoridad me impidió hacer cosas que quería hacer. Estaba frustrada pero definitivamente era una parte del plan global de Dios para mi vida y ministerio. Siempre digo que las personas deben aprender a estar bajo autoridad antes de estar calificadas para ejercer autoridad. Siendo una personalidad de tipo tenaz, se me hizo difícil someterme con una buena actitud a una autoridad con quien no siempre estaba de acuerdo, pero era muy bueno para mí y parte de mi preparación.

La tercera fase de nuestro ministerio empezó en 1985 cuando Dios nos dijo que tomáramos el ministerio y fuéramos al norte, al sur, al este y al oeste. Empezamos celebrando reuniones muy pequeñas en cualquier parte a donde pudiéramos manejar, y quiero decir pequeñas. Raramente tuvimos una reunión de cien personas por esos días. Al escribir escribo esto, llevo treinta años enseñando la Palabra de Dios. Asistí a la escuela del Espíritu Santo. Fui preparada, no de las maneras convencionales, pero sin embargo preparada por Dios para el ministerio que disfruto ahora. Nosotros viajamos nacional e internacionalmente. Tenemos oficinas en trece países y alcanzamos aproximadamente dos tercios del globo por televisión cinco días por semana. Sí, hemos hecho un largo camino, porque ha tomado un largo tiempo y muchos años previos la preparación de cada fase de progreso.

He sido criticada durante años porque no tuve entrenamiento formal en un seminario. Algunos han dicho: "¿Quién es usted para estar enseñando la Palabra de Dios? ¿Dónde consiguió sus credenciales?". Yo estoy calificada porque Dios me ungió para predicar el evangelio a los pobres y necesitados (Isaías 61:1). Todos lo que necesitamos hacer es mirar a algunos de los discípulos que Jesús escogió y vemos rápidamente que Dios no siempre ni por lo general llama a los que parecen estar calificados. La Biblia dice que Él escoge intencionalmente lo débil y necio del mundo para confundir a los sabios (1 Corintios 1:26-29).

Puedo decir con seguridad que Dios la preparará a usted de cualquier manera que Él escoja. Pueden ser entrenamientos formales o no, pero Dios usará todo en su vida para entrenarla si usted está deseosa de ser entrenada. Es triste decir que tantas personas tienen un gran llamado en su vida pero son demasiado impacientes para pasar por la preparación necesaria para equiparlas para el trabajo.

José era un joven con un sueño. Él soñó con tener autoridad y ser un gran hombre. Sin embargo, era joven e impetuoso y necesitaba un poco de entrenamiento y preparación. Los hermanos de José lo odiaron porque su padre lo favoreció y lo vendieron como esclavo. Dios usó la situación como una oportunidad de probar y entrenar a José. Él hasta pasó trece años en la cárcel por algunas cosas que no había hecho, pero definitivamente todo cuanto le pasó a José durante esos años lo equipó para su papel ordenado por Dios en la historia. El favor de Dios estaba sobre José y él creció en poder hasta tener solamente al propio Faraón como mayor. Él fue puesto en una posición para alimentar a multitudes de personas, incluyendo a su padre y hermanos durante siete años de hambre. Su dolor puede llegar a ser su mayor ganancia. Su problema puede llegar a ser ministerio si usted tiene una actitud positiva y decide permitir que todo lo que atraviese la prepare para lo que está delante.

Ester tuvo que tener un año de preparación antes de que le permitieran ir ante el rey. Durante doce meses pasó por el proceso purificador, pero más aún que su belleza física, su belleza interna se mostró a través de él, y Dios la usó para salvar a su pueblo del malvado complot de Amán.

Pedro tuvo que ser preparado pasando por algunas experiencias humillantes; él también era un hombre poderoso pero orgulloso. El Señor tenía que humillarlo antes de poderlo usar. La mayoría de los líderes fuertes tienen mucho talento natural pero también están llenos de ellos mismos (orgullo) y tienen que aprender a depender de Dios. Tienen que cambiar su confianza en sí mismos por la confianza en Dios. Recuerde que Jesús dijo: "apartados de mí nada podéis hacer" (Juan 15:5). ¡Cuando Él dice nada, quiere decir nada! Todos nosotros somos como una hoja de césped, hoy estamos y mañana no estamos. O, como un vapor o una bocanada de humo. Estamos aquí y nos vamos. Se nos desafía a pensar de nosotros más favorablemente de lo que deberíamos. No debemos pensar demasiado poco en nosotros pero tampoco demasiado alto. Sólo necesitamos vernos "en Cristo". No somos nada sin Él y sin embargo podemos hacerlo todo con Él.

No trate de improvisar

¿Se encontró alguna vez en una situación en que no había tenido tiempo de prepararse para algo de su trabajo o en la iglesia, pero se esperaba que usted lo hiciera? Su corazón empieza a martillar, las mariposas revolotean en la boca de su estómago y usted se dice quedamente a sí mismo: "Improvisaré sobre la marcha". Usted no se preparó pero piensa esperanzadamente que sin embargo de alguna manera podrá arreglar las cosas y nadie se dará cuenta. Aunque se las arregle para engañar a otros, usted sabrá la verdad y no se sentirá bien al respecto. En lo más profundo sabrá que no hizo lo mejor. Podría sentirse aliviado porque logró atravesar la situación, pero lo hizo con miedo en lugar de hacerlo con confianza.

Hasta Jesús fue entrenado y preparado por el sufrimiento por el cual pasó. Él estaba literalmente equipado para su oficio de Sumo Sacerdote a través de su tiempo de preparación.

Y, aunque era Hijo, a través del sufrimiento aprendió lo que es la obediencia; y habiendo sido perfeccionado, vino a ser autor de eterna salvación para todos los que lo obedecen (Hebreos 5:8-9, RV95).

Si Jesús necesitó preparación para ser equipado para su trabajo, no cabe duda alguna en nuestras mentes de que nosotros necesitamos la misma cosa.

¿Qué tipo de preparación necesita usted?

Como ya lo he declarado, el tipo de preparación que usted necesita depende de lo que está siendo llamado a hacer y de la etapa de su vida en que está. Para muchas personas, la educación es el primer tipo de preparación que obtienen, pero para otros eso no es posible. Una mujer casada con tres niños pequeños y un trabajo de jornada parcial probablemente no podría ir durante dos años al Instituto Bíblico o conseguir un grado en administración de negocios. Si usted desea estudiar y no puede hacerlo a tiempo completo, podría considerar tomar clases nocturnas o incluso clases por Internet. Siga su corazón y Dios la llevará al destino correcto en el momento correcto.

Si tiene en su corazón algo que cree que se espera que haga pero por ahora es incapaz de hacerlo, no permita que eso la descorazone. Guardamos algunas cosas durante años en nuestros corazones antes de que las veamos manifestarse. Permita que su sueño sea incubado en su corazón. Ore al respecto y haga cualquier cosa que pueda para estar lista cuando sea el momento propicio.

Sandra, nuestra hija menor, estuvo en el ministerio a tiempo completo con nosotros durante catorce años y entonces dio a luz a gemelos. Le resultó imposible seguir en el ministerio de la misma manera durante esa etapa de su vida. Ella probó el ministerio a tiempo parcial con nosotros pero ni siquiera pudo trabajar así. Estaba estresada física y emocionalmente y no se sentía contenta. Ella comprendió que debía dejar su trabajo durante la etapa de vida en que se hallaba, pero incluso en esta nueva etapa, cree firmemente que se sigue preparando para el futuro que tiene por delante. Realmente sigue considerando que está en el ministerio porque trata de ayudar y bendecir a las personas por todas partes a donde va. ¡No es lo que era, pero es bueno! Es importante que usted entienda la idea de que la preparación para lo que Dios quiere que haga no tiene que ser un entrenamiento formal o convencional. También es importante que entienda que Dios no llama a todos al ministerio de jornada completa. Él puede llamarlo en los negocios, el gobierno o alguna otra cosa, pero si usted quiere hacerlo con seguridad, necesitará preparación.

Aún las personas que pueden obtener entrenamiento formal siguen necesitando tener cierta experiencia. Saber algo en nuestra cabeza y saber aplicarlo prácticamente pueden ser dos cosas diferentes. La Biblia dice que Jesús ganó "experiencia" a través de las cosas que sufrió (Hebreos 5:8-9). Dios está buscando personas con experiencia de la vida para pedirles que comiencen su entrenamiento y preparación hoy, y usted puede aprender algo que necesitará para su futuro. Odio ver a la gente joven salir de la universidad con una actitud de "yo lo sé todo". Necesitamos seguir aprendiendo durante toda la vida, y todos podemos aprender algo cada día si dejamos que todo en la vida sea una escuela a la cual asistimos.

En mi caso, no pude ir a la universidad cuando salí de la escuela secundaria. Debido al abuso de mi casa yo tenía que arreglármelas por mí misma y empezar a ganarme la vida para poder escapar del maltrato. Dios me enseñó por todas partes donde iba. Aprendí algunas grandes lecciones sobre la integridad, excelencia y honestidad en la tienda de comestibles y en centros comerciales. En un trabajo que tuve, aprendí qué importante es tratar a las personas con bondad cuando me trataba duramente a mí misma. A veces las experiencias amargas que soportamos son los mejores maestros que tenemos en la vida.

Me gustaría haber ido a la universidad. Mis maestros reconocieron que yo tenía el don de la escritura y me animaron fuertemente a que intentara obtener una beca de la universidad en periodismo, pero lo único en lo que yo podía pensar en ese momento era en alejarme de casa y en tener un lugar donde no siguiera siendo abusada. Estoy contenta de decir que Dios me dio más de lo que podría haber conseguido por mí misma mediante grados universitarios. Tengo doctorados honorarios de la Universidad Oral Roberts y la Universidad del Gran Cañón de Fénix. También tengo dos grados ganados sobre la base de los setenta y cinco libros que he escrito y el conocimiento contenido en ellos. Ellos incluyen un bachillerato y una maestría en teología y un doctorado de filosofía en teología, todos de la Universidad Life Christian de Tampa, Florida.

Dios promete en Isaías 61:7 darnos un premio doble por nuestra anterior vergüenza y deshonra, y yo soy un testimonio viviente de que su Palabra es verdad.

Algunas personas consiguen entrenamiento en el trabajo. Sencillamente no son personas de libros y aprenden mucho más rápidamente por el método práctico. Como sea que aprendamos, podemos estar seguros de que Dios nos preparará a su propia manera.

No intente poner a Dios en una caja pensando que todos tenemos que hacer lo mismo. No todos los que servimos a Dios en el ministerio fuimos a seminarios o a institutos bíblicos. No todos los que somos el presidente o CEO de una corporación importante fuimos a la universidad. Dios equipa a algunas personas con aptitudes naturales muy fuertes y mucho sentido común. El zar de Microsoft, Bill Gates, abandonó Harvard después del primer año. En lugar de ir a la universidad, Truett Cathy empezó un restaurante del pollo con principios de negocios fuertemente basados en la Biblia y Chick-fil-A es ahora en el país la segunda más grande cadena de restaurantes de comida rápida de pollo. Nuestro hijo más joven no fue a la universidad; él es el CEO de nuestra oficina de EE.UU. y hace un trabajo fantástico. Él tiene dones dados por Dios y mucho sentido común. Ve cosas e instintivamente sabe cómo manejarlas. Parte de su entrenamiento vino simplemente de estar con su padre y conmigo durante tantos años. Es asombroso lo que aprendemos en la vida mientras ni siquiera somos conscientes de estar aprendiendo hasta que necesitamos ponerlo en práctica.

Nuestro hijo mayor es el CEO de todas las oficinas extranjeras y misiones en el mundo. Él tuvo dos años de universidad pero nada de su instrucción ha tenido algo que ver con lo que está haciendo ahora. Él también aprendió de la manera dura, por trabajar en cada departamento que existe en los Joyce Meyer Ministries hasta que hizo su camino a la cima.

Yo la animo a que permita que todo en la vida sea preparación para las cosas que usted tiene en su futuro. Permita que cada experiencia sea algo de lo que usted aprende. No desprecie los días de pequeños comienzos. Esos pequeños comienzos normalmente son todo lo que podemos manejar en ese momento. Dios nos dará más cuando sepa que estamos listos. Disfrute cada paso de su jornada. No se apresure corriendo a través de las cosas tanto que pierda las lecciones que puede extraer de cada día.

Haga a su parte y Dios hará el resto

Si usted hace lo que puede hacer Dios hará lo que usted no puede hacer. Haga todo lo posible de su parte para estar preparada para el trabajo que tiene ante usted y Dios le dará algunas capacidades sobrenaturales que la asombrarán. Yo estudio diligentemente para mis sermones y bastante a menudo cuando estoy enseñando me oigo decir cosas que no sabía que sabía. Yo hice mi parte y Dios me dio sobrenaturalmente algunas otras para hacer aún mejor mi mensaje. Si yo hubiera sido perezosa y pensado que no necesitaba prepararme, esas cosas sobrenaturales no habrían pasado.

Para estar preparada, usted no debe preocuparse por la parte que no sabe hacer, simplemente haga la parte que sabe. Sus acciones llenas de fe son semillas que usted siembra. Siembre su semilla de fe y Dios traerá una cosecha exactamente en el tiempo correcto.

Cuando Jesús ascendió al cielo, dio dones a los hombres (Efesios 4:8). Yo estoy dotada en comunicación. Mi líder de adoración está dotado musicalmente. Mis dos hijos están dotados en administración de negocios. Mi marido está dotado en sabiduría y dirección financiera. Dios ha cubierto todas las bases y no tenemos que preocuparnos. Quiero decirlo una vez más: "Si realmente hace lo que puede, Dios hará lo que usted no puede hacer."

Si usted confiadamente avanza y hace su parte, Dios la rodeará de personas que tienen los dones y capacidades que usted no tiene. Sin

embargo, cuando a una persona le falta confianza, es común
que no pueda recibir ayuda de
otros. Son personas que están
demasiado ocupadas haciendo
comparaciones para recibir la

La inseguridad y la falta de confianza
le robarán la vida maravillosa que
Dios planeó para usted.

ayuda que Dios les ha enviado. La inseguridad y la falta de confianza le robarán la vida maravillosa que Dios ha planeado para usted. La
harán ser celosa y que le molesten los que debería apreciar.

Mi marido no tiene las mismas aptitudes que yo, pero tiene otras
buenas. Él es seguro y no siente necesidad de competir conmigo.
Hacemos un buen equipo porque tenemos capacidades diferentes.
Nos complementamos y nos completamos. Muchas personas nunca
hacen algo porque no pueden hacerlo todo. Son personas negativas
que se concentran en lo que no pueden hacer en lugar de ver lo que
sí pueden hacer y hacerlo.

Usted no debe estar preparada para hacer todo el trabajo por sí
misma, simplemente prepárese para hacer del mejor modo lo que
puede hacer y recuerde que Dios añadirá lo que usted no tiene.

Conozca sus puntos fuertes y débiles

¿Cómo sabe usted lo que puede y lo que no puede hacer? Es importante que lo entienda si va a estar bien preparada. Esto impedirá que
pierda su tiempo en algo en lo cual no tendrá éxito. Yo soy una buena oradora pública pero no soy buena como ejecutante de música ni
como cantante. Una vez decidí que quería aprender a tocar la guitarra. Rápidamente descubrí que tenía cero aptitud en esa área. En primer lugar, mis dedos son cortos y no alcanzan a rodear cómodamente
el mango de la guitarra. Me esforcé y logré tocar unas notas pero no
lo disfruté en absoluto. ¿Por qué? Porque tocar la guitarra no era algo
que yo debía hacer. Si hubiera seguido insistiendo en aprender a tocar
la guitarra me habría sentido como un fracaso; y si alguna vez hubiera tratado de tocarla delante de otras personas ciertamente no me
habría sentido segura. Por muy duramente que lo intente, usted no

podrá prepararse apropiadamente y sentirse segura para hacer algo para lo cual no está hecha.

Asegúrese de que lo está intentando hacer es algo que realmente quiere hacer y no sólo algo para impresionar a otros. Es una triste verdad que algunos gastan la mayor parte de su tiempo y todo su dinero intentando impresionar a gente que ni siquiera les gusta.

No tenga miedo de admitir lo que no puede hacer. Conozca sus debilidades y ore para que Dios envíe a su vida personas que hagan lo que usted no puede hacer. Yo no puedo cantar y tocar instrumentos musicales pero Dios siempre me ha proporcionado una buena alabanza y un líder de adoración para mi ministerio. No sé nada sobre el equipamiento para grabar televisión y emitir un show alrededor del mundo, pero estoy rodeada de personas que conocen lo que no sé. No tengo miedo de decir que no soy buena en algo y no pierdo mi tiempo en intentar desarrollar mis debilidades.

Otra cosa muy importante es que usted debe conocer bien sus puntos fuertes. Haga una lista de aquello en lo que es buena y repítala diariamente hasta que gane confianza en sus capacidades. Pensar en lo que es buena no es presunción; es meramente preparación para hacer su trabajo con confianza. Yo sé que soy buena en algo porque Dios me ha dotado en esa área y le agradezco todo el tiempo por esas capacidades con que me ha equipado. Quizás algunas de ustedes nunca han pensado seriamente en qué son buenas y si no es tiempo de empezar a hacerlo. Haga una lista y léala en voz alta para sí misma al menos tres veces por día hasta que se convenza.

Aquí está mi lista:

Soy una buena comunicadora
Soy una obrera que trabaja duro
Tengo mucho sentido común
Soy organizada
Soy firme
Soy decidida
Soy disciplinada
Soy una amiga fiel

Tengo una buena memoria a corto plazo
Amo ayudar a las personas
Amo dar

No hice esta lista para presumir sino para mostrarle cómo hacerlo y animarla a que usted sea lo bastante resuelta como para hacerlo. Haga todos los días afirmaciones positivas sobre sus cualidades. Jesús vino a cuidar de lo que usted no podría hacer, así que permítale que haga su trabajo y dele gracias por hacerlo.

Si usted es una buena madre y ama de casa, dígalo. Creo que yo soy una buena esposa y madre. No soy una común, pero yo soy una buena. Me tomó un tiempo largo estar dispuesta a decir eso. Durante muchos años el diablo me convenció de que yo no era una buena esposa y madre porque no pude hacer todas las cosas que otras esposas y madres hicieron. Al fin comprendí que yo no me llamé al ministerio, Dios lo hizo. Él también dio una gracia (capacidad especial) a mi familia para que yo esté en el ministerio. Sí, hubo cosas que ellos tuvieron que sacrificar, pero también hubo beneficios. En la vida cada vez que ganamos algo, dejamos de ganar algo. Si usted fuera a ser una pianista de concierto, invertiría muchas horas practicando mientras otras personas se entretenían hasta que un día usted tendrá el privilegio de ser quien los entretiene. Usted se sacrifica y luego cosecha la semilla que había sembrado.

Mi familia entera se sacrificó para que yo haga lo que estoy haciendo en el ministerio pero también hemos tenido el privilegio de ayudar a millones de personas de todo el mundo y la alegría que eso nos proporciona compensa cuanto hayamos debido dejar.

¿En qué es buena usted? ¿Lo sabe? ¿Ha pensado seriamente en ello o estuvo tan ocupada pensando en las cosas en que no es buena que ni siquiera de ha dado cuenta de sus capacidades? Empiece hoy a invertir el flujo negativo siendo lo bastante resuelta como para comprender que realmente usted es una gran persona con aptitudes maravillosas. ¡Todos lo somos! Recuerde, Dios no hace cachivaches. Después de Dios crear el mundo entero y a Adán y Eva, miró todo y dijo: "¡Es muy bueno!". En el Salmo 139 David describe cómo Dios nos crea en el vientre de nuestra madre con su propia mano. Cómo nos forma delicadamente y nos entreteje. Luego dice: *"formidables, maravillosas son tus obras; estoy maravillado, y mi alma lo sabe muy bien"* (NVI). ¡GUAU! Eso es una declaración. Básicamente David está diciendo: "Yo soy maravilloso y sé qué hay en mi corazón". No se está enorgulleciendo de sí mismo, sino de Dios que lo creó.

La importancia de la oración

Orar es probablemente la parte más importante de la preparación, aunque hoy tantas personas ignoran o se olvidan de esta parte vital del proceso. Le sugiero que usted no haga nada sin orar primero y pedirle a Dios que participe y la haga funcionar bien. Jesús dijo: "Apartados de mí nada podéis hacer", y yo lo creo.

La Biblia dice que debemos reconocerlo en todos nuestros caminos y Él dirigirá nuestros pasos y los hará seguros (Proverbios 3:6). No basta con saber que Él está allí. Debemos pedirle diariamente su guía y sus fuerzas. Piense en el niñito que insiste en ponerse solo una camisa o suéter; se retuerce y arrastra y tuerce y gime, mientras su mamá espera pacientemente junto a él, deseando que le pida ayuda. Cuando Jesús ascendió al cielo y se sentó a la mano derecha del Padre, envió al Espíritu Santo para que sea nuestro Auxiliador en la vida. Él está siempre listo a intervenir, pero debemos pedir su ayuda. Es como prepararse para cocinar la cena y que un chef de cocina gourmet mundialmente renombrado entre y le diga que está disponible para ayudarla. El Espíritu Santo le ofrece su servicio sobrenatural de renombre mundial, así que ¿por qué no se lo pide? Si usted lo toma como el compañero de su vida, Dios permitirá que haga cosas que frecuentemente la sorprenderán. Pero debe empezar orando.

He estado caminando con Dios la mayor parte de mi vida y sigo aprendiendo la importancia de no tratar de hacer nada sin orar. La Biblia dice que debemos orar sin cesar. Esto no significa que no hagamos nada en todo el día excepto orar, sino que puntualiza que la oración es una de las cosas más importantes que podemos hacer en la vida. Necesitamos orar durante nuestro caminar a través del día. La oración abre la puerta para que Dios trabaje en nuestras vidas, situaciones y las vidas de nuestros seres amados.

> He estado caminando con Dios la mayor parte de mi vida y sigo aprendiendo la importancia de no tratar de hacer nada sin orar.

Una vez oí hablar de una región de África donde los primeros convertidos al cristianismo eran muy diligentes para orar. De hecho, cada creyente tenía su propio lugar especial fuera del pueblo donde iba a orar en soledad. Los lugareños llegaban a estas "salas de oración" usando sus propias sendas privadas a través de la maleza. Cuando el césped empezaba a crecer en uno de estos senderos, era evidente que la persona a quien pertenecía no estaba orando mucho.

Como estos nuevos cristianos estaban interesados en su mutuo bienestar espiritual, surgió una costumbre singular. Cuando alguno notaba que el césped había crecido demasiado en un "sendero de oración," él o ella iban a la persona y amorosamente le advertían: "¡Amigo, hay césped en tu sendero!"[1]

La oración nos hace accesible un poder tremendo (Santiago 5:16). No permita que su vida de oración muestre malezas de inconsistencia o abandono. Una nueva confianza puede formarse rápidamente cuando usted tiene el poder del Espíritu Santo de Dios trabajando en su vida. No viva en debilidad cuando el poder está sólo a la distancia de una oración.

Prepárese para ser promovida

A lo largo de los años hemos despedido del ministerio a varias grandes personas simplemente porque se estancaron en una etapa. Profesionalmente habían sido muy valiosas en un tiempo, pero no continuaron entrenándose, aunque se lo ofrecimos para que pudieran entrar al futuro con nosotros. Quizás algunos de ellos no pensaban quedarse con nosotros. Probablemente Dios tenía otra cosa para que ellos hicieran. No todo dura para siempre; algunas cosas sólo son para una etapa de la vida. Sin embargo, creo que algunos de nuestros antiguos empleados perdieron una gran oportunidad porque esperaban ser promovidos pero no querían realizar entrenamiento adicional o aprender nuevas habilidades que los ayudaran a mejorar.

Parece que las personas quieren más por menos en estos días. Hay una generación entera que está ahora en sus veinte, llamada "la Generación de los Derechos", también conocidos como los Mileniales, el extremo de más edad de la generación nacida entre 1979 y 1994. Ésta es una generación que está acostumbrada a la gratificación instantánea y esperan más de lo que están dispuestos a trabajar para lograr.[2]

Usted no merece una promoción y un gran aumento de paga sencillamente por sentarse en una silla de la compañía durante otro año. Usted debe estar deseosa de ser más valiosa para su patrón y la única manera en que puede hacer eso es asumiendo mayor responsabilidad o haciendo su trabajo mejor que cómo lo ha hecho en el pasado. Algunas personas son pasadas por alto cuando la compañía está buscando a alguien para promover, y nunca comprenden que es porque no hacen su parte en prepararse.

Siempre me ha asombrado que algunas personas tengan empuje y hagan lo que sea necesario para llegar a ser todo lo que pueden ser en la vida, mientras que otros se quejan sólo porque nadie les deja caer oportunidades en su regazo. Si usted quiere conservar su trabajo decídase a crecer con su compañía; no se quede cruzada de brazos y dejando que las posibilidades le pasen por encima.

Suelo decir: "Sea un aprendiz de por vida". Lea, escuche y aprenda. Vaya a la escuela o tome clases especiales para mantenerse al ritmo de los adelantos de la tecnología en su campo. Si hace una inversión cosechará un premio. Cuanto más sepa sobre lo que está haciendo, más segura de sí misma estará. Cuanto más segura esté, más confianza podrán depositar otros en usted. La preparación es la llave del éxito. Si usted se prepara ahora, será promovida después.

Capítulo Ocho

CUANDO EL MUNDO DICE NO

Henry Ward Beecher era un muchacho que iba a la escuela cuando aprendió una lección que nunca olvidó sobre la confianza en sí mismo. Fue llamado a recitar delante de la clase. Apenas había comenzado cuando el maestro lo interrumpió con un enfático. "¡No!" Volvió a empezar y de nuevo el maestro tronó: "¡NO!" Humillado, Henry se sentó.

El siguiente muchacho subió a recitar y apenas había empezado cuando el maestro gritó: "¡No!" Este estudiante, sin embargo, siguió adelante con la recitación hasta completarla. Cuando se sentó, el maestro respondió: "¡Muy bien!"

Henry estaba irritado. "Yo recité como él", se quejó al maestro. Pero el instructor le replicó: "No es suficiente con saber su lección, usted debe estar seguro. Al permitirme detenerlo, significaba que usted estaba inseguro. Si el mundo entero dice: '¡No!' es asunto suyo decir: '¡Sí!' y demostrarlo."

El mundo dice: "¡No!" de mil maneras:

"¡No! Usted no puede hacer eso."
"¡No! Usted está equivocado."
"¡No! Usted es demasiado viejo."
"¡No! Usted es demasiado joven."
"¡No! Usted es demasiado débil."

"¡No! Nunca funcionará."
"¡No! Usted no tiene educación."
"¡No! Usted no tiene antecedentes."
"¡No! Usted no tiene dinero."
"¡No! No puede hacerse."

Y cada "¡No!" que usted oye tiene el potencial de erosionar su confianza pedacito a pedacito hasta que la pierda toda.

El mundo incluso podría decir: "¡No! Usted no puede hacer eso porque es una mujer". Eso fue lo que oí cuando Dios me llamó al ministerio. Pero no soy la primera mujer a quien se le dijo que debe ignorar la dirección en que Dios está llevando mi vida o le hicieron sugerencias que chocan con mi propósito fundamental o deseo de servir a Dios. Como mencioné en un capítulo anterior, la guerra entre las mujeres y Satanás empezó en el Huerto del Edén y no se ha detenido. Satanás odia a las mujeres porque fue una mujer quien dio a luz a Jesús y es Jesús quien ha derrotado a Satanás. Sin embargo, no piense que simplemente porque el diablo está contra usted el éxito está fuera de su alcance. El diablo puede estar contra usted, pero Dios está con usted, y con Él a su lado de ningún modo puede perder. Sólo debe ser lo bastante resuelta para decir "¡Sí!" cuando el mundo dice "¡No! "

Recuerdo cuán duro era para mí ir adelante cuando salí por fe para hacer lo que creía que Dios me había llamado a hacer. La mayor parte de mi familia y casi todos mis amigos se volvieron contra mí. En ese momento no entendí en realidad las Escrituras que las personas trataron de usar contra mí, pero supe que yo era literalmente compelida a servir a Dios. Tenía tal celo y deseo que me motivaban a seguir aunque el mundo entero (con la excepción de unas pocas personas) estuviera contra mí. Gracias a Dios mi marido estaba conmigo. Su estímulo fue tan valioso para mí en esos tempranos días.

Aunque la mayor parte del mundo me dijo que no podría hacerlo, lo he estado haciendo durante más de treinta años y pienso continuar hasta que Jesús me llame fuera de este mundo. Dios lo ha hecho a pesar de lo que todos piensen. ¡La gente no puede detener a Dios!

Guárdese de ser complaciente

Cualquiera que trata de dejar contento a todo el mundo todo el tiempo nunca cumplirá su propósito. Considere la historia de la mujer de California que tenía en su cocina dos refrigeradores de agua embotellada. No era porque estuviera excepcionalmente sedienta o por razones de salud; ¡la causa era que ella no le pudo decir que no a ninguna compañía cuando la llamaron! Tuvo miedo de que los vendedores hablaran mal de ella si les decía que no.[1]

Quizá usted no tiene problemas en decirles "no" a los telemarketers, pero le cuesta decirles "no" a sus amigos, o a su familia, o a su familia de la iglesia, incluso en detrimento de lo que usted siente que Dios la está llamando a hacer. Las personas no siempre están contentas por su éxito e incluso personas bienintencionadas pueden tratar de detenerla de seguir progresando. Usted debe conocer su propio corazón y lo que usted cree que debe hacer y hacerlo. Si comete un error lo sabrá bastante pronto; cuando usted hace, no se siente demasiado orgullosa de decir: "Estaba equivocada".

"Ve y averígualo" es mi eslogan. Odio ver a las personas echarse atrás por miedo y tener tanto miedo de cometer un error que nunca intentan hacer algo. Conozco a un hombre joven que dejó un buen trabajo para entrar en el ministerio de la música. Era un paso audaz y él hizo todo lo que pudo para que funcionara, pero no resultó (por lo menos no en ese momento). Sin embargo, estoy orgullosa de que él que haya sido lo bastante resuelto como para intentarlo. Por lo menos ahora no gastará el resto de su vida preguntándose lo que podría haber pasado si lo hubiera intentado. Pienso que es mejor intentar y fallar que no intentarlo nunca. A veces la única manera en que podemos descubrir lo que consideramos que debemos hacer con nuestras vidas es probar diferentes cosas hasta ver qué funciona y con qué nos sentimos a gusto.

La gente nos da todo tipos de consejos, la mayoría de los cuales no hemos pedido. Escuche, y como dijo un ministro: "Coma el heno y escupa las ramitas". Tome lo que es útil y bueno pero no permita que las opiniones de otras personas la controlen, porque como dijo Henry Bayard Swope: "No puedo darle la fórmula para el éxito pero

Dios usa a hombres y mujeres que quieren obedecerlo y agradarle a Él, no a los que están controlados por el temor del hombre.

puedo darle la fórmula para el fracaso que es: Intente agradar a todos".

El apóstol Pablo dejó en claro que si él hubiera intentado ser popular con la gente no habría sido un apóstol de Jesucristo (Gálatas 1:10). El rey Saúl perdió el reino porque permitió que su miedo al hombre lo llevara a desobedecer a Dios (1 Samuel 13:8-14). Dios quitó el reino a Saúl y se lo dio a David, un hombre según su propio corazón. David no permitió que la gente lo controlara como hizo Saúl. El propio Eliab, hermano de David, mostró que lo desaprobaba pero la Biblia dice que David rechazó a Eliab y siguió con lo que entendía que debía hacer (1 Samuel 17:28-30). Debemos rechazar a las personas que intentan descorazonarnos o acusarnos en lugar de permitir que lo que dicen o piensan nos afecte adversamente.

Dios usa a hombres y mujeres que quieren obedecerlo y agradarle a Él, no a los que están controlados por el temor del hombre. Todos deseamos ser queridos y aceptados pero no podemos permitir que ese deseo nos controle.

Trato este tema con gran detalle en mi libro *Adicción a la aprobación*, que publiqué en 2005. Es una guía completa para superar una necesidad excesiva de agradar a las personas y lo escribí porque durante años, probé a ser mi idea de la cristiana perfecta, intentando agradar a todos y aunque no agradé a nadie me esforcé y sufrí por ello. A menos que usted escuche a Dios y siga su propio corazón usted vivirá una vida insatisfecha y frustrada. Cualquiera que permite que otras personas lo controlen y guíen su destino en el futuro se amargará y sentirá que fue usado y que sacaron ventaja de él. Estoy segura de que usted ha oído el dicho popular: "Consulta la verdad con tu propio corazón", y quiero decirle que le recomiendo calurosamente que si aún no lo está haciendo, empiece a seguir ese consejo.

La historia está llena de personas que lograron grandes cosas y siguieron teniendo que perseverar más allá de la crítica y del juicio de la gente. Algunos de los más grandes inventores del mundo fueron perseguidos por su familia o amigos, pero siguieron adelante, porque creyeron en lo que estaban haciendo.

Benjamín Franklin anhelaba escribir para el periódico de su hermano mayor donde trabajaba como aprendiz de imprenta, pero su hermano se negó a permitírselo. De todas maneras, Ben escribió historias bajo un pseudónimo, Silence Dogood, una viuda imaginaria que era muy dogmática, particularmente en el tema del tratamiento de las mujeres. Para evitar ser descubierto, por la noche deslizada furtivamente cada carta bajo la puerta de la imprenta y "Silence Dogood" se hizo extremamente popular. Después de dieciséis cartas, Ben admitió por fin que él era el escritor y aunque recibió un poco de atención positiva de todos los demás, su hermano sólo se puso más enfadado y más celoso. Esto resultó en que Ben recibió palizas y finalmente huyó lejos. Entre las muchas invenciones y emprendimientos que creó en su vida, Ben con el tiempo empezó su propio negocio de imprenta y se hizo cargo de un periódico, el *Pennsylvania Gazette* que bajo su supervisión llegó a ser el más exitoso de las colonias.[2]

Después de inventar el teléfono, Alejandro Graham Bell se esforzó por conseguir el dinero para hacer de su invención un nombre muy conocido. Al principio nadie tomó seriamente la invención e incluso su familia más íntima y sus partidarios lo animaron que se enfocara en mejorar el telégrafo en lugar de esa "tontería de hablar por teléfono". Los banqueros se rieron de él y la Western Union inicialmente le negó el préstamo. Pero Alejandro se negó a darse por vencido, y es por eso que hoy tenemos el teléfono.[3]

Un médico húngaro llamado Ignaz Semmelweis descubrió que una infección mortal común en el parto podía ser grandemente reducida si los asistentes y doctores se lavaban completamente las manos entre una y otra paciente. A pesar de que bajó la proporción de mortalidad de las mujeres que daban a luz, fuera de Viena se reían de él por su creencia. Él, sin embargo, apuntó sus hallazgos y ahora tiene el crédito de haber hecho el parto más seguro.[4]

Margaret Knight trabajaba en una fábrica de bolsas de papel a mediados del siglo 19 cuando inventó una nueva parte de la máquina que plegaba automáticamente y encolaba el papel de las bolsas y creaba fondos cuadrados en lugar de la forma de sobre que era común por entonces. Los obreros se rehusaron a su consejo cuándo instalaron el equipo porque pensaban: "¿Qué sabe una mujer de máquinas?" Ella siguió adelante y en 1870 empezó la Compañía de Bolsas de Papel Oriental y desarrolló más de veintiséis otras invenciones patentadas en su vida.[5]

Hedy Lamarr es conocido como una popular estrella de cine de los años treinta pero, además tenía una mente sumamente creativa e inteligente. Ella quiso ayudar seriamente al esfuerzo bélico durante la Segunda Guerra Mundial y consideró dejar de actuar para reunir al Concilio Nacional de Inventores pero se le dijo que con su cara bonita y su estatus de estrella podría hacer más por la guerra animando a las personas a comprar lazos de guerra. Pero Hedy nunca perdió el interés en su sueño y ayudó a inventar un sistema de comunicaciones de radio con control remoto que fue patentado durante la Segunda Guerra Mundial y se adelantó dos décadas a su tiempo. Además de su invención que ha contribuido a múltiples tecnologías usadas hoy, ella levantó millones de dólares para ayudar al esfuerzo de la guerra.[6]

Me ha asombrado leer las historias de estos hombres y mujeres que contribuyeron tanto al progreso de la sociedad en casi cada campo concebible y pese a ello tenían que soportar tremendas críticas, juicio y persecución por hacer algo mejor en el mundo. Esto muestra claramente cómo Satanás lucha contra el progreso de cualquier tipo. Él utiliza todos los tipos de miedos para tratar de detener a las personas, pero la mujer segura de sí misma seguirá adelante y dirá "Sí" aunque el mundo grite "No".

¿Por qué está mal ser diferente?

Parece que el mundo se opone, o incluso teme, que algo sea diferente de la norma. Cuando las personas son diferentes o intentan hacer algo diferente, deben estar preparadas para la oposición.

Muchas personas que han hecho grandes cosas en la vida estaban dispuestas a sostenerse solas, y eso no es posible sin seguridad en sí mismas.

Timoteo, el hijo "espiritual" de Pablo en el ministerio, era muy joven y estaba temeroso y angustiado por lo que las personas pensaban de su juventud. Pablo le dijo que no permitiera a nadie despreciar su juventud (1 Timoteo 4:12). Realmente no importa cuán vieja o joven sea una persona. Si Dios llama a alguien para hacer algo y él o ella tienen la confianza para ir adelante, nada podrá detenerlos.

El Señor recientemente habló a mi propio corazón y dijo: "Nunca tomes decisiones basadas en tu edad". A medida que Dave y yo avanzábamos en años, nos estábamos preguntando si debíamos intentar nuevas cosas dado que estábamos envejeciendo. Dios dejó en claro que la edad no era el factor decisivo. Moisés tenía ochenta años cuando dejó Egipto para llevar a los israelitas a la Tierra Prometida. A la edad de ochenta y cinco, Caleb pidió una montaña para que fuera su propiedad hereditaria.

Ahora bien, Jehová me ha hecho vivir, como él dijo, estos cuarenta y cinco años, desde el tiempo que Jehová habló estas palabras a Moisés, cuando Israel andaba por el desierto; y ahora, he aquí, hoy soy de edad de ochenta y cinco años. Dame, pues, ahora este monte, del cual habló Jehová aquel día; porque tú oíste en aquel día que los anaceos están allí, y que hay ciudades grandes y fortificadas. Quizá Jehová estará conmigo, y los echaré, como Jehová ha dicho. (Josué 14:10, 12)

Cómo responde una persona a su edad y, en consecuencia, cómo le responden otros depende en realidad de usted. Por supuesto todos envejecemos en años pero no tenemos que tener una mentalidad de "soy demasiado viejo". Adlai Stevenson dijo: "No son los años de su vida, sino la vida de sus años lo que cuenta". Las personas seguras de sí mismas no piensan en cuántos años tienen, piensan en lo que pueden lograr con el tiempo que les queda. Recuerde, las personas seguras son positivas y miran lo que tienen, no lo que han perdido.

Aunque usted esté leyendo este libro y se diga que tiene sesenta y cinco años y siente que ha gastado la mayor parte de su vida no

Celebre el hecho de que usted no es exactamente como todos los demás. ¡Usted es especial! ¡Usted es única!

haciendo nada más que ser tímida y vergonzosa, usted aún puede empezar hoy y hacer algo asombroso y grande con su vida.

En el momento en que escribo esto mi marido, Dave, tiene 65 y yo tengo 62 años. Estamos haciendo ahora tanto o quizás más que nunca, pero nosotros teníamos que tomar una decisión para no caer en la mentalidad de "jubilados" o pensar en términos como "estoy demasiado viejo para eso."

Nos decidimos a permitir que Dios nos dirija en la decisión a tomar, no las personas o nuestra edad. Yo voy a ser una mujer segura de mí misma mientras esté en esta tierra y sé que cuando vaya al cielo tendré perfecta confianza porque no hay miedo en la Presencia de Dios.

¡Puedo decir que soy una mujer segura de mí misma porque he decidido serlo, no porque siempre me sienta segura!

Celebre el hecho de que usted no es exactamente como todos los demás. ¡Usted es especial! ¡Usted es única! Usted es el producto de 23 cromosomas de su padre y 23 de su madre. Los científicos dicen que hay sólo una oportunidad en 10/2,000,000,000 de que sus padres tengan otro hijo igual a usted. La combinación de atributos que usted tiene no puede ser duplicada. Usted debe explorar el desarrollo de su singularidad y hacerlo un asunto de alta prioridad.

No aumenta su valor cuando encuentra que puede hacer algo que nadie que usted conozca puede hacer, ni disminuye su valor cuando está con personas que pueden hacer cosas que usted no puede hacer. Nuestro valor no se encuentra en ser diferente o igual que otros, se encuentra en Dios.

Hace miles de años el filósofo griego Aristóteles sugirió que cada ser humano es engendrado con un único juego de potencialidades que anhelan ser cumplidas tan ciertamente como la bellota anhela llegar a ser el árbol de roble que está dentro de ella. Yo creo que los miles y miles de personas que lean este libro son personas que anhelan cumplir un anhelo profundo que hay dentro de ellas. No se conforme con ser "promedio" o con "sobrevivir". Usted puede tener algunas limitaciones pero puede ser extraordinaria si decide serlo.

El famoso actor Sidney Poitier cuenta su vida bajo el sistema colonial. Él compartió que en aquellos tiempos, cuanto más oscuro fuera el color de su piel, menos oportunidades usted podía esperar tener. Sin embargo sus padres, y sobre todo su madre, cultivó en él un feroz orgullo que lo hizo negarse a ser algo menos que extraordinario. Ellos eran extremadamente pobres y bastante pobreza puede llegar a desarreglar su mente si usted se lo permite, pero Sidney siguió creyendo que él podría subir y ciertamente lo hizo.[7] La tenacidad es un rasgo maravilloso para tener. El águila es tenaz. Una vez que pone su vista en su presa morirá antes que dejarla ir.

Las personas verdaderamente seguras no son derrotadas por la oposición; realmente son desafiadas por ella y se deciden aún más firmemente a tener éxito.

El mundo le dijo "no" a Sidney, pero él dijo, "Sí!" ¿Qué dirá usted cuándo el mundo le diga "No"?

Capítulo Nueve

¿REALMENTE ES LA MUJER EL SEXO DÉBIL?

Una de las ideas descaminadas sobre las mujeres es que son más débiles que los hombres y eso no es verdad. La Biblia dice que son físicamente más débiles (1 Pedro 3:7), pero nunca indica que son más débiles en cualquier otro aspecto. Las mujeres tienen los bebés y créame cuando le digo que usted no puede ser débil y hacer eso.

Puedo necesitar que mi marido abra la tapa del nuevo frasco de mayonesa, pero yo tengo tremenda paciencia cuando necesita que lo soporte en algo hasta que lo termine. Yo no soy débil ni soy una desertora. Como mujer, niéguese a verse como el "sexo débil".

No permita que ese modo de pensar erróneo la controle. Usted puede hacer cualquier cosa que necesite hacer en la vida.

El mundo está lleno de madres solas cuyos maridos las abandonaron y se niegan a sostener financieramente a sus hijos. Esas mamás son gigantes a mis ojos. Ellas trabajan duro y tratan de ser tanto mamá como papá para sus hijos. Ellas sacrifican tiempo, placeres personales y toda otra cosa imaginable porque aman extremadamente a sus hijos. Ciertamente, ellos no son débiles.

Los hombres que meramente se alejan deben recordar que fuerza no es alejarse, sino atravesar las situaciones y asumir responsabilidades.

Más de 10 millones de madres solas están hoy está criando a sus hijos menores de dieciocho años. Ese número subió drásticamente desde los 3 millones informados en 1970 y se estima que el 34% de las familias encabezado por madres solas madres cae bajo la línea de pobreza (ingreso anual menor que $15,670).[1] Sus mayores preocupaciones son mucho más básicas que en muchos hogares con ambos padres: ellos se preocupan por obtener precios asequibles, guarderías de calidad para sus hijos, tener un automóvil y vivir en una casa o departamento seguro y económico.

Algunos hombres piensan que si una mujer es una mamá que se queda en el hogar y es ama de casa no hace nada en todo el día. Él puede decir cosas como: "Yo trabajé todo el día, qué hiciste tú". Este tipo de comentarios puede hacer que una mujer se sienta devaluada, pero son hechos por hombres con una tremenda falta de conocimiento. Criar una familia, tener cuidado de un hombre y ser una buena ama de casa es un trabajo de jornada completa que requiere horas extraordinarias sin la paga de horas extraordinarias. Yo aplaudo a las mamás que se quedan en casa, sobre todo a las que hacen su trabajo con alegría. ¡Ustedes son mis heroínas!

Irse a la cama

Mamá y papá estaban mirando TV cuando mamá dijo: "Estoy cansada, y se ha hecho tarde. Me voy a acostar". Ella va a la cocina a preparar bocadillos para los almuerzos del próximo día, enjuaga los bols del postre, saca la carne del freezer para la cena de la noche siguiente, verifica el nivel de la caja de cereal, llena el recipiente del azúcar, pone en la mesa bols y cucharas y saca las tazas de café para la mañana siguiente. Luego pone un poco de ropa húmeda en el secador, pone una carga de ropa en el lavado, plancha una camisa y cose un botón suelto. Recoge las piezas del juego desparramados en la mesa y vuelve a poner la guía telefónica en el cajón.

Ella riega las plantas, vacía un cesto de basura y cuelga una toalla a secar. Bosteza y se estira y se dirige a la alcoba. Se detiene en el escritorio y le escribe una nota al maestro, aparta algún dinero en efectivo para la excursión escolar, y saca un libro de texto de abajo de la silla. Firma una tarjeta de cumpleaños para un amigo, pone la dirección y un estampilla en el sobre y escribe una rápida lista para el supermercado. Pone ambos cerca de su portamonedas.

Entonces mamá se pone crema en la cara, se pone humectante, se cepilla los dientes y usa el hilo dental, y se arregla las uñas. Su marido la llama: "Pensé que estabas acostada". "Ya voy", dice ella. Pone algo de agua en el cuenco del perro y saca el gato afuera, luego se asegura de que las puertas están cerradas con llave. Va a mirar a cada uno de los hijos y apaga una lámpara de al lado de la cama, cuelga una camisa, tira al cesto del lavado algunos calcetines sucios, y tiene una breve conversación con el niño que todavía está haciendo la tarea. En su propio cuarto, pone la alarma, saca las ropas que vestirá al día siguiente y endereza el organizador de zapatos. Agrega tres cosas a su lista de cosas para hacer durante al día siguiente.

Aproximadamente en ese tiempo, el maridito apagó la TV y anunció: "Me voy a dormir". Y lo hizo.[2]

Los hombres tienen muchas fuerzas maravillosas y como ya hemos declarado en este libro, tienen habilidades que nosotras no tenemos, pero definitivamente nosotras no somos "el sexo débil."

La historia no ha sido justa

Posiblemente nadie querría desestimar la influencia de las mujeres en guardar la casa y criar a los hijos. Donde la historia no ha sido "justa" es no registrando los excelentes logros de las mujeres en áreas que generalmente se piensa son dominadas por los hombres: el gobierno, la política, los negocios, la religión y la ciencia. Los hombres ha recibido crédito en estos campos pero no han informado sobre las mujeres que tuvieron éxito en ellos. Parecen horrorizados de que una mujer pueda lograr algo fuera de la casa. Todo esto es parte de un historial que debe ser rectificado. A lo largo de la historia, las mujeres han logrado grandes cosas.

Echemos una mirada a diez mujeres que demostraron este error. Algunas de ellas son muy conocidas y algunas no lo son, pero todas hicieron contribuciones increíbles al mundo que las rodeaba.

Isabel I

Género erróneo, gran gobernante: eso sintetiza la vida de la reina Isabel I de Inglaterra. Su notorio padre, el rey Enrique Octavo, uno de los grandes sinvergüenzas de la historia, casado ocho veces para engendrar un varón, y accidentalmente engendró a una grande que nunca fue parte de sus planes. Isabel vino al poder cuando su hermana la reina María, conocida como "María sangrienta" ("Bloody Mary") por su persecución de los protestantes, murió en 1558. Isabel gobernó lo que llegó a ser conocido como la "Edad de Oro" de la historia hasta 1603.

Isabel mantuvo su gobierno aparentando estar interesada en pretendientes católicos para que el rey de España no invadiera Inglaterra. En 1588, el rey Felipe II finalmente comprendió que estaba tratando con una protestante y envió a la gran Armada Española a conquistar Inglaterra de una vez por todas. Justo antes de esta gran liberación para Inglaterra y cuando la Armada se estaba acercando, Isabel dijo a sus tropas en Tillbury: "Sé que tengo el cuerpo de una mujer frágil y débil, pero tengo el corazón y el estómago de un rey, y de un rey de Inglaterra además; y pienso que es un gran desprecio que Parma o España, o cualquier príncipe de Europa se atreva a invadir las fronteras de mi reino". Al final de su reinado, ella dijo a su pueblo: "Aunque Dios me ha levantado alto, esto sigo contando como la gloria de mi corona: que he reinado con el amor de ustedes".[3]

Yo amo el hecho de que la reina Isabel no mirara su cuerpo que ella dijo que era frágil y débil, sino que mirara su corazón. Ella siguió su corazón e ignoró sus déficits. Dios siempre fortalecerá a quienes están deseosos de mirar sus debilidades a la cara y decirles: "Ustedes no pueden detenerme".

Eleanor Roosevelt

Nacida en una familia activa en política pero no siempre progresista cuando vinieron las mujeres, Eleanor Roosevelt (1884-1962) recibió una educación exclusiva en un internado antes de casarse con su distante primo Franklin Roosevelt en 1905. Durante los siguientes años,

Usted puede decirse a sí misma: "he vivido a través de este horror, puedo tomar la próxima cosa que se presente..." Usted puede hacer las cosa que pensaba que no podía hacer.

con pocos antecedentes más que su familia, llegó a ser la dirigente política de su época. Tenía un innegable talento ejecutivo. Con Franklin, tuvieron cinco hijos e inmediatamente se volvió activa en política cuando Roosevelt fue elegido por la Asamblea de Nueva York. Trabajó por la Liga de Mujeres Votantes del Estado de Nueva York y la Liga de Sindicatos de Mujeres para que se aprobaran las leyes del salario mínimo. Cuando su marido enfermó de polio en 1921, ella organizó a las mujeres demócratas para ayudar a Franklin a ser elegido gobernador en 1928 y luego presidente seis años después. Tras la muerte de su esposo en 1945, el Presidente Truman la designó como una delegada ante las Naciones Unidas donde en buena parte dio forma a la Declaración Universal de Derechos Humanos. Eleanor Roosevelt dijo: "Usted gana fuerza, valor y confianza con cada experiencia en la que realmente se detiene a mirar al miedo a la cara. Usted puede decirse a sí misma: 'Si viví a través de este horror, yo puedo tomar la próxima cosa que venga...' 'Usted debe hacer las cosas que piensa que no puede hacer'." Ella aprendió eso de que "Nadie puede hacerla sentirse inferior sin su consentimiento".[4]

Eleanor Roosevelt definitivamente supo que tenía que actuar aunque sintiera miedo. Necesitamos "conocer el miedo", no buscar el "no miedo". Así muchas veces queremos despedir el miedo y mantenerlo lejos, pero el miedo no puede detener a la fe y la determinación. Cuando el miedo venga a golpear a su puerta, deje que le responda la fe y quizás algún día usted esté en los libros de historia.

Isabel Fry

Isabel Fry (1780-1845) fue una ministro cuáquera y reformadora de las cárceles europeas. Madre de diez hijos, la señora Fry fue invitada para hacer asistencia social en la prisión de Newgate en Inglaterra. Ignorante de las condiciones de la prisión, ella dijo que encontró

"mujeres medio desnudas, esforzándose juntas… con la más escanda-
losa violencia … Yo sentía como si hubiera entrado en un cubil de
bestias salvajes". La señora Fry no hizo nada sofisticado para comenzar la reforma pero empezó leyéndoles su Biblia a los prisioneros:
"Allí ellos se sentaban en respetuoso silencio, cada ojo fijo en … la
gentil señora … nunca hasta entonces, y nunca desde entonces, yo he
oído a nadie leer como Isabel leía."

De tan simples principios, Fry siguió a innovaciones tales como
sugerir que los hombres y mujeres fueran separados en la cárcel, que
los ofensores más violentos fueran separados de los menos violentos, y
que los prisioneros fueran empleados en algún trabajo útil. Su influencia se extendió a través de Francia y de las Colonias Británicas.[5]

Yo admiro el hecho de que aunque Isabel Fry no hizo nada sofisticado para ayudar a reformar la cárcel, ella hizo lo que pudo hacer. Les
leyó la Biblia a los prisioneros. La mayoría del mundo nunca hace nada
respecto a las atrocidades que confrontan a la sociedad porque sienten
que lo que podrían hacer sería tan insignificante que de todos modos
no importaría. Isabel refuta esa teoría. Si usted hace lo que puede hacer,
Dios hará lo que usted no puede hacer. Las puertas se abrirán, se hará
un camino, y las ideas creativas vendrán. Usted también inspirará a
otros a hacer lo que ellos pueden hacer y aunque cada persona sólo
pueda hacer un poco, juntos podemos hacer una gran diferencia.

María McLeod Bethune

María McLeod Bethune (1875-1955) fue una de las mujeres negras
más notables de su tiempo. Graduada del Instituto Bíblico Moody,
abrió una escuela para muchachas negras en Daytona Beach, Florida.
Más tarde fue mixta, y Bethune llegó a participar crecientemente en
tareas del gobierno. De 1935 a 1944 fue una consejera especial del
presidente Franklin Roosevelt en asuntos de las minorías. Fue la primera mujer negra que encabezó una agencia federal y trabajó para ver
que los negros fueran integrados en el ejército.

También sirvió como consultora en asuntos interraciales en la
conferencia constitutiva de las Naciones Unidas. Bethune fundó el

Concilio Nacional de Mujeres Negras y fue directora de Asuntos Negros para la Administración Nacional de la Juventud. Decimoquinta de diecisiete hijos nacidos de padres esclavos, ella vino a tener acceso irrestricto a la Casa Blanca durante la vida de Roosevelt.[6]

Por favor observe que María Bethune fue la primera mujer que encabezó una agencia federal. Yo admiro a quienes que son los primeros en hacer algo simplemente porque el que va primero soporta más oposición que quienes siguen después. Son pioneros, y abren el camino y pagan el precio para las generaciones futuras.

Margaret Thatcher

Margaret Thatcher (nacida en 1925) llegó a ser la primera mujer británica que fue primer ministro en 1979 y continuó hasta 1990 cuando renunció voluntariamente. Ella fue el primer primer ministro que fue elegido tres veces para el cargo en el siglo veinte. Thatcher subió la escalera de la política con poco estímulo. Era la hija del dueño de una tienda de comestibles y predicador laico metodista y ganó una distinción en Oxford donde se graduó en química y leyes. Cuando ella empezó a actuar en la política conservadora, sirvió como Secretaria de Estado para Educación y Ciencia. Expresó su filosofía de liderazgo de esta manera: "No puede haber ninguna libertad a menos que haya libertad económica …. Extinga la libre empresa y extinguirá la libertad." También dijo: "En política, si usted quiere que algo se diga, pídaselo a un hombre. Si quiere que algo se haga, pídaselo a una mujer."[7]

Yo me irrito con las personas que están orgullosas de todo su conocimiento y grados pero nunca hacen algo notable. Me irritan especialmente cuando juzgan a los que son menos educados pero logran grandes cosas.

Una mujer segura puede ser una pensadora profunda, pero también será una activista. Ella actuará cuando se necesite. No sea el tipo de mujer que piensa algo hasta la muerte. Hay un tiempo para pensar y un tiempo para actuar, así que asegúrese de que sabe la diferencia. Margaret Thatcher tenía una mente inteligente y era muy educada, pero también era una hacedora.

María Fairfax Somerville

María Fairfax Somerville (1780-1872) completó todo un año en la escuela del internado para mujeres y es considerada uno de los más grandes científicos de su tiempo —pero tuvo que aprender su ciencia por el camino duro. Hija única de un almirante escocés, ella estudió los *Elementos* de Euclides y un texto de álgebra obtenidos del tutor de su hermano. Desde este poco prometedor comienzo, hizo entusiastamente su camino por los *Principios* de Newton y siguió estudiando botánica, astronomía, alta matemática y física. Su libro de texto *Mechanism* se volvió un estándar en la astronomía y alta matemática para la mayor parte del sigo diecinueve, y su *Physical Geography* la hizo ser reconocida a través de Europa. Ella llegó a ser un miembro honorario de la Real Sociedad Astronómica.[8]

María demostró que siempre hay un camino para una mujer resuelta. Ella no se rindió ante las dificultades y lo que parecían ser desventajas insuperables. No abandone su sueños usted tampoco. ¡Siga empujando hacia adelante!

Teodora

Teodora, Emperatriz de Bizancio (502-548) estuvo casada con Justiniano, quién gobernó de 527 a 565; pero fue su esposa, una ex actriz, quien vio la importancia de que cierta legislación fuera aprobada y demostró iniciativa para salvar el gobierno de su marido resistiéndose a una revuelta en 532. Justiniano estaba listo para huir cuando Teodora lo persuadió de defender la capital. Al fin él ganó poder por treinta años más, tiempo durante el cual el nombre de Teodora apareció en casi todas las leyes importantes, incluyendo las prohibiciones contra la esclavitud blanca y la alteración de las leyes del divorcio para hacerlas más humanas para las mujeres.

Cuando vino a la religión, ella apoyó fuertemente expresiones de la fe cristiana que sostenían la divinidad de Cristo. Después de su muerte en 548, su esposo prácticamente no aprobó ninguna legislación importante.[9]

Me asombra: ¿cuántos hombres han obtenido el crédito por los logros de las grandes mujeres que están de pie detrás de ellos?

Ellos dicen que detrás de cada gran hombre hay una gran mujer. Me asombra: ¿cuántos hombres han obtenido el crédito por los logros de las grandes mujeres que están de pie detrás de ellos? ¿Cuántos grandes inventores y creadores fueron mujeres obligadas a poner sus patentes e ideas bajo los nombres de sus maridos? La historia no ha sido justa con las mujeres. Si lo hubiera sido, veríamos en nuestra historia páginas llenas con informes sobre grandes mujeres que han hecho cosas notables.

Harriet Beecher Stowe

Harriet Beecher Stowe (1811-1896) escribió lo que probablemente es la novela americana best seller del siglo diecinueve, un trabajo verdaderamente cristiano bajo el título de *La cabaña del tío Tom*. Hija del famoso predicador Lyman Beecher, ella se interesó tempranamente por la teología y trabajos para la mejora social. El gran clan de los Beecher se mudó a Cincinnati donde Lyman se hizo cargo del Seminario Teológico Lane. Allí, Harriet Beecher entró en contacto con esclavos fugitivos y aprendió de los amigos y de visitas personales cómo era la vida de un negro en el Sur. Cuando su esposo Calvin Stowe fue nombrado profesor en la Universidad de Bowdoin en Maine, una cuñada la animó a que escribiera un libro sobre los males de la esclavitud. El clásico resultante vendió más de 300,000 copias en un año, un número de ventas completamente desusado en ese momento. El libro se convirtió después en una obra de teatro por G. L. Aiken e hizo un largo camino a través del país, tanto antes como después de la guerra.[10]

En un momento de la historia de nuestro país en que la política y el cambio cultural eran todavía sobre todo un mundo de hombres, Harriet hizo su propio marca como uno de los escritores más conocidos de los siglos diecinueve y veinte. Ella hizo frente a las equivocadas y malinformadas nociones culturales y raciales del día y trabajó duro para asegurar que las personas pudieran experimentar libertad en todas partes, sin tener en cuenta el color de su piel. A ella también se le deben acreditar cosas aún más grandes. El Presidente Abraham Lincoln, al encontrársela en 1862 durante la Guerra civil, le dijo, según se reporta: "¡Así que usted es la pequeña mujer que escribió el libro que empezó esta gran guerra!"

Dorothy Lynde Dix

Dorothy Lynde Dix (1802-1887) inició la más extendida reforma para las enfermedades mentales que ocurrió durante el siglo diecinueve, tanto en América como en Europa. Su padre fue un predicador alcohólico y su madre no tenía buena salud mental. Desde temprano en su vida ella enseñó en la escuela, animada por su novio, Eduardo Bangs.

Aunque decidió no casarse con él y de hecho permaneció soltera durante toda su vida, Eduardo continuó animándola en su enseñanza y en su asistencia social. Su primera experiencia en la reforma de la salud mental vino como resultado de una oportunidad de dirigir una clase de escuela dominical en una cárcel de Cambridge, Massachusetts, donde encontró a las personas mentalmente enfermas metidas en celdas no calefaccionadas porque "el demente no siente calor o frío". Sus reformas fueron llevadas primero a Massachusetts, ayudadas por sus amigos Bangs, y el gobernador, que la conoció personalmente. De allí viajó a través de los Estados Unidos del este, presentando la cuidadosa investigación a legisladores que usualmente promulgaron algún tipo de reforma.

Una de las conclusiones de su investigación, que tuvo impacto sobre el cuidado de la salud mental tanto en América como en Europa, era que con sólo mejorar mejorando las condiciones de vida del enfermo mental su enfermedad podía aliviarse grandemente. Una fuente establece que Dix jugó un papel mayor fundando treinta y dos hospitales mentales, quince escuelas para débiles mentales, una escuela para ciegos, y numerosos medios de entrenamiento para enfermeras.[11]

Todo lo que hace falta para que una injusticia trágica se desmorone es alguien que le haga frente. Esa persona debe tener perseverancia y no se debe dejar derrotar por la oposición. Dorothy tenía las cualidades necesarias. Es totalmente asombroso lo que una mujer puede lograr si sigue adelante confiadamente en vez de retroceder atemorizada y asumiendo que nunca podrá hacer el trabajo que debe ser hecho.

Rosa Parks

Rosa Parks (1913-2005) fue la desconocida costurera que empezó el moderno Movimiento Norteamericano de Derechos Civiles. El 1° de diciembre de 1955, en la ciudad de Montgomery, Alabama, ella se negó a moverse hacia la parte de atrás de un autobús después de que un hombre blanco lo abordó y quiso sentarse en un asiento delantero. Lo que no es tan bien conocido es que este acto de desafío a las leyes segregacionistas fue planeado mucho tiempo atrás por una mujer calificada para entrar en la historia como iniciadora del movimiento de los derechos civiles. Nacida Rosa Louise McCauley en Tuskegee, Rosa tenía once años cuando asistía en Montgomery a la Escuela Industrial para Muchachas, una escuela privada fundado por mujeres de los estados norteños. La escuela apoyaba la filosofía de la madre de Rosa, que creía que "usted debe aprovechar las oportunidades, no importa cuán pocas eran."

Rosa también relató en entrevistas posteriores que su relación de toda la vida con el miedo la hizo decidida y le dio valor para apelar a sus convicciones durante el boicoteo de los autobuses que siguió a su arresto y condena. Ella ya había trabajado en numerosos casos con la Asociación Nacional para el Avance de las Persona de Color (NAACP) antes del incidente del autobús. Después del arresto de Parks, los negros boicotearon el sistema de autobuses durante 382 días hasta que se llegó a un acuerdo. La Corte Suprema de los Estados Unidos también dictaminó que la segregación en los autobuses era inconstitucional. Parks fue la primera mujer que recibió el Premio Martin Luther King por la Paz y la No Violencia.[12]

En la vida de Rosa, vemos que si una persona es lo bastante valerosa para salir y tratar de hacer algo respecto a un problema, otras personas que desean lo mismo también avanzarán. Rosa se negó a vivir con miedo; estuvo decidida a obtener lo que legítimamente era suyo y su determinación provocó la reforma gubernamental para todos.

A juzgar por algunos de los testimonios que acabamos de leer, yo diría que definitivamente las mujeres no son "el sexo débil". Su contribución al mundo ha sido magnífica y no puede ignorarse por mucho más tiempo.

Las diferencias entre hombres y mujeres —y la debilidad no tiene nada que ver con ellas

Dios hizo que hombres y mujeres sean diferente de muchas maneras diversas, pero la masa muscular es precisamente una de esas diferencias. Aunque lo normal es que los hombres sean físicamente más fuertes que las mujeres, este hecho ciertamente no hace de las mujeres "el sexo débil". ¡No debería aplicarse a nuestra inteligencia o a nuestras emociones y nosotras no debemos permitirlo!

Sea usted casada o soltera, se encontrará y deberá tratar con hombres a lo largo de su vida. Yo creo que es importante para nuestro nivel de confianza como mujeres entendernos a nosotras mismas y las diferencias entre nosotras y los hombres. Debemos recordar que esas diferencias no son mejores o peores, sino simplemente diferentes; una vez que aceptamos esas diferencias, podemos entender y apreciar lo que ofrece cada uno de nuestros géneros.

Empecemos con las diferencias físicas. Los corazones de las mujeres laten más rápidamente. Los cerebros de los hombres son más grandes pero los cerebros de las mujeres contienen más neuronas. Dependiendo de si usted está estudiando el cerebro de un hombre o una mujer, diferentes áreas del cerebro se encenderán en respuesta a idénticas tareas. Incluso la velocidad a la cual visiblemente envejecemos es diferente en hombres y mujeres.[13]

En su libro best seller *Amor y Respeto*, el Dr. Emerson Eggerichs señala que las diferencias obvias entre hombres y mujeres pueden verse en algunas cosas tan simple como mirar en un armario. Eggerichs escribe sobre cómo una pareja se está vistiendo para el día:

Ella dice: "No tengo nada que ponerme". (Ella quiere decir que
no tiene nada nuevo.)
Él dice: "No tengo nada que ponerme". (Él quiere decir que no
tiene nada limpio.) [14]

Algunas mujeres tienen tal espíritu competitivo con los hombres
que se olvidan de ser mujeres. Recientemente un ministro a quien respeto grandemente me hizo un tremendo cumplido. Dijo: "Joyce, usted
es una mujer en el ministerio que sigue sabiendo ser una mujer. Usted
no trata de actuar o de predicar como un hombre". Siguió diciendo
que sentía que yo era fuerte pero femenina y que él admiraba eso. Me
dijo que a lo largo de sus años en el ministerio y liderando la iglesia vio
a muchas mujeres fracasar en el ministerio porque intentaron actuar
como los hombres y eso les acarreó disgusto y rechazo.

Estoy segura de que todos hemos oído el refrán: "Éste es un
mundo de hombres y si usted quiere algo en este mundo tendrá que
luchar por ello". Elijo creer que también es mi mundo y yo no
lucho: confío en que Dios me ayudará a ser todo lo que yo puedo
ser. No tengo que competir con un hombre por su posición, yo tengo mi propia posición y estoy cómoda con ella. Me gusta ser una
mujer y no quiero ser un hombre. Pero, debo admitir que hay maña-
nas en que desearía que todo lo que tuviera que hacer fuera peinar
mi cabello y afeitarme en lugar de tener que cumplir mi rutina de
cuidado de la piel, ponerme maquillaje, rizarme el pelo, arquearme
las cejas y probar tres conjuntos antes de sentirme finalmente segura para salir.

La Biblia dice que su pueblo fue destruido porque le faltó conocimiento (Oseas 4:6). Yo creo que los matrimonios, las amistades, y las
relaciones comerciales se destruyen debido a que los hombres y las
mujeres no entienden las diferencias que nos hacen únicos. En nuestro
orgullo usualmente pensamos que somos un brillante ejemplo de lo
que es correcto y esperamos que todos actúen como nosotros lo hacemos y que les guste lo que nos gusta, pero eso es fantasía, no realidad.

Un hombre dijo: "Yo nunca voy a entender a las mujeres. Nunca
entenderé cómo ustedes pueden tomar cera hirviente, ponérsela en el

labio superior, arrancarse el pelo de raíz, y seguir teniendo miedo de una araña". Miremos algunos otros aspectos en que hombres y mujeres son diferentes unos de otros:

> Yo no tengo que competir con un hombre por su posición, tengo mi propia posición y estoy cómoda en ella.

Las mujeres dan consejos e indicaciones no solicitados, pero los hombres usualmente no toman muy bien el consejo. La mujer piensa que ella sólo está tratando de ayudarlo, pero el hombre piensa que ella no confía en que él tome la decisión correcta.

Cuando una mujer discrepa con un hombre él lo toma como desaprobación y enciende sus defensas. Los hombres sólo quieren consejo después que han hecho todo lo que pueden hacer. El consejo dado demasiado pronto o demasiado a menudo les hace perder su sentido de poder. Él puede llegar a ser perezoso o inseguro.

Los hombres se motivan y empoderan cuando se sienten necesitados. Las mujeres se motivan cuando se sienten acariciadas.

Los hombres son criaturas visuales; una vez que una imagen está en su cabeza, es difícil lograr sacarla. Las mujeres están más inclinadas a recordar emociones o el modo en que algo las hizo sentirse.

Los hombres tienden a meterse en su cueva y quieren pensar en lo que los está molestando, pero las mujeres quieren hablar sobre lo que los está molestando.

En un estudio, más del 80% de los hombres, cuatro sobre cinco, dijo que en un conflicto lo más probable sería que se sintieran no respetados. Las mujeres, por su parte, dijeron que se sentirían no amadas.[15]

Como las cuerdas vocales de una mujer son más cortas que las de un hombre, ella puede realmente hablar con menos esfuerzo que él. Las cuerdas vocales más cortas no sólo causan que la voz de una mujer tenga un registro más alto, sino que también requiere agitar menos aire y hace posible que ella hable más con menos gasto de energía.[16]

Los expertos en comunicación dicen que la mujer media habla más de 25,000 palabras por día mientras que el hombre corriente sólo habla un poco más de 10,000. Un ejecutivo comercial dijo: "El problema es que cuando llego del trabajo a casa yo ya he hablado mis 10,000 palabras y mi esposa ni siquiera ha empezado".

Los hombres no sienten que deban compartir todo mientras que las mujeres normalmente comparten todo y más. He visto ocurrir esto en mi propio matrimonio cuando no me siento bien y tengo un virus. Por supuesto, al momento le digo a Dave, mi marido, que no me estoy sintiendo bien, y me he sorprendido al encontrar mientras compartía mis síntomas en detalle que él tenía el mismo virus desde una semana antes y nunca me lo había mencionado.

Cuando un hombre y mujer han tenido un problema y el hombre está listo para reconectarse, la mujer espera que él comience una conversación sobre lo que lo disgustó. Sin embargo, él no necesita hablar sobre sus sentimientos de disgusto porque ya no está disgustado. Él quiere olvidarse de ellos y seguir, ella quiere hablarlo y hacer una lista de las maneras en que pueden evitar que les pase de nuevo.

Antes de aprender a superarlo, yo siempre quería tratar de comprender por qué habíamos empezado el problema o la discusión, y Dave decía: "Es parte de vida".

Los hombres son simples... las mujeres no son simples y siempre dan por sentado que los hombres son tan complicados e intrincados como ellas. Todo el asunto es que los tipos no piensan profundamente todo el tiempo como hacen las mujeres. Ellos son precisamente lo que parecen ser.

Recuerdo una vez haberme irritado con Dave y decirle que necesitábamos tener una conversación más profunda. Le compartí que estaba cansada de conversaciones sin real profundidad o significando. Él parecía muy confuso y me preguntó de qué estábamos hablando, y luego dijo: "Esto es todo lo profundo que yo puedo hacerlo".

Mientras que yo siempre he sido una pensadora profunda y definitivamente me encanta sentarme a hablar y hablar y hablar sobre todas las posibilidades de un situación, para Dave es muy simple y sólo dice: "Veremos qué pasa".

Las mujeres quieren ser amadas, respetadas, valoradas, cumplimentadas, escuchadas, que les tengan confianza y, sólo a veces, ser sostenidas. Los hombres quieren boletos para el Campeonato.

Las mujeres quieren afecto, los hombres quieren sexo.

La mayoría de las mujeres llora un promedio de cinco veces por mes. No he visto a mi marido llorar cinco veces en cuarenta años. Las mujeres son sencillamente más emocionales que los hombres. Los hombres son muy lógicos.

Entender representa toda la diferencia en el mundo. Por ejemplo, mi marido es muy protector conmigo y constantemente me está diciendo cómo hacer las cosas para evitar que salga herida. Antes de que yo entendiera por qué me daba instrucciones para todo, desde cómo salir de la bañera hasta cómo bajar las escaleras, creí que él pensaba que yo era tonta. Solía decirle: "No hace falta que me lo digas, no soy tonta". Él me miraba dolorido y decía: "Sólo estaba tratando de ayudarte".

Ahora que lo entiendo, sus acciones me hacen sentir acariciada. La Biblia nos anima a que busquemos entender. Lea un par de buenos libros sobre las diferencias entre hombres y mujeres y también uno sobre las diferencias de personalidad. Si usted lo hace, obtendrá una comprensión y entendimiento que pueden prevenir miles de discusiones o malentendidos.

Capítulo Diez

PASOS HACIA LA INDEPENDENCIA

Varios estudios muestra que es más probable que las mujeres sean dependientes de otros que los hombres y a menudo tienen más dificultad en establecer su independencia. Esto no significa que las mujeres sean por naturaleza más débiles y más dependientes; significa que algunos de sus entrenamientos no han sido tan equilibrados como deberían haber sido.

Cuando las muchachas están creciendo normalmente pasan más tiempo con sus madres que con sus padres. Un muchacho empieza a comprender que él no es como su madre y se diferencia de ella. Su la masculinidad es definida por la separación. Esto no significa que él se aleje de su madre o ya no necesite depender de ella, pero significa que normalmente él buscará su propia identidad e individualidad. Una muchacha no siente esta necesidad y normalmente permanece cerca de su madre.

Algunas madres tienen gran dificultad en permitir que sus hijos encuentren su propia identidad. Sienten que ellos se apartan y las asusta. Si una madre tiene éxito en impedir esta saludable separación de su hijo, después eso puede causarle tremendos problemas en su vida, y normalmente lo hace.

Estos hechos ayudan a formar la manera en que enfrentaremos los problemas cuando crezcamos. Los varones suelen ser buenos para la independencia pero no buenos para las relaciones. Las mujeres normalmente son mejores en las relaciones pero no tan buenas para la independencia.

Tanto como seis veces más mujeres experimentan depresión y aproximadamente el 70% de las drogas para alteraciones del humor o ansiedad es tomado por mujeres.

Esta razón ha sido sugerida por Maggie Scarf:

"Se deprimen estadísticamente más mujeres porque se les ha enseñado a ser más dependientes y a buscar afecto, y así raramente logran un sentido independiente de sí mismas. Una mujer da sus prioridades más altas a agradar otros, ser agradable a otros, ser cuidada por otros y cuidar a otros. Las mujeres reciben un feroz entrenamiento en una dirección que las aleja de pensar "¿Qué quiero yo"? y las dirige a "¿Qué quieren ellos"? Ellas pueda estar en peligro de meramente fundirse con las personas que las rodean y no comprender que son un individuo con derechos y necesidades y que deben establecer su independencia."[1]

Permítame establecer lo que quiero decir por independencia. Nunca somos independientes de Dios. Como lo he dicho repetidamente, no podemos hacer algo apropiadamente sin Él y debemos ser dependientes de Dios en todo momento para todas las cosas.

Porque de él, y por él, y para él, son todas las cosas. A él sea la gloria por los siglos. Amén (Romanos 11:36).

Yo he reflexionado sobre esta escritura por bastante tiempo y creo que ayuda a sostener este punto. Dios es todo y nosotros no somos nada sin Él.

Necesitar a Dios y necesitar a las personas no es una señal de debilidad. Podemos ser al mismo tiempo dependientes e independientes. Bruce Wilkinson dijo una vez que: "El poder de Dios a través de

Ha sido estadísticamente probado que al 10% de las personas usted no les gustará nunca así que deje de intentar tener un historial perfecto con todos y comience a celebrar quién es usted.

nosotros, en nosotros, que surge a través de nosotros, es exactamente lo que convierte la dependencia en inolvidables experiencias de completitud". Nosotros podemos sentirnos completos cuando reconocemos nuestra dependencia de nuestro Padre celestial.

Yo creo que las mujeres tienen necesidad de sentirse seguras y cuidadas y no creo que eso esté mal. Mi marido me cuida mucho y eso me gusta. Él es protector y siempre quiere asegurarse de que estoy segura. La diferencia entre mi caso y el de alguien que pudiera tener una actitud de falta de equilibrio en esta área es que, aunque yo disfruto plenamente de que Dave me cuide, también sé que podría cuidar de mí misma si fuera necesario. Aunque soy dependiente de él y eso es legítimo, no soy tan dependiente que llegue a estar incapacitada por él.

Lo que debemos buscar es una independencia equilibrada, que me habilita para confiar y depender de Dios y de otras personas pero también para establecer mi identidad individual. La Biblia enseña que nosotros no debemos conformarnos al modelo de este mundo (Romanos 12:2). Todos tenemos nuestra propia idea de lo que debemos ser. Para establecer una independencia equilibrada en nuestras vidas hay varias cosas que debemos hacer.

1. Sepárese de las expectativas de otras personas

No permita que las personas que la rodean determinen sus valores o modelos de conducta. Parece que todos esperamos algo un poco distinto, pero una cosa segura es que todos esperan que los hagamos felices y les demos lo que ellos quieren.

Muchas veces las expectativas que las personas nos imponen y nosotros aceptamos son poco realistas. Si quiere tener confianza en sí misma debe dejar de intentar ser la "supermujer". Comprenda que tiene limitaciones y que no puede contentar a todo el mundo todo el tiempo.

Ha sido estadísticamente probado que al 10% de las personas nunca les gustará, así que deje de tratar de tener un historial perfecto con todos y comience a ser quien usted es. Una persona que sabe vivir independientemente no permite que los humores de otras personas alteren el suyo. Se cuenta una historia de un hombre cuáquero que supo vivir independientemente como la persona valiosa que Dios lo había creado. Una noche, cuando caminaba por la calle con un amigo se detuvo en un puesto de diarios para comprar el periódico de la tarde. El comerciante era muy agrio, rudo y hostil. El cuáquero lo trató con respeto y fue amable en su trato con él. Pagó por su periódico y él y su amigo continuaron su camino. El amigo dijo al cuáquero: "Cómo hiciste para ser tan cordial con él con la pésima manera en que te estaba tratando?" El cuáquero contestó: "Oh, él siempre es así; ¿por qué debería permitirle que él determine mi manera de actuar?"

Éste es uno de los rasgos asombrosos que vemos en Jesús. Él siempre era el mismo. Él cambió a las personas, ellas no lo cambiaron a Él.

Cuando una persona descontenta no tiene éxito en hacerla estar descontento a usted, otros empiezan a respetarla y admirarla. Ven que su cristianismo es algo real y pueden interesarse en oír lo que usted tiene que decir.

Hasta las personas a quienes controla le faltarán el respeto si usted les permite hacerlo. La animo a que sea quien usted es. Haga lo que Dios espera que usted haga y no viva bajo la tiranía de las expectativas de otras personas.

2. Aprenda a sobrellevar la crítica

No importa lo que haga en la vida será criticada por alguien, así que debe aprender a convivir con eso y no permitir que le moleste. Ser criticados es muy difícil para la mayoría de nosotros y la autoimagen de una persona puede ser dañada por un comentario crítico. Pero es posible aprender a no ser afectado en absoluto por la crítica. Cada gran hombre o mujer tiene que aprender a sobrellevar la crítica. Margaret Thatcher dijo una vez que si sus críticos la vieran caminar a lo largo del Thames, dirían que era porque ella no podía nadar. El actor

Dustin Hoffman consideró que una buena ponderación de sus críticos sería simplemente una "suspensión del cumplimiento de la sentencia". Debemos conocer nuestros propios corazones y no permitir que otros nos juzguen. Como muchas otras grandes personas el Apóstol Pablo experimentó la crítica respecto a muchas cosas. Él experimentó lo mismo que nosotros, que la gente es inconstante. Lo aman cuando usted hace todo lo que ellos quieren que haga y son rápidos para criticar apenas una pequeña cosa sale mal. Pablo dijo que él no se preocupaba en lo más mínimo por los juicios de otros. Dijo que ni siquiera se juzgaba a sí mismo. Sabía que estaba en las manos de Dios y que al final estaría de pie ante Él y le daría cuenta de sí mismo y de su vida. Él no se prestaría a ser juzgado por el hombre (1 Corintios 4:3-4).

A veces las personas más criticadas son las que tratan de hacer algo constructivo con su vida. Me asombra cómo las personas que no hacen nada quieren criticar a quienes intentan hacer algo. Yo no siempre puedo hacer lo correcto, pero por lo menos estoy tratando de hacer algo para que el mundo sea un lugar mejor y para ayudar a las personas heridas. ¡Creo que eso le agrada mucho a Dios! Después de muchos años de sufrimiento por las críticas de la gente y por tratar de ganar su aprobación, finalmente decidí que si Dios está contento conmigo, es suficiente.

Cada vez que alguien la critique, pruebe a hacerse una afirmación positiva sobre usted a usted misma. No se quede simplemente ahí recibiendo todo lo que cualquiera quiere descargarle encima. ¡Independícese! Tenga su propia actitud respecto a usted misma y no se deje derrotar por la crítica. Mire a la crítica como lo hizo Winston Churchill. Durante su último año en el cargo, asistió a una ceremonia oficial. Varias filas detrás de él dos señores empezaron a susurrar. "Ése es Winston Churchill". "Dicen que se está poniendo senil". "Dicen que debe hacerse a un lado y dejar el manejo de la nación a hombres más dinámicos y capaces."

Cuando la ceremonia terminó, Churchill se volvió hacia los hombres y les dijo: "Señores, ¡también dicen que es sordo!"[2]

3. Haga algo atrevido

Pienso que puede ser bueno que de vez en cuando (o quizás frecuentemente) haga algo que le parezca atrevido a la gente y quizás a usted misma. Haga algo que la gente no esperaría. Mantendrá su vida interesante e impedirá que otras personas piensen que la han guardado amablemente envuelta en la cajita de su propio diseño.

Una gran mujer que tenía setenta y seis años de edad dijo que su meta era hacer una cosa atrevida por lo menos cada semana. La gente se aburre porque sus vidas se hacen predecibles. Una reciente encuesta de Gallup dio que el 55% de los obreros "no está comprometido" con su lugar de trabajo.[3] En otras palabras, se hacen presentes pero no tienen real interés en estar allí.

No fuimos creados por Dios para hacer la misma cosa una y otra y otra vez hasta que no tenga ningún significado en absoluto. Dios es creativo. Si usted no piensa así sólo dé una mirada a su alrededor. Todos los animales, insectos, plantas, pájaros, árboles y demás cosas son totalmente asombrosas. El sol, la luna y las estrellas, los planetas, el espacio y la gravedad, todos los cuales Dios ha creado, pueden dejar atónitas a nuestras mentes. Podríamos seguir hablando eternamente sobre la infinita variedad de cosas que Dios ha creado. En caso de que usted no lo haya notado, Dios es bastante atrevido y frecuentemente cambia cosas en nuestras vidas. Él está lleno de sorpresas y sigue siendo totalmente fidedigno. ¡Se da cuenta, realmente podemos aprender mucho de Dios!

No quiero que la gente piense que ya me conoce por completo, y aunque quiero ser confiable y digna de confianza, no siempre quiero ser predecible. A veces me aburro conmigo misma y tengo que orar y pedirle a Dios una idea creativa para sacudir un poco mi vida y mantenerme alerta.

Hacer algo atrevido significa diferentes cosas para diferente personas. Para uno podría significar subir al Monte Everest y para otro podría significar un cambio de estilo de ropa. Me ha gustado siempre un cierto tipo de ropa. Me gusta el glamur y todo lo que sea muy imaginativo. Mis hijos siguieron tratando de que me mantuviera al ritmo de los cambios de estilo y me resistí firmemente durante un tiempo. Ellos siguieron diciendo, "Vamos, mami, comienza a hacerlo". Al principio les decía: "Yo no puedo vestirme así, tengo sesenta y dos años". Entonces Dios me dijo que dejara de tomar decisiones sobre la base de mi edad y decidí que haría algo audaz, algo totalmente inesperado y cambiaría mi clave de vestir. Mis hijos finalmente me convencieron de que no tengo que vestir así por el simple hecho de estar en los sesenta. Querían que usara jeans, botas, y cinturones colgando de mis caderas. Un día tomé la decisión de que iba a impactarlos así que cambié el estilo de mi guardarropas. Bendije a otras personas con mucha de mi ropa más elegante y conseguí mucha de la que estaba de moda. He decidido que de hoy en adelante voy a vestir al día, no importa cuántos años tenga.

De hecho, Danny mi hijo menor, estuvo encantado cuando hicimos una conferencia corporativa con un grupo de música cristiana muy popular llamado Delirious, y después de mucho animarme estuve de acuerdo en vestir esa noche un lindo conjunto de jeans. Esa noche el llamado al altar fue el más grande que yo haya tenido en los Estados Unidos, así que ahora mi hijo me recuerda que el denim no impide el fluir del poder de Dios.

No entre en una rutina como la de una tumba. Siga teniendo una vida fresca y excitante y pruebe a hacer algunas cosas atrevidas. No cosas tontas, sino atrevidamente creativas y diferentes para usted.

4. Tenga su propia opinión

Las opiniones son muy interesantes porque todos las tenemos diferente. Usted tiene derecho a opinar pero eso no significa que siempre deba dársela a otros. La mayor parte del tiempo la gente no quiere nuestras opiniones y aunque nos la pidan lo que esperan es que estemos de acuerdo con ellos. La sabiduría sabe cuándo quedarse callada y cuándo hablar.

Aunque debemos ser sabios respecto a cuán libremente dar nuestra opinión, debemos resistirnos a permitir que la opinión popular llegue a ser la nuestra sólo porque es popular. ¡Sepa lo que cree y por qué lo cree!

Nuestro hijo menor, Danny, nos dijo un día a su padre y a mí respecto a su fe: "Yo no sé si creo lo que creo porque yo lo creo o porque ustedes lo creen". Como niño criado en un hogar cristiano y en una familia que está en el ministerio es fácil sentirse injertado y no estar seguro de si está donde está porque quiere estar o porque todos los demás quieren que esté. Me alegra que Dave y yo reconociéramos que lo que a Danny le estaba pasando no sólo era normal sino también saludable. No quiero que mis hijos tengan meramente mi fe, sino que tengan su propia fe. Él pasó por un periodo de búsqueda espiritual, se tomó algún tiempo para sí mismo y llegó a saber qué es lo que cree y a aprender por qué lo cree.

Los padres no deben tener miedo de permitir que sus hijos exploren y descubran por sí mismos lo que creen. Una de las cosas que las personas deben hacer para mantener su independencia es separarse de su padres y establecer su propia identidad.

Todos nuestros hijos trabajan con nosotros y eso nos podría sonar como demasiada separación pero en realidad todos ellos son verdaderamente su propia persona. Una saludable separación de los padres no es una cosa mala, sino buena.

Demasiados hijos gastan sus vidas enteras a la sombra de sus padres y ése no es un lugar saludable para estar. La actriz Marlo Thomas se preocupaba por compararse con su padre actor, Danny Thomas. ¿Podría ella alguna vez ser tan cómica como él o tan buena como él? Pero su papá la ayudó a corregirse desde el principio. Le dijo que ella era una pura sangre, y que los pura sangre nunca miran a otros caballos, simplemente hacen funcionar su raza. Justo antes de que saliera a escena para su primer papel en Summer Stock, le llegó un paquete de su padre. Era un par de anteojeras de caballo con una nota que decía: "¡Haz funcionar tu propia raza, niña!"

5. Niéguese a aparentar

Querer agradar a las personas no es necesariamente un rasgo anormal pero muchas veces nos damos cuenta de que sencillamente no podemos ser lo que quieren que seamos. Sin embargo, el error que mucha

Creo que no ser auténticamente lo que uno es es uno de los mayores robos de alegría que puede haber.

gente comete es que decide aparentar. Como una persona me dijo un día: "yo quiero imitarla hasta donde pueda hacerlo". Esto es ser falso consigo mismo y es algo que nunca se debe hacer. Jesús no apreciaba a los hipócritas, los aparentadores y los farsantes. Aunque lo que usted sea ahora no sea lo que usted sabe que debe ser, por lo menos es real.

No gaste su vida pretendiendo que le gustan cosas que desprecia, o estando todo el tiempo con gente que no disfruta y pretendiendo que lo hace. Un día llamé a un pastor para pedir su consejo sobre desprenderme de una empleada. Yo quise hacer las cosas bien, pero tras varios años de intentarlo no podía estar con esta particular persona y disfrutarlo. No creo que hubiera algo malo con cualquiera de nosotras; simplemente no nos adaptábamos bien. Ambas teníamos personalidades fuertes y aunque yo era "la jefa" y ella debía someterse a mis deseos, siempre podía sentir en su interior la guerra cuando no le gustaba lo que yo estaba haciendo, lo cual era la mayor parte del tiempo. Mi el amigo del pastor dijo algo que fue muy liberador para mí. Dijo: "Joyce, yo he decidido por fin que soy demasiado viejo y he estado haciendo esto demasiado tiempo para gastar el resto de mi vida trabajando con personas que no me gustan y pretendiendo que sí".

A algunas personas este tipo de pensamiento podría parecerle muy "no cristiano" pero realmente no es así. Jesús nos dijo que amáramos a todos pero no dijo que teníamos que amarlos estando con todos. Hay personas en la vida con quienes sencillamente no encajamos. Nuestras personalidades no se mezclan ni trabajan bien juntas. Podemos pedir el poder de Dios y comportarnos apropiadamente cuando debemos estar juntos, pero intentar estar juntos en una relación cercana, compartiendo el trabajo día a día, no es una buena cosa. Hice un cambio y fue lo mejor para ambas. Ella fue liberada para dedicarse a algunas cosas que disfrutó mucho más y yo ya no tuve que aparentar estar contenta con una situación con la cual realmente no lo estaba.

Sí, triste es decir que el mundo está lleno de fingidores. Las personas aparentan estar contentas cuando están deprimidas, tratan de hacer trabajos que las sobrepasan simplemente porque sienten que "deben" hacerlos para ser admirados o para mantener una cierta reputación con la gente. Las personas tienen muchas máscaras y pueden llegar a ser bastante adeptas a cambiarlas como lo necesiten. Creo que no ser auténticamente lo que uno es es uno de los mayores robos de alegría que puede haber. Ralph Waldo Emerson dijo al respecto que: "Ser usted mismo en un mundo que constantemente está intentando hacer que sea alguna otra cosa es el más grande logro". Recuerde siempre que para tener independencia usted no debe ser una fingidora. ¡Sea usted misma!

6. Diga "¡No!" cuando sea necesario

Cualquiera que dice "sí" a todos todo el tiempo se busca problemas. Cuando la gente quiere que usted haga algo, definitivamente no estará contenta si le dice "no," pero antes o después usted deberá decidir si va a gastar su vida contentando a otras personas al precio de no estar nunca contenta usted misma.

Siempre debe haber ocasiones en que hagamos cosas para otras personas sólo porque queremos hacerlas felices, aunque lo que ellas quieran no sea lo que nosotros preferiríamos hacer. Pero vivir todo el tiempo así no es saludable, emocionalmente ni de cualquier otra manera.

La cantante country Wynonna Judd sabe lo que puede pasar cuando usted no piensa en sí misma. A los 17 ella había aceptado a Cristo, pero los años de torbellino de fama y fortuna le habían creado un sentido profundo de inseguridad. Sentía que tenía que cuidar de todos. Trabajó durante dos embarazos para poder asegurar que las treinta familias de su personal continuaran teniendo un ingreso; comía cuando se sentía vacía por dentro y gastaba enormes cantidades de dinero en su familia y amigos, incluyendo personas sin techo que a veces trajo a su casa.

La necesidad de agradar a todos por fin la alcanzó, y en 2004 Wynonna se encontró con sobrepeso, sin dinero, enferma de culpa y en riesgo de perder su granja de 525 acres. Ella tenía que rendirse a Dios y comenzar a cuidarse a sí misma de nuevo. Ahora tiene veinte libras menos, ha recortado sus gastos excesivos y ha aprendido a decir "no". Está recuperando su vida.[4]

Una mujer segura de sí misma puede decir "no" cuando es necesario. Puede soportar el disgusto de la gente y puede razonar que si la persona desilusionada de verdad quiere tener una relación con ella, conseguirá superar su desilusión y querer que ella sea libre para tomar sus propias decisiones.

A veces tiene que decirles "no" a otros para decirse "sí" a usted, de otro modo terminará amargada y resentida, sintiendo que en alguna parte del proceso de tratar de hacer felices a otros se ha perdido a sí misma.

Las mujeres en particular quieren agradar a las personas, sobre todo a su familia, pero deben ser muy enérgicas en cuidarse del desequilibrio en esta área. Usted es valiosa y necesita hacer cosas que usted quiera hacer tanto como hacer cosas para otros.

Cuando siente que debe decir no, no tiene que dar una razón de por qué. Muy frecuentemente las personas quieren que justifiquemos nuestras decisiones cuando realmente no es necesario que lo hagamos. Yo trato de dejarme guiar por el Espíritu de Dios —otra manera de decirlo es que trato de dejarme guiar por mi corazón— y a veces yo misma no entiendo totalmente por qué siento que algo no es correcto para mí. Pero he aprendido que si me siento de esa manera es que estoy yendo contra mi propia conciencia por tener a todos felices conmigo. Suelo decir: "No tengo paz sobre eso", o "No siento que eso sea correcto", o incluso un simple y antiguo "No quiero" es suficiente.

No está mal dar una razón si usted tiene una, pero pienso que a veces se nos va la mano intentando explicarnos. Si una persona ofendida no quiere entender, no importará cuántas razones usted le dé. Siga su corazón y guarde su paz. Diga "no" cuando sea necesario, y "sí" cuando deba decirlo.

7. Pase tiempo con personas que le den espacio para ser usted misma

Algunas personas siempre están tratando de conseguir que nos conformemos a modelos preestablecidos, pero existen esos raros individuos que realmente alientan la individualidad y el no conformismo. Debemos pasar tiempo con personas que nos aceptan y nos afirman. Una de las muchas cosas que he apreciado de mi marido durante años que es que él me da espacio y aún me anima a que yo sea yo. Por ejemplo, soy una persona que gusta pasar tiempo a solas. Cuando llego al punto donde sé que necesito unas horas o incluso unos días para tener mi espacio puedo sencillamente decírselo a Dave y él no tiene ninguna duda al respecto. No me hace sentir como si lo estuviera rechazando, entiende que ésa es mi forma de ser.

Recientemente aconsejé a una mujer que decía que su marido la estaba llevando a la locura porque nunca le daba ni siquiera una hora a solas. Quería estar con ella constantemente y ella por su parte necesitaba espacio. Cuando intentó explicárselo, él se ofendió y tomó su necesidad como un rechazo personal. Para nutrir relaciones saludables debemos dar a las personas espacio y libertad.

Dave y yo trabajamos juntos, viajamos juntos en nuestro ministerio, nos vemos el uno al otro más que la mayoría de los matrimonios promedio, y lo disfrutamos. Pero hay tiempos en que necesitamos alejarnos uno del otro. Dave juega golf o simplemente sale por varias horas y golpea pelotas de golf. Él va al béisbol o a partidos de fútbol y eso le da su espacio. Hay tardes en que le digo a Dave: "Por qué no sales y haces unos tiros de golf, necesito una tarde a solas" y él dice: "Bien, nos vemos después". Algunas veces cada año trato de hacerme unas escapadas a solas para reflexionar, leer, orar y simplemente estar callada durante varios días seguidos, y Dave siempre ha entendido mi necesidad. Es maravilloso estar casada con alguien que es lo bastante seguro como para animarla a que usted sea quien es, y le ayuda a celebrar su singularidad y sus necesidades individuales. Nadie quiere que lo hagan sentir como si estuviera pasando algo malo con ellos sólo porque quieren hacer algo un poco fuera de lo común.

Si está cansada de mantenerse en el gastado camino que todos los demás transitan todo el tiempo, aventúrese en los bosques. Algunas personas tendrían miedo de perderse, pero una mujer segura de sí misma espera tener una nueva experiencia que podría ser extravagantemente maravillosa.

Por supuesto si queremos ser alentados a nuestra propia individualidad e independencia, debemos sembrar el mismo tipo de libertad y respeto en las vidas de otras personas. "Viva y deje vivir" debe ser nuestro lema. Hubo una época de mi vida en que yo era más bien de mente estrecha y me recuerdo bien juzgando y rechazando a una mujer en particular que era bastante inconformista. Ella vestía un largo ecléctico antes de que eso se considerara elegante. Ella no era rebelde contra la autoridad, pero era imprevisible y decidida a vivir su propia vida. Siempre estaba haciendo lo inesperado. Era una especie de viento, usted nunca sabía exactamente qué esperar. Eso me molestaba porque por esos días yo era más que una legalista. Todo tenía que ser de una manera y normalmente era a mi manera.

Ahora miro hacia atrás y pienso que probablemente me perdí una gran relación con alguien que podría haber cultivado libertad en mí. Pero, como muchas personas, era temerosa de vivir fuera de la norma.

Agradezco a Dios que me ha mostrado que Él quiere que tengamos una vida excitante llena de variación y creatividad. Dios nos creó para ser individuos capaces de trabajar juntos para el común bien de todos.

Vosotros, pues, sois el cuerpo de Cristo, y miembros cada uno en particular (1 Corintios 12:27).

Asegúrese de pasar tiempo con personas que la animan en su búsqueda de ser un individuo. Encuentre amigos que le den espacio para ser usted, espacio para cometer errores y que respeten sus límites.

8. Mire a los niños

Jesús dijo que nosotros debemos volvernos como los niños pequeños si esperamos entrar en el reino de Dios. Creo que una de las cosas que nos estaba diciendo es que estudiemos la libertad que los niños disfrutan. Ellos son sencillos y sin dobleces; se ríen mucho, perdonan y confían. Los niños son definitivamente seguros de sí mismos, por lo menos hasta que el mundo les enseña a ser inseguros y temerosos. Puedo recordar a nuestro hijo Danny a los tres años, atravesando el centro comercial con Dave y conmigo y diciendo a las personas: "Yo soy Danny Meyer, ¿no quiere hablar conmigo?" Él estaba tan seguro de sí mismo que estaba seguro de que todos queríamos conocerlo mejor.

Nuestro nieto Austin siempre ha sido muy audaz y seguro. Recuerdo que estaba con nosotros donde yo estaba realizando una conferencia de asociados, y una sesión de firma de libros y fotografías con nuestros compañeros de ministerio. Él tenía casi cinco años en ese momento y como realmente quiso hacerlo, le permitimos venir a la plataforma y cantamos una canción que él aprendió en la escuela. Al día siguiente yo iba a pasar algún tiempo con nuestros compañeros, firmar sus libros y sacarnos fotos con ellos. Una gran muchedumbre se estaba alineando en el edificio y nuestra hija y madre suya, Laura, encontró a Austin escondido detrás de una cortina. Cuando le preguntó qué estaba haciendo, él dijo: "Estoy tratando de tomar un descanso de todas estas personas". Ella le dijo: "Austin, ¿para qué piensas que están estas personas aquí"? Él dijo: "¡Para sacarme una foto por supuesto!" Por su confianza simple, infantil, Austin automáticamente había asumido que todas las personas estaban allí para verlo.

Los niños parecen poder hacer un juego de cualquier cosa. Se adaptan rápidamente, no tienen problemas en permitir a otros niños ser diferentes de lo que ellos son y siempre están explorando algo nuevo. ¡Ellos se asombran por todo!

Oswald Chambers escribió en *En pos de lo supremo*: "La libertad después de la santificación es la libertad de un niño, las cosas que solían estar inmovilizadas en la vida se han ido". Definitivamente necesitamos mirar y estudiar a los niños y obedece la orden de Jesús de ser más como ellos (Mateo 18:3). Es algo que debemos proponernos cuando nos vamos haciendo mayores. Todos tenemos que crecer y ser responsables, pero no tenemos que dejar de disfrutar de nosotros mismos y de la vida.

No permita que el mundo le robe su confianza. Recuerde que usted ha sido creada con propósito por la mano de Dios. Él tiene un plan especial, único, maravilloso para usted. ¡Vaya por él! No retroceda, no se conforme, ni viva con miedo.

9. Luche contra el estancamiento

¿Ha visto alguna vez un charco de agua estancada? No hay ninguna circulación, ninguna fuente de agua fresca, y el agua se asienta allí. Si pasa el tiempo y el sol no la evapora primero, pueden formarse bacterias y el agua se torna verde. Va quedando poca vida.

Podemos resbalar en el estancamiento. Se forma un poquito a la vez y a menudo tan despacio que es casi imperceptible. Alguna vez la vida fue excitante y luego parece que de repente nos encontramos con eso que el mundo llama "crisis de la mitad de la vida". Pienso que es ni más ni menos que estancamiento. Dejamos de ser desafiantes, de hacer cosas extravagantes, y de ser creativos. Nos establecemos, nos deslizamos en el molde del mundo, y nos conformamos a lo que la gente espera. ¡Nos volvemos aburridamente predecibles!

Yo creo que todos nos estancaremos si no luchamos. Es fácil dejarnos flotar a lo largo con todos los demás que hacen la misma cosa todos los días. Sólo raros individuos están deseosos de nadar corriente arriba cuando habría sido tan fácil flotar río abajo con todos los demás. Una de las cosas más valiosas que he aprendido es que hay muchas cosas yo debo hacer "a propósito". No puedo esperar a sentirme bien para hacerlos.

Por ejemplo, yo cuido intencionalmente de mis responsabilidades en la vida, porque sé que es muy importante. Lo hago a propósito. Busco personas a quienes bendecir porque he aprendido la vitalmente importante lección que Jesús enseñó sobre caminar en amor (Efesios 5:2; 2 Juan 6). A propósito hago de vez en cuando algo que sale un poco de lo común para mí, simplemente porque me niego a vivir en el estancamiento. A propósito paso tiempo cada día en oración y compañerismo con Dios porque quiero honrarlo y darle siempre el lugar que le corresponde en mi vida, que es primero.

Uso pijamas diferentes casi cada noche. Algunas personas pueden llevar la misma ropa de dormir todas las noches y no cansarse nunca, pero el mismo pijamas de la noche anterior me aburre. Cualquier cosa que usted pueda hacer para mantener su vida interesante, hágala a propósito. Si usted hace esta acción dinámica, representará una gran diferencia en la calidad de vida que tendrá. No deje simplemente pasar su tiempo aquí en tierra, disfrute su vida y haga que el mundo se alegre de que usted esté aquí.

10. Con Dios, todas las cosas son posibles

Empezamos este capítulo discutiendo la necesidad de mantener nuestra individualidad. Usted puede recordar que dije que nuestra meta debe ser buscar una independencia equilibrada. Creo que el equilibrio es la clave del éxito en todo. La Biblia establece que a menos que seamos bien equilibrados el diablo podrá devorarnos (1 Pedro 5:8). Donde no hay equilibrio siempre encontramos destrucción. Un gimnasta nunca completará una rutina con éxito a menos que pueda lograr equilibrio en su posición. Un científico tendrá dificultad en completar su experimento si nunca aprende a equilibrar su instrumento científico. Las personas que nunca aprenden a equilibrar su talonario de cheques pueden terminar con problemas financiero serios. ¡El equilibrio es muy importante!

Dios nos ha creado como individuos que nos necesitamos unos a otros. Trabajamos mejor cuando lo hacemos juntos. Combinar los dones y talentos nos da el mejor resultado. Debemos depender ante todo y principalmente de Dios y luego de personas, pero nuestra dependencia de personas debe ser equilibrada.

La Biblia dice que Jesús no se fiaba de sus discípulos porque Él conocía la naturaleza de todos los hombres (Juan 2:24). Eso simplemente significa que aunque Él estaba en relación con ellos, compartía su vida con ellos y era dependiente de ellos para ciertas cosas, nunca permitió que esa dependencia fuera tal que Él pudiera quedar abrumado si ellos lo defraudaban. Él sabía que la naturaleza de la gente era precisamente lo que eran: ¡gente! La gente tiene fallas e imperfecciones.

Una vez me encontré preocupándome por lo que haría si Dave se muriese. ¿Cómo podría hacer funcionar el ministerio por mí misma? Después de varios días de este ataque mental el Señor habló a mi corazón y dijo: "Si Dave muriese tú seguirías haciendo exactamente lo que estás haciendo, porque Yo soy el Que te sostiene, no Dave". Obviamente necesitaba a Dave y era dependiente de él para muchas cosas, pero Dios quiso establecer en mi corazón desde el principio de nuestro ministerio que con o sin Dave o cualquiera de quien se tratara, yo podría hacer lo que Dios me había pedido que hiciera con tal de que lo tuviera a Él. Cada individuo necesita creer esta misma cosa. Dios es todo lo que usted tiene que tener. Muchas otras cosas son buenas y reconfortantes, pero Dios es la única persona sin la cual nunca podremos hacer nada. La Biblia dice que los hermanos de José lo odiaron, pero Dios le dio favor por todas partes donde él fue (Génesis 39:21).

No importa quién esté contra usted con tal de que Dios esté por usted. Cuando Pedro, Judas y otros defraudaron a Jesús, Él no quedó abrumado porque su confianza no estaba mal depositada. Él era dependiente pero independiente al mismo tiempo. Yo dependo de muchas personas de mi ministerio para que me ayuden a lograr lo que he sido llamada a hacer. Sin embargo, vemos constantes cambios. Se van personas que pensábamos que estarían con nosotros para siempre y Dios envía otras nuevas que tienen dones asombrosos. Hemos aprendido rápidamente que si no nos volvemos demasiado confiados en cualquier persona podemos evitarnos muchas inquietudes y preocupaciones. Miramos a Dios para que satisfaga nuestras necesidades, no a las personas. Necesitamos a las personas, pero sabemos que es Dios quien trabaja a través de ellas para ayudarnos. Si Él decide cambiar a través de quién va a trabajar, eso no debe preocuparnos.

Cuando la Madre Teresa viajó a la India para empezar su trabajo misionero allí le dijeron que no podría hacerlo porque no tenía dinero y nadie para ayudarla. Me contaron que ella dijo que tenía tres peniques y Dios, y que eso era todo lo que necesitaba.

Todos estamos familiarizados con el asombroso trabajo que ella hizo para ayudar a los pobres de la India. Su buena voluntad para estar firme sólo con Dios, poniendo toda su confianza en Él le permitió a Dios trabajar a través de ella de una manera notable.

Con su rara individualidad supo cómo trabajar con personas, pero creyó que con o sin las personas podría hacer todo lo Dios le estaba pidiendo que hiciera.

Ése es el tipo de actitud que quiero mantener. Aprecio a todas las personas maravillosas que Dios ha puesto en mi vida. Mi marido y los hijos son increíbles. El personal de nuestro ministerio es de primera calidad y los maravillosos compañeros de ministerio que Dios nos ha dado son formidables. Los necesito a todos ellos pero si por cualquier razón Dios decidiera alguna vez quitar a cualquiera de ellos de mi vida yo quiero ser una mujer segura que sabe que con Dios solo todas las cosas son posibles. Mi confianza debe estar en Él más que en cualquier otra cosa o persona.

Cómo vivir resueltamente y sin miedo

Capítulo Once

LA ANATOMÍA DEL MIEDO

M iedo. Todos lo hemos experimentado. Es esa sensación de tener el estómago revuelto, es el pánico que puede alcanzarla sin aviso. Todos tenemos inevitablemente miedo de algo. Después de todo, somos humanos. De hecho, según un reciente estudio, 19.2 millones de norteamericanos adultos mayores de 18 años, o aproximadamente el 8.7% de las personas de este grupo etario en un año dado, está asustado de algo específico. Quince millones de norteamericanos tienen fobias sociales que les hacen difícil interactuar con otras personas por ser extremadamente tímidos en situaciones sociales.[1]

Un popular programa de televisión desafía a los concursantes a enfrentar sus miedos realmente al extremo: meterse en acuarios llenos de cangrejos o serpientes, saltar desde helicópteros o comer arañas u otros insectos vivos. No es mi idea de un tiempo divertido, pero la mayoría de las personas que participan probablemente no lo están haciendo por diversión; están intentando ganar los $50,000 otorgados al finalizar la exhibición. Al final cada uno es desafiado a hacer una proeza que es demasiado aterradora. Incapaz de superar su miedo, el jugador se rinde y se aleja.

La vida a menudo trae miedo a la escena y muchas veces podemos sentirnos como ese concursante: a punto de rendirnos y alejarnos. Si queremos superar la incertidumbre y la duda, si verdaderamente queremos llegar a ser mujeres seguras de nosotras mismas, es vital que tengamos un completo y concienzudo entendimiento de la naturaleza y anatomía del miedo. La primera cosa que debemos saber es que

Si queremos superar la incertidumbre y la duda, si verdaderamente queremos llegar a ser mujeres seguras de nosotras mismas, es vital que tengamos un completo y concienzudo entendimiento de la naturaleza y anatomía del miedo.

ese miedo no viene de Dios. Él no nos ha dado un espíritu de temor (2 Timoteo 1:7).

El miedo atormenta e impide el progreso. Hace que personas que deberían ser resueltas y emprendedoras retrocedan, se escondan y sean pusilánimes y tímidas. El miedo es un ladrón. Roba nuestros propósitos. Como dije en un capítulo anterior, la única actitud aceptable que podemos tener frente al miedo es "¡YO NO TEMERÉ!". Cada uno debe ser firme en su resolución de no dejar que el temor gobierne nuestras vidas. Es demasiado riesgoso adoptar una actitud liviana respecto a este gran problema.

Yo creo que el miedo es el espíritu maestro que el diablo usa contra las personas. Piense realmente en los problemas que usted tiene. ¿Cuántos de ellos están atados al temor? Apuesto a que si lo piensa, usted dirá que la mayor parte tiene algo que ver con estar asustado. Nuestras preocupaciones vienen del miedo. Intentamos controlar personas y circunstancias por miedo. Nos dejamos controlar por miedo. Gente que tiene miedo de ser pobre se vuelve rapaz y tacaña. Gente que tiene miedo de no tener amigos pretende ser quien no es. Entramos en relaciones malas y dañosas por miedo de estar solos, y así siguiendo. Sin embargo, creo que podemos conquistar al miedo si dedicamos tiempo a entenderlo y vemos al miedo como realmente es, un espíritu que no tiene ningún lugar en una vida que se volvió a Cristo.

Una vez escuché una historia de un pueblo donde los padres dijeron a sus hijos: "Por ningún motivo vayas a la cima de la montaña. Es donde vive el monstruo". Todas las generaciones previas de niños consideraron esa advertencia y evitaron ir a la cima de la montaña.

Un día, algunos jóvenes valientes del pueblo decidieron que tenían que ir y ver al monstruo. Querían ver cómo era realmente y derrotarlo. Así que cargaron sus provisiones y salieron hacia la montaña. A medio camino, se detuvieron en la huella por un gran rugido y un hedor terrible. La mitad de los hombres corrieron montaña abajo, gritando.

La otra la mitad del grupo continuó su viaje. Cuando estaban bastante alto en la montaña, notaron que el monstruo era más pequeño de lo que esperaban —pero continuaba rugiendo y emitiendo semejante hedor que todos los hombres menos uno corrieron montaña abajo hacia el pueblo.

"Yo voy a agarrar al monstruo", se dijo a sí mismo el hombre restante, y dio otro paso adelante. Cuando lo hizo el monstruo se encogió hasta que fue del mismo tamaño que el hombre. Cuando él dio otro paso hacia el monstruo, se encogió de nuevo. Estaba inmóvil, era horrorosamente feo y continuaba emitiendo el hedor, pero el hombre estaba ahora tan cerca del monstruo que realmente podía recogerlo y sostenerlo en la palma de su mano. Mientras lo miraba, le dijo al monstruo: "Bien, entonces, ¿quién eres?".

En una voz diminuta, de tono agudo, el monstruo chilló: "Mi nombre es Miedo".[2]

Esta historia da una aguda descripción de la manera en que trabaja el miedo. Parece tan monstruoso y horrible hasta que usted empieza a confrontarlo, pero cuanto más lo confronta, más pequeño se vuelve. Si usted sigue el plan de Dios para conquistar el miedo, un día se encontrará con que la mayor parte de las cosas que la asustaban en realidad no eran nada en absoluto. Lo que una vez le rugió sólo chillará, y en el futuro se quedará totalmente callado.

Recuerde siempre lo que Franklin Roosevelt puntualizó una vez: la única cosa a la que debemos temer es al miedo mismo; pues si se lo permitimos, nos controlará. Si lo confrontamos, lo dominaremos.

Miedos y Fobias

Los miedos se pueden desarrollar desde casi nada. Aquí hay una corta lista de algunos de los más raros temores que la gente experimenta.

Peladofobia: miedo a la calvicie y a las personas calvas.
Aerofobia: miedo a los proyectos.
Porfirofobia: miedo al color púrpura.
Chaetofobia: miedo a las personas cabelludas.
Levofobia: miedo de objetos del lado izquierdo del cuerpo.
Dextrofobia: miedo de objetos del lado derecho del cuerpo.
Aurorafobia: miedo a las luces septentrionales.
Calyprofobia: miedo a los significados oscuros.
Thalassofobia: miedo de estar sentado.
Stabisbasifobia: miedo de pararse y caminar.
Odontofobia: miedo a los dientes.
Grafofobia: el miedo de escribir en público.
Fobofobia: miedo de estar asustado. ·

(De *Nothing to Fear*, por Fraser Kent, Doubleday & Company, 1977)

La variedad de fobias que la gente sufre es aparentemente interminable y algunas de ellas bastante raras, pero son muy reales y agobian al que las sufre. Algunas personas tienen miedos tan singulares que tienen miedo de compartir sus miedos. La mejor manera de superar algo es exponerlo. Algo oculto tiene poder sobre nosotros, pero una vez que se trae a la luz se puede tratar con él y puede superarse.

No retroceda en la confrontación

En abril de 2005, muchos norteamericanos y el mundo oyeron la historia de "la novia fugitiva", Jennifer Wilbanks. La residente de Duluth, Georgia, de treinta y dos años de edad, desapareció sólo días antes de que tuviera lugar su boda con 600 invitados. Su familia y novio, convencidos de que había sido secuestrada, suplicaron por su retorno a salvo y la novia perdida se volvió una historia nacional para los mayores medios de comunicación.

Cuando reapareció viva y bien en el otro lado del país, la alegría de que hubiera sido rápidamente encontrada se convirtió en confusión y cólera al revelarse la verdad de que Wilbanks no había sido secuestrada sino que se fue debido a los nervios del día de la boda. Una historia de Associated Press informó que la novia escapó debido a "cierto temor" que controló su vida.[3]

La mayoría probablemente diría: "Bien, pero ella debería de haber hablado con su novio en lugar de escaparse". O al menos, ella debería haber buscado consejo de su pastor o de un miembro de la familia. ¿Pero cuántos de nosotros confrontamos fácilmente nuestros miedos? ¿No es más fácil ignorarlo y no tratar con él? Usted puede no haberse escapado físicamente como Wilbanks, pero apuesto a que emocionalmente hay cosas de las que usted está huyendo. Usted mira constantemente sobre su hombro intentando guardarse de cualquier cosa que tiene miedo de que la alcance.

Para muchos la confrontación es extremadamente difícil, pero debe hacerse a menos que queramos que otras personas y otras cosas controlen nuestras vidas. Cuando era niña ¿usted jugaba al corre que te pillo y te congelo? Cualquiera de quien usted estuviera corriendo tenía control sobre usted, porque si alguna vez lo alcanzaban, usted quedaba inmediatamente congelada, detenida en sus huellas. Así opera el miedo. Aquello de lo cual corremos o nos escondemos tiene poder sobre nosotros.

Como lo dije previamente, también es importante recordar que lo que escondemos en la oscuridad tiene que ser traído a la luz si queremos librarnos de él. Entre en un cuarto completamente oscuro y encienda la luz. ¿Qué pasa? La oscuridad es tragada. Ésa es la manera en que Dios y su Palabra operan en nuestras vidas. Cuando hacemos lo que la Palabra de Dios dice que hagamos, los temores que intentaban atormentarnos son tragados. Se van y no tienen más poder sobre usted.

La Palabra de Dios es bastante clara en este punto: no debemos temer. Isaías 41:10 dice: "No temas, porque yo estoy contigo; no desmayes, porque yo soy tu Dios". Note que no dice que jamás debemos sentir temor, dice que no debemos permitir que el temor nos controle y robe nuestro propósito.

El monstruo del miedo se comporta como si fuera mucho más grande y más fuerte de lo que realmente es. Eso es porque el miedo depende de su capacidad de engañar a la gente. Una vez que ellos comprenden que pueden "sentir miedo y sin embargo hacerlo", son libres.

Satanás ama causar terror a la gente y evita hacer frente a problemas desagradables porque él sabe que pierde poder cuando sus mentiras son confrontadas. Piense en todas esas generaciones de personas de la historia que le conté, que vivieron sus vidas enteras asustados de algo que en realidad era lo bastante pequeño para ser sostenido en una mano. Hasta que alguien fue lo bastante valiente para confrontarlo, alguien que se negó a escapar, ese pequeño monstruo mantuvo a las personas reprimidas, dejándolas esencialmente heladas. Aunque una mentira no es verdadera, se vuelve realidad para la persona que la cree. No crea las mentiras con que Satanás trata de engañarla.

Cómo desearía tener una varita mágica que pudiera agitar o una oración que pudiera decir que terminara con el miedo de una vez por todas. Desgraciadamente, eso no va a pasar. La oración nos da la fuerza para resistir al miedo, pero para superarlo y ser conquistadores como Dios quiere que seamos, ¡debemos tener algo que superar y conquistar! Usted nunca esperaría correr tres millas sin primero aprender a correr una. Es lo mismo con la oración. Dios nos quiere estirar los músculos de la fe y que estemos firmes contra el miedo. Él quiere que digamos: "¡No! El miedo no va a gobernar mi vida". Cuando aprendemos a usar la oración para confrontar y combatir los pequeños miedos, Él nos ayudará a aprender a enfrentar también los miedos más grandes.

No permita que ningún miedo la congele y paralice. Hannah Hurnard, autora de *Pies de ciervas en los lugares altos*, una vez fue paralizado por el miedo. Entonces escuchó un sermón sobre un espantapájaros que la desafió a volverse de su miedo a su fe.

El predicador dijo:"Un pájaro sabio sabe que un espantapájaros es simplemente un anuncio. Anuncia que hay un poco de fruta muy jugosa y deliciosa para picotear. Hay espantapájaros en todos los buenos jardines... Si yo soy sabio, también trataré el espantapájaros como si fuera una invitación. Cada gigante del camino que me hace sentir como un saltamontes es sólo un espantapájaros que me llama a las más ricas bendiciones de Dios". Él concluyó: "La fe es un pájaro al que le gusta posarse en los espantapájaros. Todos nuestros miedos son infundados".[4]

> Cuando hacemos nuestra parte, orando y estirando nuestros músculos espirituales mientras damos pasos de fe, Dios siempre hace su parte, haciendo que las cosas aparentemente imposibles sean posibles.

Compañeros de Dios

¿Alguna vez se ha puesto de acuerdo con una amiga para hacer juntas la cena para sus familias, o quizá para otra familia que podría usar la comida? Quizá ella era responsable del plato principal y usted arregló los complementos. Aunque usted asignó el trabajo, cada una de ustedes tenía una parte específica y juntas, completaron lo que debía ser hecho.

Cuando viene a la vida, necesitamos recordar que Dios es nuestro compañero y comprender que Él tiene una parte y nosotras tenemos otra. Cuando hacemos nuestra parte, orar y estirar nuestros músculos espirituales mientras damos esos pasos de fe, Dios siempre hace su parte y hace que cosas aparentemente imposibles sean posibles. Quizá usted ha tenido tanto miedo en su vida, desde hace mucho tiempo y hasta ahora, que no puede ver que puede ser libre de él. Yo le prometo: cada vez que usted confronta el miedo, él se hace más pequeño y más pequeño. En el futuro, perderá completamente su poder sobre usted.

Yo odio el miedo y lo que hace a las personas. Nos hace huir; él nos hace retroceder. Carcome nuestra confianza y nuestro seguridad en nosotras mismas hasta que todo cuanto queda es un esqueleto de lo que había. Pero ¡no tenía que ser de esa manera! He experimentado mucho miedo en mi propia vida y sé que requiere mucho valor enfrentar lo que usted más teme. ¡Pero, si yo puedo hacerlo usted también puede! Un hombre sabio dijo una vez: "El valor no es la falta de miedo sino la capacidad de enfrentarlo". Las promesas de Dios no son para unas pocas personas especialmente seleccionadas, son para todos. Si Dios puede ayudar absolutamente a cualquiera, entonces puede ayudarla a usted y puede ayudarla a enfrentar sus miedos. Las promesas de Dios le ofrecen esperanza y la oportunidad de una nueva vida. Una vida vivida audaz y dinámicamente en lugar de con miedo e incertidumbre.

Una de las mujeres más seguras que encontramos en la Biblia es Ester y su historia de rescatar al pueblo de una muerte cierta a manos de un hombre malo y odioso. Aunque su belleza no se dañó, fueron su carácter y callada confianza los que la ayudaron a encontrar favor con el rey Jerjes. Ella asumió gran riesgo cuando fue hacia el patio interior de Jerjes sin haber sido invitada. Pero Dios la honró a ella y a las oraciones que los otros judíos estaban orando, y Jerjes la recibió calurosamente. En definitiva, Ester salvó a su pueblo de perecer.

La confianza está aferrada a una fuerte fe en Dios, una fe que es respaldada por un completo conocimiento y entendimiento de que con la ayuda de Dios usted puede hacer cualquier cosa. El miedo trae falta de confianza en Dios y en usted. Es una destructiva, debilitante creencia en que usted no puede. Como mujer, usted puede hacer cosas asombrosas, pero debe llegar a ser segura. Reemplace sus miedos por confianza y ¡mire lo que Dios puede hacer!

Yo no pienso que nadie disfrute la confrontación o esté esperando que llegue. No es ciertamente lo que más me gusta hacer. A la mayoría de nosotras no nos gusta mecer el barco y hacer olas, pero puedo asegurarle que dar los pasos de lo que usted deba hacer para disfrutar una vida de libertad definitivamente no es tan difícil como quedarse en la esclavitud por el resto de su vida. Usted tiene que preocuparse lo bastante de usted misma y de sus seres queridos para confrontar el miedo y empezar a ser la persona que siempre ha querido ser. Hágalo, aunque tenga que "hacerlo asustada".

Hágalo asustada

Ya he contado esta historia en otros libros que he escrito pero voy a repetirla en éste. Había una mujer que llamaremos Joy que literalmente vivió su vida entera, hasta donde podía recordar, con miedo.

Él la controlaba. Ella no manejaba un automóvil. No salía fuera de noche. Tenía miedo de reunirse con personas nuevas. Tenía miedo de las muchedumbres, de las cosas nuevas, de los aviones, del fracaso y de casi cuanto uno pudiera imaginar. Su nombre era Joy (Alegría), pero ciertamente nunca la experimentó porque sus miedos la atraparon y la atormentaron. Ella deseaba desesperadamente ser valiente y valerosa. Quería tener una vida excitante y ser aventurera pero constantemente sus sueños fueron suprimidos por sus miedos.

Joy era cristiana y un día estaba lamentando sus penas una vez más con su amiga cristiana de toda la vida, Debbie. Debbie la había escuchado muchas veces pero en esta oportunidad le respondió de una manera que sacudió a Joy. Debbie miró a su amiga directamente a los ojos y dijo enérgicamente: "¡Bien, por qué simplemente no lo haces asustada". ¡Qué verdad poderosa! Éste fue el principio de una nueva vida para Joy porque fue la primera vez que vio al miedo tal como era. El miedo nunca iba a evaporarse simplemente de su vida. Había sido una fortaleza por demasiado tiempo y sus raíces eran demasiado profundas. Joy tenía que confrontarlo simplemente yendo adelante y haciendo lo que quisiera hacer aunque lo hiciera sintiéndose asustada.

El miedo significa escaparse o salir volando, pero la confrontación significa encarar algo frontalmente. A veces esas confrontaciones requieren que nos enfrentemos a nosotros mismos: quizá estamos temerosos del fracaso o temeroso del éxito. A veces los miedos o preocupaciones que usted tenga requerirán que confronte a alguien, quizás un padre o un marido, hasta un niño.

David Augsburger, en su libro *Caring Enough to Confront* (Interesarse lo bastante para confrontar) sugiere maneras en que usted puede expresar sus pensamientos mostrando al mismo tiempo que se interesa en la otra persona.[5]

Confrontar	Cuidar
Estoy profundamente sentido por el problema que está en juego.	Me preocupa nuestra relación.
Quiero expresarle claramente mi opinión.	Quiero oír su opinión.
Quiero que respete mi parecer.	Quiero respetar su parecer.
Quiero que usted confíe en mí con sinceridad.	Confío en usted sabrá comprender mi sinceridad.
Quiero que usted siga trabajando conmigo hasta que hayamos alcanzado un nuevo entendiendo.	Le prometo continuar la discusión hasta que hayamos alcanzado un entendimiento.
Quiero su opinión sin presiones, clara, sincera de nuestras diferencias.	No engañaré, presionaré, manipularé, o torceré las diferencias entre nosotros.
Quiero su respuesta cuidar-confrontar.	Le doy mi afectuoso, sincero respeto.

Mírelo a los ojos

Dos exploradores estaban en un safari en la selva cuando de repente un feroz león saltó delante de ellos. "Quédate tranquilo" susurró el primer explorador. "¿Recuerdas lo que leímos en ese libro sobre animales salvajes? Si usted se detiene y mira al león a los ojos, él se volverá y huirá." "Seguro", contestó su compañero. "Tú has leído el libro, y yo he leído el libro. Pero el león ¿lo habrá leído?"

Cuando decidimos si enfrentar una situación o escapar de ella muchas cosas pasan por nuestra mente; pensamos que hay menos riesgo de herirnos o de que otro salga herido o quizá simplemente no queremos tomarnos el tiempo para tratar con algo. Recuerde, sin embargo, que si usted corre tendrá que seguir corriendo.

Cuando Adán y Eva pecaron en el huerto de Edén la primero cosa que hicieron fue escapar e intentar esconderse de la Presencia de Dios. Trataron de cubrir su desnudez con hojas de higuera. Eso no funcionó para ellos y no funcionará para nosotros. Dios vino a intervenir con un plan para su redención y tiene uno para nosotros. Dé una mirada a Efesios 6 en la Palabra de Dios a su pueblo y observe qué armadura de batalla nos provee. Él nos dice que estemos firmes con el cinturón de la verdad, la coraza de justicia, el calzado del evangelio de la paz, el escudo de la fe, el casco de la salvación y la espada del Espíritu. ¿Observa que falte algo? ¡No proveyó protección para nuestra espalda! Eso es porque Dios nunca tuvo la intención de que huyéramos de nuestros enemigos. Su plan fue y sigue siendo que con Él a nuestro lado confrontemos todo lo que sea un problema en nuestra vida. La gente está muy habituada a no enfrentar los problemas reales y hasta le parece mejor tratar de cubrirlos viviendo vidas simuladas e inventando personalidades falsas. ¡Es tiempo de ponerse firmes y confrontar al miedo!

Una mujer asistió a una de mis conferencias y testificó que era la primera vez que había salido de su casa en treinta y cinco años. Cuando la entrevistamos y averiguamos más de su historia quedamos aún más asombrados. Cuando niña, ella fue abusada, y aunque se casó y tuvo hijos propios decidió que la vida sería más seguro para ella si se quedaba adentro donde nadie pudiera herirla. Se las arregló de diferentes maneras para conseguir las cosas que necesitaba, y con la invención de las computadoras se le hizo mucho más fácil ser una reclusa. Ella pidió que la conectaran a la Internet y se comunicaba por correo y teléfono.[6]

Con el tiempo, empezó a mirar mi programa de televisión diario y descubrió mi testimonio de que yo también había sido sexualmente abusada por mi padre. Decidió que si yo podía levantarme delante de miles de personas y hablar audazmente, lo menos que ella podía hacer era salir de su casa. Tomó la decisión de venir a mi conferencia y lo hizo, y aunque estaba insegura y muy nerviosa, estaba allí. Ése fue el primer paso para confrontar su miedo. Ella hizo algo asustada. Tenía un largo camino para recorrer, pero nadie puede conducir un automóvil estacionado. Tenía que dar un paso antes de poder dar dos. Espero que su historia la anime y la motive a empezar su propio viaje para liberarse del miedo y comenzar a moverse hacia la mujer segura de sí misma que usted quiere ser.

La vida cambió grandemente para mí cuando por fin entendí que el miedo quiso que me escapara o saliera volando. Ahora entiendo que, aunque esté temblando de miedo, en vez de seguir comportándome cobardemente puedo seguir adelante para hacer lo que el miedo está tratando de impedir que haga.

La manera de desarrollar confianza es hacer lo que usted teme, e ir dejando un historial de experiencias exitosas detrás de usted. Henry Ford dijo: "Uno de los más grandes descubrimientos que un hombre hace, una de sus grandes sorpresas, es encontrar que puede hacer lo que tuvo miedo de no poder hacer".[7]

Dave y yo vimos recientemente un ejemplo cómico pero informativo de cómo el miedo hace que uno escape y se esconda. Tenemos una perra maltesa de siete libras; es muy blanca y esponjosa. Su nombre es Duquesa, y es muy lista. A Duquesa nunca le ha gustado darse un baño y, desde que era cachorra, siempre que comprende que se trata de bañarse, empieza a sacudirse y corre carreras de una a otra parte de la casa y se esconde. A medida que fue creciendo parecía superarlo y tenerle menos temor.

Pero luego, durante un verano nos estábamos quedando en un condominio que alguien nos permitió usar, y cuando Duquesa oyó la palabra baño y me vio sacar su champú y otros suministros que normalmente uso para eso, desapareció. Cuando por fin la encontré estaba agitada y escondida en otro cuarto. Al principio no entendí lo que sucedía porque hacía tiempo que ella no se asustaba de bañarse. Pero luego comprendí que era el baño y ella le tuvo miedo porque estaba en una nueva situación y en un nuevo lugar.

Hasta los animales responden al temor corriendo y escondiéndose. Ellos viven por instinto y siempre responderán a esos instintos, pero gracias a Dios nosotros vivimos haciendo elecciones sabias según nuestro conocimiento de la Palabra de Dios. Su Palabra dice que no cedamos al miedo y con ayuda de su Espíritu, podemos hacer la opción correcta.

¿Hay alguien inmune al miedo?

¿Será que algunos están maldecidos para tener miedo mientras que otros son benditos siendo valientes? Reconocemos que nacemos con temperamentos diferentes. No los escogemos; Dios los escoge para ayudarnos a cumplir nuestro propósito en la vida. Algunas personas son naturalmente más decididas, valientes y atrevidas que otras pero personalmente no creo que alguien sea totalmente inmune al miedo. Hasta la persona que usted conozca que parece ser la más valiente de todos tiene miedo de algo.

Algunas personas hacen mejor trabajo que otras ocultando sus miedos. Ellas ni siquiera pueden admitir que tienen miedo pero la realidad es que Satanás ataca a todos con miedo. ¡Podemos superarlo! Si no fuera posible superar el miedo, ¡Dios no nos habría instruido en su Palabra a "no temer"!

Yo creo que todos somos valientes en algunas áreas y temerosos en otras.

El péndulo puede balancearse hacia un lado o hacia el otro, pero todos tenemos algo de ambos. Por ejemplo, una mujer que llamaremos Teresa era tímida y vergonzosa. No hablaba mucho y era introvertida. Se habría petrificado de estar de pie delante de una muchedumbre y hablar, y sin embargo Teresa era muy valiente cuando debió enfrentar el dolor y la tragedia en su propia vida. Ella tuvo cáncer a la edad de 32 años y soportó cirugía y radiación dolorosa y tratamientos de quimioterapia. Teresa también había tenido tres abortos antes de dar nacimiento por fin a un niño saludable. Ella sobrellevó estas dificultades cortésmente, valientemente y con pocas quejas.

Janice, una amiga de Teresa, era exteriormente decidida. Janice era tan sociable que podía hacerse amiga de un poste de teléfono. Era una líder, hablaba fácilmente delante de grupos grandes y generalmente era admirada por todos. En la superficie Janice no parecía ser en absoluto temerosa. Como Teresa, Janice también enfrentó la tragedia en su vida. Durante veinte años, ella trabajó para una corporación y había acumulado una jubilación grande invirtiendo en un 401(k) correspondiente al programa de fondos jubilatorios.

Realmente sorprendió a todos que la compañía fuera investigada por fraude respecto a la inversión del fondo de jubilación de empleados y súbitamente Janice así como muchos otros empleados descubrieron que no tenían jubilación alguna. La compañía se presentó en bancarrota y algunos de los directivos fueron juzgados y sentenciados a penas de prisión. De repente Janice se encontró con que no sólo no tenía jubilación alguna, sino tampoco ningún trabajo. Ella no manejó su tragedia con elegancia. Exteriorizó un miedo que asombró a quienes la conocían. Siempre había parecido ser tan resuelta, pero en esta situación casi se paralizó de miedo por su futuro y por la seguridad financiera.

Yo soy lo bastante resuelta para estar de pie delante de un millón de personas y hablar durante horas. No tengo ningún miedo de ser transparente y compartir detalles de mi vida que para muchas personas no sería cómodo compartir. Por otra parte, si fuera a la montaña rusa en un parque de diversiones yo estaría temblando y posiblemente gritaría, pero no de deleite.

Durante nuestros viajes, mi marido Dave prueba todos los tipos de comida que nunca ha comido o siquiera visto pero yo siempre estoy buscando algo con lo que esté familiarizada. Tengo miedo de que probar algo nuevo que no guste y que mi comida se arruine. Mi punto es que nadie es totalmente inmune al miedo. Los miedos de algunas personas son más obvios que los de otras, pero creo que todos los tenemos.

Es importante que comprendamos que no estamos solos en nuestras batallas con el miedo. El diablo quiere convencernos de que hay algo muy malo con usted o conmigo y que otras personas normales no tienen el mismo tipo de problemas. No le permita hacerlo; todos experimentamos el miedo.

El general George Patton ciertamente sería considerado un hombre de verdad muy valiente y sin embargo él admitió que tenía miedo. Pero escogió no prestarles atención.

Durante la Segunda Guerra Mundial, un gobernador militar se encontró con el general George Patton en Sicilia. Cuando él alabó altamente a Patton por su valor y valentía, el general contestó: "Señor, yo no soy un hombre valiente… La verdad es que soy un completo cobarde.

En toda mi vida nunca he podido oír el sonido de los tiros o ver la batalla sin sentirme tan asustado que me sudaran las palmas de las manos". Años después, cuando la autobiografía de Patton fue publicada, contenía esta significativa declaración del general: "Yo aprendí muy temprano en mi vida a no dejarme aconsejar por mis miedos."

El espíritu de temor no es exclusivo de quienes él visita o cuando los visita. A veces el miedo se presenta en momentos muy inoportunos, momentos en que preferiríamos sentirnos resueltos. Después de todo, ¿quién quiere confrontar y tratar con el miedo? ¡Nadie lo hace y la mayoría de las personas no lo hace! Parece más fácil escapar o esconderse o aplazar. Deseamos que se marche, oramos que se marche, pero hasta que no lo confrontemos, el miedo siempre nos detendrá en la carrera. Si vamos a correr, es necesario ir hacia el enemigo, no alejarse de él.

¡Variedad! ¡Variedad! ¡Variedad!

La variedad de temores que el diablo presenta a las personas es interminable y asombroso. Hay personas que tienen miedo de todo desde la suciedad hasta la muerte. Mencionaré varios con los que he tenido que tratar para ayudar a las personas o acerca de los cuales he oído. Miedo de estar solo, rechazado, abandonado, de que tomen ventaja de uno, a la intimidad, al parto, a las alturas, al agua, a las abejas, perros, gatos, otros animales o roedores. Algunas personas tienen miedo a las enfermedades y siempre imaginan que alguna nueva enfermedad se está desarrollando en su cuerpo. El miedo del hombre es grande y así es el miedo a la carencia. El miedo al fracaso atormenta a muchas personas, mientras que otras tienen miedo del éxito. Las mujeres especialmente suelen tener miedo a que sus maridos mueran y las dejen sin nada, algo que alguno llamó el "síndrome de la bolsa de la señora". Algunas personas son casi paranoicas respecto a su apariencia. Otras personas tienen miedo de ahogarse, a los gérmenes, ascensores, muchedumbres, a volar o al fuego. Yo conozco a una mujer crecida que nunca encendió un fósforo porque les tiene miedo. Algunas personas no pueden formar relaciones significativas por miedo a la intimidad.

¿A qué le tenemos miedo?

Una encuesta Gallup realizada en 2005 reveló los miedos más comunes de los adolescentes de los Estados Unidos. Ellos incluyen:

1. Los ataques terroristas
2. Las arañas
3. La muerte
4. El fracaso
5. La guerra
6. Las alturas
7. El crimen/la violencia
8. A estar solo
9. Al futuro
10. A la guerra nuclear

Podría seguir pero pienso que usted entiende a qué me refiero. Hasta usted puede ser una persona que experimenta un miedo que parece tan raro que nunca le habría hablado a nadie al respecto. Créame, alguien allí afuera tiene un miedo aun más extraño que el suyo. Pero ¿qué hace que algunas personas tengan un miedo mientras otras tienen otro? Alguien que crece en Florida puede ser más temeroso de los huracanes que alguien en que crece Kansas o Tennessee, que tiene un intenso miedo a los tornados. Alguien que vive en la ciudad puede tener más miedo a ser asaltado que alguien que vive en una granja. ¿Por qué una persona puede ser aterrada por los perros y otra los ama?

Sabemos algunas de las respuestas pero ciertamente no todas ellas. Yo no pienso que necesitemos tanto entender del miedo como que necesitamos tomar la decisión de que ya no nos va a controlar. Algunas personas gastan su vida entera tratando de entender sus problemas y nunca consiguen salir de ellos. Pero Dios puede ayudar a dejar en el pasado esos temores que tratan de paralizarnos, con sólo que lo busquemos a Él para que nos ayude.

Enfrente sus miedos hoy y pídale a Dios que la ayude a salir de ellos. ¡Es sólo por su gracia que todos podemos superar nuestros miedos!

Capítulo Doce

EL MIEDO TIENE PARIENTES

Una vez que usted deja que el espíritu de miedo controle su vida, abre la puerta a otros espíritus que quieren asir su corazón y paralizarla, incapaz de avanzar con confianza y seguridad. Tanto la preocupación como el terror son parientes del espíritu de miedo. O, mírelo esta manera: El miedo es el padre y la preocupación y el terror son los hijos. La Biblia enseña claramente que los hijos de Dios no debemos preocuparnos. Cuando nos preocupamos, damos vuelta en nuestras mentes una y otra vez a un problema y las respuestas no surgen. Cuanto más lo hacemos, más ansiosos nos sentimos. Cuando nos preocupamos, realmente nos atormentamos con un tipo de pensamiento que no produce buen fruto. La preocupación comienza con nuestros pensamientos pero afecta nuestro humor e incluso nuestro cuerpo físico.

Tenga presente que la preocupación no espera hasta que crezcamos. Un estudio realizado en el Reino Unido mostró que más de la mitad de las muchachas adolescentes se preocupan por su apariencia, una de tres está estresada por la escuela y casi el 40% está preocupada por su familia. No es ninguna maravilla que el 80% de aprensivos crónicos también tenga una pobre autoimagen: ¡su confianza ha sido comida por el miedo y la duda disfrazada de preocupación![1]

Una persona puede preocuparse tanto que llegue a sentirse deprimida y triste. La preocupación ubica tensión en todo su sistema y

La oración abre la puerta para que Dios participe y satisfaga nuestras necesidades.

causa muchas dolencias físicas como los dolores de cabeza, tensión en los músculos, problemas de estómago y muchas otras cosas. Lo único que la preocupación no produce es algo bueno. Nunca ayuda y no resuelve nuestro problemas.

¡Jesús dijo que no debemos preocuparnos por el mañana porque cada día tiene suficientes problemas propios! (Mateo 6:34) Intentar resolver hoy los problemas de mañana sólo le roba la energía que Dios ha dispuesto de antemano para que usted disfrute hoy. ¡No pierda su tiempo preocupándose! Es vano e inútil. No sea como el intérprete de fagot que fue a ver a su director, y nerviosamente le dijo que él no había podido alcanzar el alto E bemol. Su director sonrió apenas y contestó: "No se preocupe. No hay ningún E bemol en su música esta noche". Muchas de nuestras preocupaciones son como ésa: infundadas e innecesarias.

Humíllese bajo la mano poderosa de Dios echando todo su cuidado sobre Él (1 Pedro 5:6-7). De esta manera usted le está diciendo a Dios: "Yo sé que no puedo resolver mis propios problemas y estoy confiando totalmente en ti para que cuides de mí y me des las respuestas que necesito en mi situación."

Usted sólo puede ser una mujer segura de sí misma una vez que quita el miedo y la preocupación de su vida y empieza a orar. La oración abre la puerta para que Dios participe y satisfaga nuestras necesidades. El apóstol Pablo dijo que no debemos estar ansiosos por nada, sino que orando experimentaremos la paz de Dios en todas las cosas (Filipenses 4:6-7). Él no dijo en "algunas" cosas, no dijo en "una" cosa, dijo que en todas. La oración debe reemplazar nuestra preocupación.

Podemos preocuparnos por cientos de cosas diferentes. La gente piensa en lo que pasará cuando envejezcamos. ¿Cuánto tiempo podremos trabajar? ¿Quién cuidará de nosotros cuando envejezcamos si no podamos hacerlo nosotros mismos? ¿Qué pasará si caen las acciones del mercado? ¿Qué si los precios del gas suben? ¿Qué si yo pierdo mi trabajo? Bastante a menudo, la preocupación no tiene una base o un trozo de verdad incluido en ella. No hay ninguna razón conocida para pensar en las cosas que nos preocupan y luego nos asustan. La preocupación puede volverse incluso un mal hábito. ¡Es justamente lo que hacemos! Algunas personas se preocupan por algo todo el tiempo. Si no tienen problemas propios se preocupan por otras personas y sus problemas.

La única respuesta es: "Deje de preocuparse y ponga su confianza en Dios". Él tiene todo el futuro planeado y sabe la respuesta de todo. Su Palabra nos promete que Él cuidará de nosotros si confiamos en Él.

Alguien dijo una vez que "la preocupación es el interés que se paga en problemas antes de su vencimiento". La preocupación cree que tendrá problemas antes de que ocurran. Constantemente agota la energía que Dios nos da para enfrentar los problemas diarios y para cumplir nuestras muchas responsabilidades. Es por consiguiente un desperdicio pecaminoso. La preocupación acaba con la fe y la fe acaba con la preocupación.

No se preocupe porque pueda tener un día podrido, porque si tiene uno usted ciertamente se dará cuenta y entonces podrá tratar con él. Usted sabe que está teniendo un día podrido cuando...

Su pastel del cumpleaños se derrumba por el peso de las velas.

Su hermana gemela se olvidó de su cumpleaños.

Usted llamó a Ayuda al Suicida y la pusieron en espera.

La bocina de su automóvil se averió accidentalmente y continúa atrancada mientras usted sigue a un grupo de Ángeles de los Infiernos por la autopista.

Su jefe le dice que no se moleste en quitarse su chaqueta.

El pájaro que canta fuera de su ventana es un buitre.

Usted se despierta y sus abrazaderas están cerradas con llave juntas.

Usted se puso los dos lentes de contacto en el mismo ojo.

Su marido dice: "Buenos días, Judy", y su nombre es Sally.

Cuando Jesús nos dijo que no nos preocupáramos por el mañana, estaba diciendo que debemos tratar de vivir un día a la vez. Él nos da la fuerza que necesitamos cuando la necesitamos. Cuando tomamos esa fuerza que Él nos da y la aplicamos a preocuparnos en lugar de actuar, nos robamos a nosotros mismos las bendiciones que Dios quiso que tuviéramos hoy: no mañana o el próximo día, sino hoy. ¡Nos perdemos cosas buenas por preocuparnos por cosas malas que podrían ni siquiera ocurrir!

Durante varios años una mujer tuvo problemas para dormir por la noche porque temía a los ladrones. Una noche su marido oyó un ruido en la casa, así que fue a investigar al piso inferior. Cuando llegó allí, encontró a un ladrón. "¡Buenas noches!", dijo el dueño de casa. "Me agrada verlo. Venga arriba y le presentaré a mi esposa. Ella ha estado esperando diez años para encontrarse con usted."

La vida tiene sus choques y hoyos en el camino. Usted tendrá bastantes cosas con las cuales tratar simplemente porque está viva y en el planeta Tierra. ¿Por qué querría alguien preocuparse por los problemas del mañana? Frecuentemente, lo que nos preocupa nunca pasa, y si va a pasar, con preocuparse no lo prevendrá. La preocupación no la hace escapar de su problema, sólo la hace incapaz de tratar con él cuando viene.

Dios es nuestra ayuda en los problemas (Salmo 46:1). Con preocupación, usted se adelanta a usted misma. Cuando se preocupa, ¿que la hace preocuparse? ¿que pueda pasar eso o que pueda no pasar eso? Para los aprensivo, el escocés tiene un proverbio: "Lo que puede ser, puede no ser".

Una mujer segura de sí misma no se preocupa porque ella ve el futuro de modo distinto que las mujeres aprensivas. Ella cree confiadamente que con la ayuda de Dios puede hacer cualquier cosa que deba hacer, sea lo que fuere. Su actitud positiva le permite esperar del futuro cosas buenas, no malas. La confianza es el fruto de confiar en Dios. Cuando confiamos en Él podemos no tener todas las respuestas, pero estamos seguros de que Él las tiene.

No se preocupe por los errores pasados

Es inútil preocuparse por algo y doblemente inútil es preocuparse por algo que está terminado y hecho y respecto a lo cual nada se puede hacer. Si usted cometió en el pasado un error que puede rectificarse entonces prosiga y actúe para corregirlo. Pero si no puede hacer algo excepto sentirlo, entonces pida perdón a Dios y a cualquiera a quien pueda haber herido y deje de preocuparse por eso.

Permítame recordarle que la preocupación es inútil... así que ¿por qué se preocupa? Dios nos ha dado sabiduría y una persona sabia no gastará su tiempo haciendo algo que no produce nada de valor.

Hay muchas escrituras maravillosas en la Biblia que nos enseñan a dejar ir el pasado y mirar hacia el futuro. Nos recuerdan que nos olvidemos de lo que queda atrás y pongamos nuestros ojos en lo que está adelante, en Dios y su plan para nosotros (Filipenses 3:13). Podemos encontrar paz en el conocimiento de que la compasión y la bondad de Dios son nuevas cada mañana y que su fidelidad es abundante (Lamentaciones 3:22-23). Tampoco debemos olvidarnos nunca de que Él puede superar y hacer mucho más de lo que podríamos imaginar que pudiera hacer para nosotros (Efesios 3:17, 21). Dios ha provisto una manera de que su pasado tenga cero poder sobre usted, pero depende de usted recibir su gracioso don del perdón, la misericordia y un nuevo principio.

No permita que errores de su pasado se enconen y amenacen su futuro. Cuando usted le pide a Dios que la perdone por algo que ha hecho mal Él es fiel y justo para hacerlo. Él nos limpia continuamente de toda maldad (1 Juan 1:9). Es perdonada y olvidada —¡pero usted debe hacer lo mismo!

Supere la culpa

Millones de personas destruyen sus vidas sintiéndose culpables de algo que está en el pasado y sobre lo cual ya no pueden hacer nada. Cuando Dios perdona nuestro pecado también quita la culpa. Pero así como debemos recibir su perdón, también debemos recibir libertad de la culpa y no permitir que el sentimiento de culpa nos controle. Si Dios dice que estamos perdonados y nos declara no culpables entonces debemos creer a su Palabra más que a cómo nos sentimos.

Frecuentemente oímos que la gente dice: "Me sentiré culpable de esto el resto de mi vida". O he oído que las personas dicen: "Nunca conseguiré sacarme de encima lo que hice". La Palabra de Dios dice que cuando Él nos perdona se olvida de la ofensa y no hay ninguna penalidad más para el pecado, la remisión de él es completa (Hebreos 10:17-18). ¿Por qué decidir que usted se sentirá culpable el resto de su vida cuando Dios le ha proporcionado una manera de vivir libre de eso?

Me recuerda una historia de principios de los 1900 sobre un muchacho que mató uno de los gansos familiares tirando una piedra y pegándole en ángulo recto en la cabeza. Figurándose que sus padres no notarían que una de las veinticuatro aves estaba perdida, enterró el ave muerta. Pero esa tarde su hermana lo llamó y le dijo: "Yo vi lo que hiciste. Si no te ofreces a lavar los platos esta noche, se lo diré a mamá". La siguiente mañana ella le dio la misma advertencia. Todo ese día y el próximo el muchacho asustado se sentía limitado a lavar los platos. La mañana siguiente, sin embargo, él sorprendió a su hermana diciéndole que era su turno. Cuando ella le recordó lo que podría hacer, él contestó: "Yo ya se lo he dicho a mamá, y ella me ha perdonado. Ahora lava tú los platos. ¡Yo soy libre de nuevo!"

La culpa es preocupación enraizada en el miedo. Tenemos miedo de que Dios esté enfadado, o de que lo que hicimos sea demasiado grande y demasiado malo, incluso para que Dios lo pueda perdonar. Sentimos que no merecemos el perdón así que no lo recibimos. Nos preocupamos por lo que la gente piense de nuestros pecados pasados. Tenemos miedo de que nunca nos perdonen o no nos vuelvan a ver como buenas personas. La culpa tiene todo que ver con el pasado y tiene poder para estropear su futuro. ¡Supérela!

Dios no sostiene nada contra usted si usted está sinceramente arrepentida de lo que ha hecho y confía en que la sangre de Jesús la limpia de su maldad anterior. En el instante en que usted se arrepiente, Dios perdona el pecado y se olvida de él, así que ¿por qué usted no sigue su ejemplo, recibe su perdón y se olvida del asunto?

Una mujer segura no vive en el pasado, lo deja ir y mira hacia el futuro. Yo creo que muchas mujeres que leen esto el libro tienen que tomar una decisión ahora mismo. Quizá le falló a alguien, o hizo un aborto, o cometió adulterio, robó algo, mintió o hizo cualquier número de cosas terribles. Pero la pregunta de Dios es: ¿qué va a va hacer usted hoy? ¿Quiere vivir el resto de su vida sirviendo a Dios y siguiendo el plan que Él tiene para usted? Si está preparada para hacer ese compromiso no hay nada en su pasado con poder suficiente para detenerla.

¿Está el terror drenando su alegría?

La gente se aterroriza de muchas cosas y la mayoría de ellas ni siquiera comprende lo que les hace el terror. Les chupa directamente la alegría del momento presente. La vida que Dios ha provisto para nosotros a través de Jesucristo es un don precioso y debemos disfrutar cada momento de ella.

Una vez me estaba haciendo una limpieza de cutis y disfrutándola sumamente. Eché una mirada a la puerta y vi mi ropa colgando de la percha y pensé: "Oh, me aterra levantarme y vestir mi ropa y manejar todo el camino a casa". Entonces comprendí que le estaba permitiendo al miedo hacer de nuevo su sucio trabajo. Me estaba robando la alegría del momento presente.

Ore y pídale a Dios que le muestre cada vez que empieza a temer cualquier tarea o que en su futuro esté acechando algo de lo que usted en realidad no está segura. Con sólo eliminar el miedo de su vida se liberará más de la confianza que Dios le dio y la ayudará a experimentar más alegría.

¿Con qué frecuencia se encuentra a sí misma posponiendo cosas que le aterra hacer? ¡Quizá es esa pila de platos para lavar, o esas facturas que se deben pagar o peor, pueden ser sus impuestos anuales! Entrénese a sí misma no para tenerle pavor a las tareas desagradables sino para realmente abordarlas primero. Cuanto más pronto haga en el día las cosas que prefiere no hacer, más energía tendrá usted para hacerlas. Si espera hasta el fin del día cuando la mayor parte de su energía se ha ido y entonces trata de hacer algo que no le gusta, será peor que si lo hace más temprano. El pavor nos hace aplazar, pero si usted va a hacer algo ¡ahora mismo es el mejor momento para hacerlo!

Aplazar algo no lo hace marcharse, sólo le da más tiempo para atormentarla. Usted puede aterrarse o actuar confiadamente. Como cristiana con el poder del Espíritu Santo dentro de nosotras, ciertamente podemos manejar el hacer una tarea desagradable sin aterrorizarnos de ella y con una buena actitud. El poder de Dios no está disponible en nuestras vidas simplemente para hacer que las cosas desagradables se marchen, frecuentemente está disponible para que las atravesemos valientemente.

No se preocupe por las pequeñeces

Es muy probable que usted se aterrorice más por cosas pequeñas que por cosas mayores. En primer lugar tenemos muchas cosas pequeñas con las que tratamos todo el tiempo pero las cosas mayores se hacen más pequeñas y más lejanas entretanto. Cuando empecé a examinar esta área de terror en mi propia vida comprendí que operaba en pequeñas áreas diarias como ir a la tienda de comestibles, hacer el lavado, realizar un mandado, o buscar un lugar en el atestado aparcamiento de un centro comercial. Me aterraba esperar porque históricamente, yo no he sido una persona sumamente paciente. Esperar en líneas, en el trafico, o a que personas lentas terminen de hacer un trabajo eran cosas que me aterraban y permitir esas cosas me frustraba.

Como muchas de ustedes, tengo mucho que hacer y no me gusta gastar mi tiempo esperando por personas y cosas. Pero, gracias a Dios, he aprendido que no hace ningún bien temer algo que de todos modos debo hacer. Eso roba mi actual alegría y ya he perdido bastante de ella en mi vida para querer malgastar aún más. ¿Siente usted de esa manera? ¿Ha gastado usted también mucho de su vida por el terror, la preocupación o el miedo, porque no tenía suficiente conocimiento para saber cómo tratar con ellos? En tal caso, creo que esos días se están acabando para usted. Tengo fe en que el conocimiento contenido en este libro la capacitará para disfrutar de una vida de calidad diferente de la que tuvo antes.

En una iglesia en Omaha se estaba realizando una conferencia donde se dieron a los concurrentes globos llenos de helio y se les dijo que los soltaran en algún punto del servicio cuando quisieran expresar la alegría de sus corazones. Durante todo el servicio los globos fueron ascendiendo, pero al terminar, un tercio de los globos seguía sin ser liberado. Deje ir su globo.[2] Dé a conocer su alegría, incluso en las pequeñas cosas.

Se ha vuelto un juego para mí tratar de pegarle en su propio juego al terror que me chupa la alegría. Quiero demostrarle al diablo que yo puedo disfrutar de todo lo que hago y que sus tácticas para robar mi alegría sencillamente ya no funcionarán. Mayor es el que está en mí que el que está en el mundo (1 Juan 4:4). Creo que Dios es glorificado cuando nos negamos a vivir con temor, preocupación, terror o cualquier otro pariente suyo.

Cuando yo me encuentro en una situación en la que preferiría no estar, si me está esperando o estoy haciendo una tarea desagradable, tomo la decisión de que la haré alegremente y sin miedo y entonces yo ejerzo el autocontrol. Uso los músculos de la fe que Dios me ha dado a mí tanto como a cada persona del planeta. Si damos lugar al miedo en nuestras vidas él engendra más miedo, pero si practicamos caminar en fe se vuelve cada vez más fácil hacerlo.

Ungida para hacer cosas naturales con poder sobrenatural

Cuando pienso en la palabra ungida, pienso en algo frotado por todas partes. Somos ungidos (frotados por todas partes) con el poder de Dios. Él nos ha ungido con la presencia y poder del Espíritu Santo para ayudarnos a vivir la vida de una manera sobrenatural.

Aunque seamos personas espirituales, todo el tiempo debemos tratar con las cosas naturales comunes. No deje que las cosas que derrotan a otras personas la derroten. No desmaye en su mente cuando usted busca un trabajo que debería estar hecho y está abandonado ante usted sin siquiera haberse empezado. Recuerde que los enredos se hacen de trocitos a la vez durante un largo periodo de tiempo y tomará tiempo limpiarlos. Piense en su desarreglado su armario, garaje o sótano —no creo que haya llegado a ponerse así

El miedo está esperando que algo desagradable suceda y no tiene nada que ver con la fe. La fe mira hacia adelante esperando algo bueno.

durante la noche y probablemente no se limpiará sin algún tiempo y esfuerzo. ¿Una área desarreglada de su casa la exaspera cada vez que la ve, aunque usted postergó limpiarla porque la aterra? En ese caso, es tiempo de cambiar. Quiero que usted ataque audazmente esos enredos y tenga confianza en que usted puede tener orden en su vida y en su casa. No permita que un armario desarreglado la derrote. Usted tiene el poder de Dios en su vida. ¡Usted es capaz de limpiar armarios, sótanos, garajes y cualquier cosa de su vida que esté hecha un lío, y hacerlo con alegría!

¿El pensamiento de cortar el césped logra descorazonarla? Usted piensa: "Oh hombre, yo desearía no tener que cortar el césped hoy, realmente me aterra hacerlo. Quisiera poder ir de tiendas o sencillamente hacer algo divertido". En tal caso, usted no es anormal. Todos somos tentados a pensar en lo que nos gusta, pero la buena noticia es que Dios le ha dado el espíritu de dominio propio y usted puede escoger lo que considera correcto en cualquier situación. Usted también puede escoger hacer lo que sabe que corresponde, sin importar cómo se sienta en ese momento.

Dale Carnegie dijo: "Usted puede conquistar casi cualquier miedo con sólo tomar la decisión de hacerlo. Pero recuerde, el miedo no existe en ninguna parte excepto en la mente".[3]

Pues Dios no nos ha dado un espíritu de timidez, sino de poder, de amor y de dominio propio (2 Timoteo 1:7, NVI).

Podemos conquistar la preocupación y el miedo, y también podemos conquistar el terror. Dios nos ha dado un espíritu de autodominio; todo lo que tenemos que hacer ejercitarlo y experimentaremos libertad del miedo y del terror.

El miedo está esperando que pase algo desagradable y no tiene nada que ver con la fe. La fe mira hacia adelante esperando algo bueno. Yo creo que el miedo es muy engañoso. Es tan sutil que normalmente resulta imperceptible. Incluso mientras escribo este capítulo, necesité detenerme por un rato y empacar todas mis cosas para estar lista para dejar el condominio de un amigo donde me estuve quedando y volver a mi casa en St. Louis, Missouri. Guardé mi computadora y el material de recursos y empecé a empacar. Sólo pasaron unos segundos para que comprendiera que estaba aterrada de empaquetar todas mis cosas. Aquí estaba yo escribiendo un capítulo de un libro que anima a otros a no temer y el miedo estaba intentando arrastrarme a su miseria. Menos mal que lo reconocí y pude decir: "De ninguna manera". Yo voy a disfrutar de este embalaje; ¡no voy a temerlo!

Yo creo que ésta es un área grande en que las personas realmente deben tener cuidado. En el momento que usted empieza a tener miedo de algo, su alegría empieza a irse y viene un "sentirse decaída". Todo lo que tiene que ver con el diablo hace decaer. Ve todo negro, se deprime y descorazona, todo es negativo y asqueroso. No tenga miedo a nada, sino enfrente todo con valor y crea que usted puede hacer lo que necesita hacer y hágalo con buena disposición.

Sabemos que la falta de confianza, la preocupación, el terror, y otras emociones atormentadoras están arraigadas en el miedo. El miedo es la fuente de estos problemas, pero ¿hay algo que podamos hacer para ayudar a prevenirlos?

Aprenda a confiar

Los bebés no se preocupan y no sienten pavor de las cosas, ¿por qué los adultos sí? Como bebés no somos responsables por nada y toda preocupación es quitada de nosotros. Cuando maduramos y empezamos a asumir responsabilidades o aprendemos a estar seguros y ponemos nuestra confianza en Dios, o vivimos con miedo, preocupación y terror. Podemos mirar a Dios y confiar en su fidelidad y estar seguros de que Él no nos decepcionará o defraudará. Si no miramos a Dios y ponemos nuestra confianza en Él entonces acarreamos una carga que nunca habríamos debido llevar solos.

Ahora de repente NOSOTROS debemos asegurarnos de que todo va bien. NOSOTROS tenemos que deducir cosas y proponer respuestas. La preocupación es simplemente miedo de que las cosas no funcionen de la manera que queremos. Pero las personas que confían en Dios tienen confianza en que aún cuando las cosas no funcionen de la manera que desean, sin embargo Dios tendrá un plan mejor que el que ellos tenían. La confianza cree que todas las cosas trabajan juntas para lo bueno para los que aman a Dios y son llamados según su propósito (Romanos 8:28). La confianza en Dios es completamente maravillosa porque le da confianza en que Dios tiene respuestas aún cuando usted no las tiene.

La confianza es seguridad en sí misma, seguridad en sí misma nos da resolución y la resolución no permite que el temor le impida progresar. La resolución es actuar en la cara del miedo. Los bebés confían naturalmente, pero cuando tienen experiencias de la vida, tristemente, aprenden a temer. Ellos aprenden que nada ni nadie en su vida es estable y que no siempre pueden tenerlo por seguro. Las personas y las circunstancias cambian. Un niño puede confiar en que mamá y papá siempre lo amarán y estarán juntos. Pero si la mamá y el papá se divorcian el mundo del niño se estrella porque él nunca hubiera podido pensar que pasaría eso.

Cuando los niños continúan madurando y encuentran diversas circunstancias que los defraudan, o desconfían cada vez más, o aprenden a confiar en Dios que nunca cambia y siempre es fiel. Esto no significa que Dios siempre haga lo que esperamos o lo que queremos que haga, pero Él es bueno. Confiar en Él trae a nuestra alma un descanso sobrenatural, que nos permite disfrutar de la vida y vivir libres de la tiranía del miedo.

Busque conocimiento

Nuestra perrita no tiene responsabilidades. Ella está tumbada o duerme, juega, come, bebe y va al baño. Cuando pasa algo raro, se asusta y empieza a ponerse nerviosa y a temblar. Una vez que entiende qué está pasando empieza a tranquilizarse.

Una noche yo estaba echada en la cama y oí un ruido arriba. Cuanto más tiempo lo escuchaba más me asustaba. Finalmente, temblando de miedo, fui arriba a ver lo que era. Tuve que reírme cuando descubrí que eran los cubos de hielos que se caían en la bandeja de la máquina de hacer hielo. Sólo sucedió que por la manera en que caían estaban haciendo un ruido que normalmente no hacen.

La falta de conocimiento causa temor y el conocimiento lo quita.

Permítame contarle una historia verdadera pero trágica: Una mujer iba caminando una vez a lo largo de una ribera con su hijo. De repente el niño resbaló y cayó al río. ¡La madre gritó de terror! Ella no sabía nadar, y además estaba en las últimas fases de un embarazo. Finalmente, alguien la oyó gritar y bajó aprisa a la ribera. La tragedia fue que, cuando caminaron en esas aguas oscuras para recuperar al niño, ahora muerto, encontraron que el agua llegaba ¡sólo hasta la cintura! Esa madre podría haber salvado fácilmente a su hijo pero no lo hizo por falta de conocimiento.[4]

La madre se debe haber sentido terrible porque no verificó cuán profunda era el agua. Pero el miedo nos hace comportar irracionalmente. Entre el miedo por el niño que se ahogaba y el temor al agua ella quedó paralizada y no hizo nada. El conocimiento habría podido cambiar enteramente esta trágica historia.

El conocimiento le ayudará a tener confianza. Si usted va a una entrevista de trabajo, asegúrese de haberse preparado y tener todo el conocimiento que necesitará para responder las preguntas que le hagan. Hoy vivimos en un mundo donde el conocimiento está tan cerca como su computadora. Usted no sólo puede investigar online sobre la compañía a la que se está postulando, sino que puede encontrar pautas sobre cómo tener una entrevista exitosa.

En lugar de estar asustada de algo con lo que no está familiarizada, familiarícese con él. Haga alguna investigación o algunas preguntas. Podría exigirle un poco de esfuerzo hacerlo, pero es mejor que ser atormentada por el miedo.

Aprenda a pensar de modo diferente

Usted puede mudarse del dolor al poder con sólo reeducar su mente. La Biblia se refiere a este proceso como renovación de la mente. Dicho simplemente, debemos aprender a pensar de modo diferente. Si usted ha sido enseñada a temer puede ser enseñada a ser resuelta, valerosa y segura. En lugar de permitir que el temor le impida tener éxito y alegría en la vida, usted puede aceptar que es un hecho de la vida. A lo largo de su vida usted tendrá que huir de las cosas por miedo o que enfrentarlas confiadamente. El miedo tiene una sombra grande, pero realmente es muy pequeño. Cuando tememos sufrir, ya sufrimos por las cosas que tememos. ¡El miedo atormenta!

En lugar de pensar que usted no puede hacer cosas si tiene miedo, tome la decisión de que hará cualquier cosa que deba hacer, aunque tenga que hacerlo asustada. Cambie su pensamiento sobre el miedo. Nosotros le permitimos convertirse en un monstruo en nuestro pensamiento, pero retrocede rápidamente cuando lo confrontamos. El miedo es como el matón de la escuela. Empuja a todos hasta que finalmente alguien lo desafía a él.

La renovación de la mente es lo más importante que una persona debe hacer después de recibir a Jesucristo como su Salvador. Jesús murió por nuestros pecados y Él quiere que disfrutemos la vida que nos ha proporcionado. La Palabra de Dios nos enseña que Él ha previsto un buen plan para cada persona, aunque ellas nunca lo experimentarán a menos que lo sepan y sepan cómo tener acceso a ella (Romanos 12:2). La gente perece y sus vidas se destruyen por falta de conocimiento (Oseas 4:6). El conocimiento y el entender son poder cuando se aplican apropiadamente.

Trisha estaba presa de un irrazonable temor a que su marido Bob se involucrara con otra mujer y la dejara. Su miedo la hizo desconfiada y frecuentemente acusaba a su marido de cosas que carecían en absoluto de sentido. Por ejemplo, si él debía trabajar horas extraordinarias ella llamaba a su oficina para verificarlo y asegurarse de que él estaba allí porque sospechaba que estaba viendo a otra mujer. Si por alguna razón él no contestaba el teléfono ella entraba en pánico.

Tomaba su automóvil y manejaba hasta su lugar de trabajo sólo para asegurarse de que él estaba allí.

Una noche ella llamó para verificarlo y cuando él no contestó ella manejó hasta su oficina. Él estaba en el baño cuando ella llamó e inmediatamente salió para volver a casa. Cuando ella llegó a su oficina su automóvil no estaba y la vocecita dentro de su cabeza empezó a atormentarla con imputaciones contra Bob. Ella se sorprendió de encontrar su automóvil en el garaje, pero era demasiado tarde para tomar control de sus emociones, ya estaba enfurecida por el enojo y la sospecha. Cuando se acercó a Bob, le dijo tantas cosas absolutamente carentes de sentido que él empezó a preguntarse por su sanidad. Esta escena y otros como ella fueron erosionando, lenta pero seguramente, el respeto de Bob por Trisha.

Una vez él le compró una pulsera especial para sorprenderla. Tenían planeado ir a cenar ese fin de semana y él había escondido la pulsera. En mitad de semana, mientras limpiaba un cajón que normalmente no abría, ella encontró la pulsera y otra vez, debido a su miedo, pensó inmediatamente que era un regalo que él había comprado para otra mujer. Nunca entró en su mente que pudiera ser un regalo para ella. No corresponde a la naturaleza del miedo mirar las posibilidades positivas, sino que siempre presume lo peor.

Incluso cuando Bob le dijo que la había comprado para ella, al principio no le creyó. La conducta de Trisha empezó a afectar seriamente su relación y él le dijo que ella debía llegar al fondo de estos miedos ridículos. Él nunca le dio una razón para desconfiar y no podía entender cuál era su problema. Para ser sinceros, ella no lo entendió hasta que empezó a orar al respecto. Dios le reveló que su miedo era fruto de un súbito y trágico cambio en su propia vida cuando, siendo niña, su padre dejó a la madre por otra mujer con quien trabajaba.

Comprender de dónde venía realmente el miedo, ayudó a Trisha a resistirlo. Empezó a leer y educarse a sí misma sobre la naturaleza del miedo. Por algún tiempo siguió teniendo todavía algunos de los mismos pensamientos y sentimientos pero ahora podía razonar con ellos porque tenía conocimiento. Con el paso del tiempo el miedo se

Cuando nos inclinamos en el dilema y confiamos
en la mano de Dios, ganamos control.

fue y la relación de Bob y Trisha fue sanada.

Muchos miedos son resultado de algo que ocurrió en el pasado y que tememos pasará de nuevo. Si la madre de una persona muriera de cáncer ella podrían caer presa del miedo a que ellos morir de la misma manera. Podría ponerse paranoica y temer que cada pequeño dolor, o algo que se sienta extraño en su cuerpo, sea cáncer. El miedo a sufrir hace que sufra ahora por tener miedo. El miedo que tenemos respecto a un evento que podía ocurrir es usualmente peor que si la cosa llegara a suceder. No tema que su vida termine; en cambio, crea que precisamente está comenzando.

En lugar de luchar con el miedo o meramente oponerle resistencia, comience a orar sobre cómo pudo entrar su vida, sobre todo si es un miedo repetitivo. Yo siempre me ponía temerosa cuando Dave intentaba corregir a nuestros hijos y era porque cuando estaba creciendo yo fui corregida de una manera abusiva en mi casa. Yo no entendía las razones para mi miedo hasta que Dios me lo reveló a través de la oración. Usted puede necesitar recibir consejo para llegar a la raíz de algunos miedos, pero en cualquier caso, no los resista simplemente. Dios tiene una gran vida que espera por usted y usted debe alcanzarla confiando en Él.

John Ortberg cuenta la historia de un esquiador de nieve que después de apuntar las puntas de sus esquís ladera abajo salió disparado a la velocidad de un bólido, rápidamente entró en la tierra sin ningún control e instintivamente se apoyó hacia atrás con la esperanza de revertir un desastre seguro. "Todos hacemos eso", dice Ortberg. "Pero en la vida, como esquiando en la nieve, la respuesta es no reaccionar con miedo y no retroceder o alejarse de la experiencia, sino apoyarse en ella. Cuando nos inclinamos en el dilema y confiamos en la mano de Dios, ganamos control. ¡El miedo es una trampa!"[5]

Recuerde no escapar de sus miedos, asómese a ellos y los conquistará.

Entrenamiento pobre

Los padres, maestros y otros modelos de rol pueden enseñar a los hijos a ser temerosos o pueden enseñarles a ser resueltos. Una madre temerosa transmitirá ese miedo a sus hijos. Será demasiado cauta respecto a muchas cosas y un miedo silencioso temblará en el corazón de sus hijos. No debemos enseñar a nuestros hijos a vivir imprudentemente, pero debemos enseñarles a ser resueltos, a pasar a la acción y a no tener nunca miedo de equivocarse cuando hacen cosas que no habían probado. Yo creo que debemos enseñar a nuestros hijos y bajo nuestra autoridad a arriesgarse en la vida. Si nunca nos arriesgamos nunca progresaremos. El progreso siempre requiere andar en lo desconocido. La experiencia nos da confianza pero nunca conseguiremos experiencia a menos que salgamos y probemos cosas que antes no habíamos intentado.

Un niño a quien se le dice una y otra vez: "Mejor no pruebes eso, podrías lastimarte", probablemente desarrolle un miedo profundamente arraigado a probar nuevas cosas. Si un niño oye "Ten cuidado" demasiado frecuente, puede aprender a tener tanto cuidado que termine viviendo una vida estrecha donde no haya lugar para la aventura. La animo a que usted enseñe a otros por palabra y ejemplo cómo ser resuelta y valerosa. Diga a las personas que prueben cosas, recordándoles que cometer un error no es la peor cosa que les puede pasar.

¿Qué nos deparará el futuro?

Ninguno de nosotros sabe con seguridad qué nos deparará el futuro. Esta falta de conocimiento abre a menudo la puerta para el miedo. ¿Qué pasa si me quedo inválido? ¿Qué pasa si mi esposo se muere? ¿Qué pasa si mi hijo se muere? ¿Qué pasa si viene otra guerra mundial? ¿Qué pasa con el terrorismo? ¿En qué clase de mundo estaremos viviendo dentro de veinticinco años? Preguntarnos sobre cosas para las que no tenemos respuestas abre la puerta al temor. En lugar de preguntarse, confíe en Dios, porque sea lo que fuere lo que le deparará su futuro Él la capacitará para manejarlo cuando el tiempo llegue.

Dondequiera que usted vaya, Dios ya ha estado allí y ha pavimentado el camino para usted.

Miro algunas de las cosas que la gente atraviesa y pienso: "Temo que yo nunca podría pasar eso con la gracia y el valor que les he visto desplegar". Entonces me recuerdo a mí misma que cuando debemos pasar por algo, Dios nos da las fuerzas para hacerlo. Cuando meramente tememos pasar por algo, lo hacemos sin ninguna ayuda de Dios. Cuando yo miro atrás en mi vida y recuerdo algunas de las cosas que Dios ha traído a través de mí pienso: "¿Cómo hice eso?". Fue por la gracia y el poder de Dios. Él permitió que hiciera lo que yo debí hacer en ese momento y Él siempre hará la misma cosa para usted si usted se Lo pide. No podemos conocer el futuro, pero si conocemos Al que tiene el futuro en sus manos, podemos esperarlo expectantes y sin miedo. Si Dios se lo trae, Dios la llevará a través de él.

Capítulo Trece

LA RELACIÓN ENTRE ESTRÉS Y MIEDO

El estrés es uno de los mayores problemas que enfrentamos hoy en nuestra sociedad. Todo es tan acelerado, fuerte y excesivo que nuestros sistemas mental, emocional y físico quedan sobrecargados. Estamos inundados de información. Tenemos periódicos, revistas y redes de noticias las 24 horas, que nos alcanzan no solamente a través de la televisión sino también de nuestros teléfonos celulares y otros dispositivos móviles. ¡De una sola vez, un popular artefacto de búsqueda de la Internet indica más de 3,307,998,701 páginas web![1] Ya es bastante difícil pensar ese número, para qué hablar del volumen de su contenido. Tenemos sobrecarga de información y no es ninguna maravilla que tengamos problemas para tranquilizar nuestras mentes para poder descansar. Además de este bombardeo del mundo, nosotros mismos tenemos horarios demenciales. El día nunca tiene suficientes horas para hacer todo lo que estamos queriendo hacer. Andamos de prisa y corriendo, nos sentimos frustradas y cansadas y somos las primeras en decir: "Estoy bajo tanto estrés que siento que voy a explotar".

¿Podrá ser el miedo la raíz de muchas de nuestras tensiones? Yo creo que lo es. Creo que a menudo nos involucramos en cosas sólo porque tenemos miedo de ser omitidas. Tenemos miedo de no saber qué está pasando o de que otro gane el control de una situación si no estamos allí para hablar por nosotras. Tenemos miedo de que puedan criticarnos o formarse una baja opinión de nosotras si decimos que no queremos participar.

Queremos que nuestros hijos sean como todos los otros niños, por lo que les permitimos que participen en demasiadas cosas, la mayoría de las cuales también requieren que nosotros nos involucremos un poco. Tenemos miedo de que sean rechazados, sobre todo si hemos experimentado mucho rechazo en nuestra niñez.

Como niña o adolescente, yo nunca sentía que encajara. Debido al abuso en mi casa y todos los secretos que tenía que guardar yo no podía desarrollar relaciones apropiadas. Tenía que decir no a muchas invitaciones simplemente porque mi padre era muy estricto y el resultado fue que la gente dejó de invitarme. Siempre me sentí omitida, una pieza impar.

Tuve miedo de que mis hijos pasaran por el mismo dolor así que, fuera lo que fuese que quisieran hacer, pensaba que debíamos hallar una manera de que lo hicieran, para que no se fueran a sentir excluidos como me había sentido. Las personas están bajo estrés financiero cuando tratan de tener lo que todos los demás tienen. ¿Ha sido usted una de esas mamás que compraron para su hijo un par de zapatos de tenis de $150.00 que no podía permitirse el lujo de pagar, sólo porque "todos los tienen"?

¿Está usted tan temerosa de desagradar a las personas que dice "sí" a una cantidad de cosas que sabe que debería estar diciendo "no"? En ese caso, su estrés no es causado por lo mucho que tiene que hacer, sino porque usted tiene miedo de la desaprobación.

Tenemos miedo de ser diferentes así que intentamos desesperadamente seguir a todas las otras personas de nuestras vidas y eso nos agota. La verdad es que queremos ir a casa y sentarnos en una silla pero no queremos que la gente piense que somos inútiles, así que seguimos impulsándonos a hacer cosas que no queremos hacer.

Tome un minuto para detenerse y mirar de cerca por qué está haciendo realmente las cosas que hace. Si está haciendo cualquiera de ellas por miedo, elimínela. Usted se asombrará de cuánto tiempo puede tener si tiene un horario guiado por el espíritu en lugar de uno manejado por la gente.

Las personas seguras hacen más con menos estrés

Usted podría preguntar: "¿Acaso las personas realmente seguras no participan en un montón de cosas"? Sí, probablemente lo hacen, pero no por causa del miedo. Cualquier cosa en la que estén involucradas, están seguras de que deben estarlo. Cuando hacemos cosas por deseo y confianza, nos afectan de una manera totalmente diferente que cuando las hacemos por malos motivos y por miedo. Dios no dará energía a nuestros miedos, pero nos da energía si tenemos fe en que estamos haciendo la cosa correcta y abordando un proyecto con confianza en Él.

El miedo drena toda energía que usted pueda haber tenido y la deja sintiéndose estresada al máximo, mientras que la confianza y la fe la recargan de energía. Una persona segura de sí misma puede hacer más con menos estrés porque vive con una facilidad que las personas temerosas nunca experimentan.

Yo creo que lo que hacemos no causa tanto estrés como el modo en que lo hacemos. Si hacemos algo miedosamente y bajo presión, sin deseo real de hacerlo, el resultado es estrés y falta de alegría. Usted se siente mal. Si últimamente ha estado bajo mucho estrés, la animo a que haga un inventario sincero no sólo de lo que está haciendo, sino también de por qué lo está haciendo. Si el miedo es la razón de algunas de sus actividades, eliminará un poco de estrés colocando correctamente sus prioridades. Su prioridad no es mantener felices a todos los demás haciendo todo cuanto ellos esperan; es vivir una vida que agrade a Dios y que usted pueda disfrutar.

Demasiadas personas no están viviendo sus sueños porque están viviendo sus miedos. En otras palabras, en lugar de hacer las cosas porque salen de su corazón, las hacen porque tienen miedo de lo que pasará si no las hacen. ¡Alguien podría enfadarse! ¡Me van a dejar afuera! ¡La gente hablará de mí! Es tiempo de que usted empiece a ser realmente la persona que quiere ser. Es tiempo de alcanzar sus sueños. ¿Qué ha puesto Dios en su corazón? ¿Hay allí algo que usted quiere hacer y que ha estado esperando? Yo creo que el tiempo de Dios es muy importante y por cierto no pienso que debamos actuar

> Demasiadas personas no están viviendo sus sueños porque están viviendo sus miedos.

alocadamente, pero algunas personas nunca hacen algo aunque "esperan" todo para sus vidas. Esperan que pase algo cuando deberían ser quienes hagan que algo pase.

Cuando las personas están frustradas y se sienten insatisfechas, eso les genera estrés.

No hay nada más estresante que atravesar las actividades cotidianas y sentir al final de cada día, semana, mes o año que no está más cerca de alcanzar su sueño o meta de lo que estuvo antes. Dios nos ha creado para llevar buen fruto. Él dijo: "Sean fructíferos y multiplíquense". Si no lo estamos haciendo nos sentiremos frustrados.

Ir a lo seguro

Algunas personas nunca hacen realidad el cumplimiento de sus sueños porque siempre van a lo seguro. Aunque la seguridad es necesaria, demasiado de ella sólo es otra manifestación de miedo.

Una vez un granjero estaba sentado en su porche delantero cuando un amigo cayó de visita. "Cómo va su trigo este año?", preguntó al visitante. "No coseché nada", contestó al granjero. "No planté nada. Tuve miedo de que los gorgojos lo atacaran y me arruinaran." "¡Oh, bien! ¿Y cómo está su maíz?" "No coseché nada", contestó al granjero. "No planté nada. Tuve miedo de que los cuervos lo comieran todo y me arruinaran." "Oh, bien; ¿y cómo van sus patatas?" "No coseché nada", contestó al granjero. "No planté nada. Tuve miedo de que los bichos las envenenarán y me arruinaran." "Bien, ¿qué plantó usted año?", preguntó al visitante desconcertado. "Nada", contestó al granjero. "Yo fui a lo seguro." Piense en todos los productos y servicios que nos perderíamos si sus creadores hubieran decidido "ir a lo seguro" en vea de seguir sus sueños. ¿Qué si Henry Ford hubiera estado satisfecho con tener un aserradero en lugar de seguir para tratar de ser un ingeniero y finalmente uno de los creadores del primer automóvil?[2] ¿Qué si Alexander Graham Bell hubiera escuchado a sus amigos y familia y se hubiera concentrado en el telégrafo en lugar de su invención del teléfono? ¿Qué si Jonas Salk, el científico que descubrió la vacuna para la polio, hubiera seguido su inicial "segura" inclinación de ser abogado en lugar de investigador médico?[3]

Vivir siempre en la zona segura de la vida y sin arriesgarse nunca en realidad lo hace a uno un ladrón y un asaltante. Usted puede pensar que esta declaración es un poco fuerte pero la verdad siempre es fuerte, y la verdad también nos hace libres. Si gasto mi vida en mantenerme segura, yo robo a todos los demás mis dones y talentos simplemente porque tengo demasiado miedo de salir y averiguar lo que puedo hacer en la vida. Yo tengo el sentimiento de que algunas de mis lectoras todavía no han empezado a vivir y AHORA es el tiempo de que usted deje de "ir a lo seguro" y empiece a ser resuelta y valerosa.

La inactividad genera cansancio y estrés

El exceso de actividad sin ningún descanso es definitivamente el culpable de la mayor parte del estrés, pero no hacer ninguna actividad también es un problema. Estoy segura de que usted ha oído que el ejercicio es un gran mitigador del estrés y es muy cierto. Yo querría más bien estar físicamente cansada de hacer ejercicio y movimiento que tener cansada mi alma de no hacer nada y aburrirme.

He notado que si me siento demasiado tiempo en una silla me sentiré sumamente cansada cuando me levante. ¿Por qué? ¡Dios nos dio todas las coyunturas de nuestro cuerpo porque Él esperaba que nos moviéramos! El movimiento significa que estoy viva.

La Biblia advierte claramente contra los peligros de la pereza (Proverbios 12:27, 2 Tesalonicenses 3:6-10). El hombre perezoso no tiene nada y consigue exactamente lo que merece que es nada. Si usted da cosas a un hombre o mujer perezosos ellos no las cuidarán y usted notará que todo cuanto los rodea está en mal estado. Su automóvil (si tienen uno) está sucio. Su casa (si tienen una) está desarreglada y sucia. Suelen tener deudas. Las personas que son perezosas gastan su vida "deseando" que algo bueno les pase. Quieren que otros hagan por ellos lo que deberían estar haciendo ellos mismos. Son seres humanos desdichados y sus vidas no llevan buen fruto.

El trabajo es bueno para todos. De hecho, Dios dijo que debemos trabajar seis días y debemos descansar uno. Eso muestra cuán importantes son el trabajo y la actividad a los ojos de Dios. Dios nos ha creado para trabajar, no para sentarnos ociosamente y no hacer nada. Quizás algunas de ustedes están en un punto de la vida donde sólo necesitan "levantarse y andar". Hay varias buenas historias de la Biblia sobre personas que tenían problemas serios y cuando le pidieron ayuda a Jesús Él les dijo: "¡LEVÁNTATE!"

En el capítulo cinco de Juan vemos un ejemplo. Un hombre era cojo y había estado junto al estanque de Betesda durante treinta y ocho años esperando su milagro. Cuando Jesús vino al hombre y le preguntó cuánto tiempo había estado en esa condición, el hombre dio la longitud de tiempo y continuó diciéndole a Jesús que no tenía a nadie que lo pusiera en el estanque en el momento correcto y que otros siempre llegaban antes que él. Jesús le dijo al hombre: "¡LEVÁNTATE, TOMA TU LECHO Y ANDA!" (Juan 5:8). El hombre sentía compasión por sí mismo porque apenas podía estar allí y no hizo nada. La respuesta a su problema apareció cuando hizo un esfuerzo para moverse.

¿Está usted enferma y cansada de estar enferma y cansada? Bien, parece la historia del viejo montañés y su esposa que una noche estaban sentados ante la chimenea para pasar el rato. Después de un largo silencio, la esposa dijo: "Jed, pienso que está lloviendo. Levántate, ve afuera y mira".

El viejo montañés siguió mirando fijamente al fuego por un segundo, suspiró, y dijo, "Vamos, Ma, por qué no llamamos al perro y vemos si está mojado".[4]

LEVÁNTESE y empiece a hacer cualquier cosa que puede hacer para lograr que lo que está desordenado en su vida se ordene. Si son problemas matrimoniales, haga su parte. No se preocupe por lo que su esposo no está haciendo, sólo haga su parte y Dios la premiará. Si tiene un enredo financiero, deje de gastar y empiece a pagar sus deudas. Consiga un trabajo extra por un tiempo si es necesario. Si no puede hacerlo, entonces pídale a Dios que le muestre qué puede hacer. Recuerde, usted no puede tener una cosecha sin sembrar primero algún tipo de semilla. Recuerde lo que ya he dicho: "Si usted realmente hace lo que puede hacer, Dios hará lo que usted no puede hacer."

Mucha pereza está arraigada en el miedo. Las personas tienen tanto miedo de hacer algo que se forman el hábito de no hacer nada. Se sientan ociosamente y se ponen celosas de las personas que tienen la vida que les habría gustado tener. Se resienten porque a ellos las cosas nunca les salen bien. No comprenden que "¡las cosas nunca pueden salirles bien si ellos nunca salen a hacer las cosas!"

Sólo cambiar aliviará el estrés

Si usted está todo el tiempo estresada tendrá que hacer algún cambio para que el estrés se alivie. No se va a ir mientras usted siga haciendo las mismas cosas. No podemos esperar quedarnos haciendo la misma cosa una y otra y otra vez y obtener un resultado diferente. Si usted quiere resultados diferentes, debe cambiar los ingredientes.

Ahora bien, apenas mencioné la palabra "cambio" algunas de ustedes se tensaron porque tienen miedo del cambio. Hace casi cien hace años, un empleado del Presbiterio de Abbington propuso porcentajes para los tipos de actitudes que la gente tiene respecto al cambio y me parece que siguen siendo aplicables hoy.

1. Pioneros innovadores (2.6%), generan nuevas ideas
2. Pioneros adaptadores (13.4%), son influidos por (1) pero no son iniciadores
3. Mayoría lenta (34%), la manada de seguidores
4. Mayoría renuente (34%)
5. Opositores (16%), nunca quieren el cambio[5]

Si es como el 84% de las personas de la lista anterior, a usted no gusta el cambio, y quiere la seguridad de la monotonía. Me asombra que algunas personas gasten sus vidas resistiendo el cambio mientras otras prosperan con él. El cambio mantiene la vida fresca y renovada.

Dé algunos pasos resueltos de fe y cambie algo que el Señor la esté guiando a cambiar. Si lo que está haciendo con su tiempo no está

Dé algunos pasos resueltos de fe y cambie algo que el Señor la está guiando a cambiar.

llevando buen fruto, haga un cambio. Si no está teniendo suficiente descanso, haga un cambio. Si no está disciplinando a sus hijos y su conducta le está causando mucho estrés, haga un cambio. Si no está cuidando de usted misma, haga un cambio. Si está aburrida, haga un cambio. Si sus amigos están tomando ventaja de usted, ¡haga un cambio! ¿Está captando lo que quiero decir? El estrés puede aliviarse si usted no tiene miedo de hacer cambios.

Puede ser que usted tenga miedo del cambio pero también es posible que aunque encuentre el valor para hacer los cambios necesarios, a otras personas de su vida no les guste que los haga. No les tema. Usted se acostumbrará a los cambios y ellos también. Si usted no actúa ahora, seguirá quejándose de las mismas cosas dentro de un año, y dentro de dos años y dentro de diez, y no su padecimiento no tendrá fin. ¡El tiempo es AHORA! La resolución actúa, pero el miedo lleva a no actuar y postergar. ¡Usted elige!

Capítulo Catorce

¡ELIJA SER RESUELTA!

Quizás aunque usted vino conmigo hasta aquí sigue pensando de sí misma: "Joyce, yo soy una persona tímida y ésa es mi naturaleza. Casi no puedo pensar en cambiar". Aunque pueda sentirse tímida e inhibida, puede escoger caminar osadamente por su vida. Lo primero que quiero recordarle es que puede sentirse asustada, puede sentirse temerosa, hasta puede sentirse pusilánime ¡pero sigue pudiendo elegir caminar audazmente y como si el miedo no existiera! Su libre albedrío es más fuerte que sus sentimientos si usted lo ejercita. Quizás usted sea como miles de otros que han obedecido durante tanto tiempo a sus sentimientos que ahora ellos los controlan. Su voluntad, como un músculo, se vuelve débil si no la ejercita. Cuando empiece a pedirle a Dios que la ayude y ejercite su fuerza de voluntad contra sus sentimientos, se le hará más y más fácil ser verdaderamente la persona que usted quiere ser, la persona que Dios ha diseñado para que usted sea.

Cuando pienso en cómo es ser osado, pienso en alguien que es atrevido, valeroso, valiente, y resuelto. Algunas personas piensan que son osadas pero son meramente rudas, oportunistas e imprudentes. Les iría mucho mejor si fueran sinceras y admitieran que están asustadas pero, en lugar de intentarlo, siguen adelante y pretenden ser valientes mientras viven una mentira.

Debo admitir que así es como fui durante muchos años de mi vida. Pensaba que era una mujer resuelta, pero la verdad es que era

Cuando pienso en cómo es la osadía, pienso en alguien que es atrevido, valeroso, valiente, y resuelto.

muy temerosa. No hacía frente a mis miedos, y pretendía ante mí y el resto del mundo que no tenía miedo de nada. Hay una diferencia entre enfrentar el miedo de verdad y simplemente ignorarlo y pretender que no se está asustada y cubrir su miedo con una falsa osadía que no es más que rudeza e imprudencia.

Yo era rápida para decir lo que pensaba pero a menudo lo que decía era tonto e impropio. Asumí el control de situaciones pensando que salía resueltamente a hacer algo que nadie más parecía estar haciendo, sólo para comprender más tarde que había tomado una autoridad que no me correspondía.

Solía moverme con impaciencia y demasiado rápidamente, pensando una vez más que era intrépida, pero cometí muchos errores y herí a muchas personas porque no tomé tiempo para buscar sabiduría. En realidad, yo era muy inmadura y no sabía nada sobre la verdadera resolución.

Si alguien me ofendía o insultaba, yo era rápida para defenderme y "ponerlo en su lugar". Dejaba muy en claro que no me iban a maltratar. Sin embargo, cuando me convertí en estudiante de la Palabra de Dios en un esfuerzo por enderezar una vida verdaderamente arruinada, me corregí por Escrituras como:

El necio muestra en seguida su enojo, pero el prudente pasa por alto el insulto. (Proverbios 12:16, NVI)

No os venguéis vosotros mismos, amados míos, sino dejad lugar a la ira de Dios; porque escrito está: Mía es la venganza, yo pagaré, dice el Señor. (Romanos 12:19)

Se requiere verdadero valor y resolución para caminar por fe y esperar que Dios la vindique cuando fue maltratada. Lo que yo pensaba que era la resolución no lo era en modo alguno. Una persona sincera haría mejor en reconocer la verdad y decir: "Yo tengo miedo pero voy a hacerlo asustada", que pretender que no tiene miedo y vivir en la falsedad y el autoengaño. Las personas genuinamente valientes no sólo tienen el valor de actuar, tienen el valor de actuar cuando es necesario hacerlo.

La mente del hombre planea su camino

Yo siempre tenía un plan y siempre era rápida en ejecutarlo, pero muchos de mis planes fracasaban. Proverbios 16:9 dice que la mente del hombre planea su rumbo, pero que sus pasos son hechos seguros y exactos sólo por el Señor. Los proverbios dicen muchas cosas sabias que haríamos bien en escuchar. También nos dicen que el orgullo va antes de la destrucción, y el espíritu altanero antes de la caída (Proverbios 16:18). Muchas personas piensan que son resueltas, pero sólo son orgullosas y arrogantes. Piensan demasiado favorablemente de sí mismas y siempre terminan desdeñando a otras personas e hiriéndolas.

Mis planes siempre funcionaban según mi propia conveniencia sin considerar seriamente las necesidades de otras personas, pero los planes de Dios proveen para las necesidades de todos. Debemos aprender a esperar los planes de Dios para desarrollarlos. Él perfecciona todo lo que nos concierne. La verdadera resolución entra en los tiempos de Dios y se mueve en el momento correcto.

Durante los tres años del ministerio terrenal de Jesús la gente pensaba que estaba loco. Sus propios hermanos se avergonzaban de Él y en un esfuerzo por cuidar su reputación le dijeron que se fuera a otra parte a hacer su trabajo. Si Él no quería hacer eso, ellos le tenían otra opción. Le dijeron que actuara y dejara de hacerlo en secreto. Intentaron convencerlo de que era tiempo de mostrarse Él mismo y sus obras al mundo. En otras palabras, que Jesús impresionara a la gente con lo que podía hacer.

Él les respondió diciendo: "Mi tiempo aún no ha llegado" (Juan 7:6).

¿Cuántos de nosotros podríamos mostrar ese tipo de dominio propio? Si usted pudiera hacer los milagros que Él podía hacer y se estuvieran burlando de usted y desafiándolo a que mostrara su habilidad, qué haría? ¿Habría podido esperar hasta saber con certeza que era el tiempo correcto, o habría hecho algo aunque no estuviera autorizada por Dios?

Es bueno tener planes y creo que debemos planear audaz y entusiastamente, pero debemos ser lo bastante sabios para saber que sin Dios nuestros planes terminarán fallando.

Si Jehová no edifica la casa, en vano trabajan los que la edifican (Salmo 127:1, RV95).

Podemos construir sin tener a Dios como fundamento pero, como cualquier edificio sin un cimiento firme, al final nos caeremos.

La tontería de confiar en uno mismo

Dado que estoy escribiendo un libro sobre cómo puede volverse una mujer segura de sí misma, quiero declarar de nuevo, como ya lo hice antes en el libro, que no estoy hablando sobre confiar en uno mismo. Yo no quiero que usted tenga confianza en usted misma a menos que esa confianza esté primero arraigada en Dios. Si nuestra confianza es fruto de que estamos arraigados en Dios, entonces tenemos el tipo correcto de confianza que produce verdadera resolución.

Como dijo Pablo: "Confiados en Dios por medio de Cristo, estamos seguros".

Aquellas de nosotras que creemos ser resueltas debemos preguntarnos si tenemos seguridad en nosotras mismas o presunción. Bill Crawford dijo: "La diferencia entre la seguridad en sí mismo y la presunción es tan simple como el amor y el miedo. Jesús estaba seguro de sí mismo... Hitler tenía miedo."

Cuando estoy enseñando sobre la confianza, las personas suelen expresar preocupaciones sobre la diferencia entre la seguridad en sí mismo y la presunción. Dicen que se les ha enseñado a no decir (incluso a no pensar) cosas positivas de sí mismas. Si lo hicieran, podría sonar egocéntrico y egoísta. Los buenos padres no enseñan a sus hijos a ser presumidos, y lo que hacen es correcto. Nadie disfruta de una jactanciosa que está enamorada de sí misma y cree que es la respuesta a todos los problemas de la humanidad. Algunas personas piensan que saben tanto

> Tome cada cumplido que recibe como una rosa y al fin del día tome el ramillete entero y vuelva a ofrecérselo a Dios, sabiendo que de Él ha venido.

que es obvio que no saben nada en absoluto. Ni siquiera hemos empezado a tener conocimiento hasta que sabemos que no sabemos nada en comparación con lo que debemos saber.

Al enseñarles a nuestros hijos a no ser presumidos no debemos enseñarles que esté mal reconocer los aspectos positivos de sí mismos. Si usted va a solicitar un trabajo pero duda por temor a sonar presuntuosa, probablemente no consiga el trabajo. Sea segura, pero deje que su confianza en usted misma esté enraizada en Dios. Somos lo que somos por su gracia y misericordia.

La confianza engendra confianza. Cuando alguien se presenta de una manera segura me hace tener confianza en que puede hacer lo que hace falta hacer. No es necesario que me sigan repitiendo a mí que saben que sin Dios no son nada, pero deben decírselo a Él regularmente.

Recuerdo haber felicitado a un amigo por haber hecho un fino trabajo asando en las parrillas para la cena de una fiesta. Él era un hombre muy piadoso e inmediatamente respondió que no era él sino el Señor. En mi opinión, habría sido mucho mejor si él me hubiera dicho: "gracias por su cumplido" y en su propio tiempo de oración hubiera agradecido a Dios que lo hubiera ayudado. Cuando alguien nos felicita debemos recibir su cumplido cortésmente. Tome cada cumplido que recibe como una rosa y al fin del día tome el ramillete entero y vuelva a ofrecérselo a Dios, sabiendo que de Él ha venido.

El libro de Proverbios tiene mucho que decir sobre la confianza en sí mismo, y no ahorra palabras para declarar que sólo un necio confía en sí mismo.

Ni la nieve es para el verano, ni la lluvia para la cosecha, ni los honores para el necio (Proverbios 21:1, NVI).

Un necio siempre está recibiendo algún tipo de paliza del diablo porque le abre la puerta a través de la confianza en sí mismo. Dios es nuestra defensa y protección por eso nuestra confianza debe estar en Él y no en nosotros. Cuando estamos confiando plenamente en Dios para todas nuestras fuerzas en todos los asuntos de la vida, experimentamos una protección divina que es asombrosa.

El hombre o mujer que confían en sí mismos pueden experimentar una paliza financiera. Hacen tratos malos, estafan, invierten en acciones que pierden su valor y todo porque se manejaron con su propio conocimiento en lugar de buscar la sabiduría de Dios.

El necio puede experimentar una paliza mental. La persona que confía en sí misma debe preocuparse, razonar, estar ansiosa y tener miedo. Depende de sí misma para resolver sus problemas así que tiene que arreglárselas.

Los necios también experimentan una paliza emocional. Nada funciona realmente bien cuando las personas se apoyan en ellas mismas. Siempre terminan estando disgustadas porque sus planes no funcionan. Pasan la mayor parte de su tiempo frustradas. Nada es más frustrante que hacer lo mejor que se puede para resolver problemas y seguir fracasando siempre. Empezamos a pensar que algo no anda bien con nosotros y que Dios está impidiendo nuestro éxito en la esperanza de que por fin nos despojemos de nosotros mismos y vayamos a Él por ayuda.

Si yo fuera a parafrasear a 1 Pedro 5:5 en la Biblia, diría: "Todos deben vestir humildad. Llévenla como un vestido y nunca permitan que los despojen de él. Vivan libres del orgullo y la arrogancia entre uno y otro porque Dios se pone contra el orgulloso y altivo (el presuntuoso y jactancioso) y se opone e incluso los frustra y los derrota, pero ayuda al humilde."

Sobrestimarse y no verse a sí mismo como realmente es sin Dios causa una reacción en cadena de problemas. Causa envanecimiento, exclusivismo, incapacidad para ajustarse y adaptarse a otros; incapacidad para llevarse bien con las personas… básicamente porque en su envanecimiento no ven sus propias fallas lo cual les permitiría no chocar con las fallas de otras personas.

¿Es posible ser humilde y resuelta?

No sólo es posible ser humilde y resuelta, es imposible ser de verdad resuelta sin humildad. Josué era un hombre que era ambas cosas. Dios le había dicho que terminara el trabajo que empezó Moisés y llevara a los israelitas a la Tierra Prometida. Inmediatamente después de darle la orden a Josué, Dios anunció que estaría con él igual que había estado con Moisés (Josué 1:5).

La confianza de Josué descansó en el hecho de que Dios estaba con él y por eso fue capaz de avanzar y hacer algo que probablemente él se habría sentido incapaz de hacer. Josué debe de haber sentido miedo porque el Señor le dijo repetidamente "no temas", lo que significa "¡no huyas!"

Dios le dijo a Josué que si él era fuerte, seguro y valiente haría que el pueblo heredara la tierra que Dios les había prometido.

Nadie te podrá hacer frente en todos los días de tu vida; como estuve con Moisés, estaré contigo; no te dejaré, ni te desampararé. Esfuérzate y sé valiente; porque tú repartirás a este pueblo por heredad la tierra de la cual juré a sus padres que la daría a ellos. Solamente esfuérzate y sé muy valiente, para cuidar de hacer conforme a toda la ley que mi siervo Moisés te mandó; no te apartes de ella ni a diestra ni a siniestra, para que seas prosperado en todas las cosas que emprendas (Josué 1:5-7).

Note el énfasis que Dios pone en sí mismo. Josué debía mantener sus ojos en Dios y sus órdenes. Él no debía enredarse en otras cosas que podrían asustarlo, se mantendría enfocado en su meta. Si obedecía, Dios no sólo lo ayudaría, sino que él también tendría el privilegio de conducir a multitud de personas a una vida mejor.

Y por si necesitara un último estímulo, Dios básicamente se repite a sí mismo en Josué 1:9 diciéndole:

Ya te lo he ordenado: ¡Sé fuerte y valiente! ¡No tengas miedo ni te desanimes! Porque el Señor tu Dios te acompañará dondequiera que vayas (NVI).

Yo creo que el discurso de Dios a Josué es evidencia de que allí habría en lo natural razones para que él temiera y se desanima y quisiera retroceder. Cuando damos pasos de fe para hacer progresos en la vida no hay ninguna garantía de que no experimentaremos oposición. Pero tenemos la garantía de Dios, de que Él siempre estará con nosotros, y eso es lo que realmente todos necesitamos. No necesitamos saber lo que Dios va a hacer, cómo lo va a hacer, o cuándo lo va a hacer. Sólo necesitamos saber que está con nosotros.

No tenga miedo

Jeremías era un hombre muy joven a quien le fue dado un trabajo muy grande. Dios le dijo que lo había llamado como un profeta a las naciones. Él iba a ser un micrófono para Dios. Pensar sobre eso asustó a Jeremías y empezó a decir todos los tipos de excusas sobre por qué no podía hacer lo que Dios le estaba pidiendo. Se estaba mirando a sí mismo y era necesario que mirara a Dios. También estaba mirando a las personas y preguntándose lo que pensarían y harían si él daba el paso decidido que Dios lo estaba animando a dar.

En respuesta a los comentarios atemorizados de Jeremías Dios le dijo que dejara de hablar y fuera a hacer lo que le había dicho que hiciera. Dios dijo: "No temas delante de ellos, porque contigo estoy para librarte" (Jeremías 1:8). Jeremías recibe el mismo discurso que había recibido Josué. No mires las circunstancias: simplemente recuerda que Yo estoy contigo y eso es todo lo que necesitas.

Jeremías estaba sintiendo el mismo temor que un niñito de cinco años experimentó el día que su madre le pidió que fuera a la despensa de la cocina y le trajera una lata de sopa de tomate. Él no quería ir solo. "Allí está oscuro y estoy asustado". Ella le pidió de nuevo, y él insistió. Por fin ella dijo: "Está bien. Jesús estará en allí contigo". Johnny caminó vacilantemente hasta la puerta y la abrió despacio. Atisbó adentro, vio que estaba oscuro, y empezó a salir cuando de repente tuvo una idea, y dijo: "Jesús, si estás allí, ¿me alcanzarías esa lata de sopa de tomate?"[1]

Al final de Jeremías 1, Dios le dice al profeta que si les sigue teniendo miedo (escapando en lugar de confrontar) Él lo hará temblar delante de ellos. Recuerde que Dios quiere que enfrentemos las cosas, y no que escapemos de ellas. Cualquier cosa de la que escape siempre la estará esperando en alguna otra parte. Nuestra fuerza para conquistar se encuentra avanzando con Dios. El Señor le dijo a Jeremías en el verso final del capítulo uno que la gente lucharía contra él pero no prevalecería por una simple razón ... "Yo estoy contigo".

Es interesante notar que a Jeremías se le advirtió que habría una lucha, pero aún así, él no debía tener miedo porque al final tendría la victoria.

De la resolución falsa a la real

El apóstol Pedro era un hombre que empezó con falsa resolución. Él pensaba que era resuelto pero en realidad, era descarado, presuntuoso, rudo y tonto en muchas ocasiones. Usualmente era el primero en hablar pero a menudo lo que decía era orgulloso y completamente fuera de lugar. Pedro pensaba de sí mismo más favorablemente de lo que hubiera debido. Le fue necesario cambiar su confianza en sí mismo por confianza en Dios.

Jesús trató de advertir a Pedro que lo negaría tres veces en un corto periodo pero Pedro pensó que eso era absolutamente imposible. Después de que Jesús permitió que lo capturaran, Pedro fue reconocido como uno de sus discípulos. Inmediatamente negó aún conocerlo. Pedro siguió manteniendo la misma contestación miedosa hasta negar a Cristo rápidamente tres veces. Pedro, que parecía ser tan intrépido, literalmente se caía a pedazos de miedo durante una crisis real (Lucas 22).

Jesús prometió a sus discípulos que después de su muerte y resurrección Él enviaría a su Espíritu Santo a llenarlos de poder real. Ellos experimentarían verdadera resolución que se arraigaría y conectaría con su fe en Él. Pedro, junto con otros, recibió este poder de lo alto en el día de Pentecostés y Hechos 1 encuentra a Pedro predicando audazmente en las calles de Jerusalén, ya no preocupándose para nada de lo que otros pensaran. Pedro se vio a sí mismo como el farsante y pecador que era. Se arrepintió, fue perdonó y ahora estaba lleno de la resolución santa que sólo puede venir de Dios.

¿Qué está enfrentando usted?

Hemos mirado las circunstancias desafiantes de Josué, Jeremías y Pedro, pero ¿qué está enfrentando usted en este mismo momento? Esas circunstancias amenazantes ¿están frente a usted? En ese caso, recuerde que Dios está con usted y nunca la dejará ni desamparará. Pídale que la ayude y Él lo hará. No tiene que pretender ser valiente; si está preocupada, dígale a Dios cómo se siente. Si está angustiada, dele esas preocupaciones a Dios. Después de todo, Él sabe todas las cosas. Usted puede decir que siente miedo, pero también la animo a que diga que no le permite detenerla en su avance. La desafío a decir: "¡Siento miedo, pero elijo ser resuelta!".

Capítulo Quince

LOS GANADORES JAMÁS SE RINDEN

Rendirse no es una opción para la mujer segura de sí misma. Ella debe decidir lo que quiere o debe hacer y preparar su mente para completar su carrera. Usted experimentará alguna oposición sea lo que fuere que trate de hacer en la vida. El apóstol Pablo dijo que cuando las puertas de oportunidad se le abrieron, sus adversarios fueron muchos (1 Corintios 16:9). La confianza cree que puede manejar cualquier cosa que venga por su camino; no teme a lo que no ha sucedido todavía.

Aún recuerdo la primera mañana de domingo en que ministré en una iglesia que empezamos en la zona urbana deprimida de St. Louis. Nuestra meta era ayudar a las personas heridas de esa área y darles esperanza. Yo estaba de pie en el púlpito ese día y anuncié ruidosamente: "Estoy aquí para quedarme". Había sabido de otros que habían iniciado trabajos similares y, después de un periodo se rindieron. Yo tomé la determinación de que cuando empezara algo lo terminaría.

Hemos soportado oposición. Las iglesias locales se disgustaron porque una nueva iglesia estaba entrando al área. Tuvieron miedo de que tomara sus congregaciones. Su comentario era: "No tenemos necesidad de que un ministerio grande entre aquí y tome a nuestra gente". Las actitudes como esa están basadas en el miedo y son tontas.

Uno de los miembros de nuestro personal fue herido porque le dispararon desde un vehículo en movimiento, pero a pesar de eso no nos fuimos y él tampoco.

De vez en cuando, los miembros de la congregación encontraron que les habían roto las ventanillas de sus automóviles durante el servicio religioso, pero no se fueron. Un par de veces incluso robaron automóviles, pero a pesar de todo nos quedamos.

El pastor fue pillado en un enredo con otra empleada y nos volvimos más determinados que nunca. Dijimos: "Aunque tengamos que volver a empezar, no vamos a salir". El Miedo dijo: "La gente de la congregación se irá cuando sepa esto". Yo dije: "Si alguno sale, Dios enviará a dos más a reemplazarlo". Me dirigí a la congregación y compartí abiertamente la verdad con ellos. Les dije que conseguiríamos a alguien bueno para pastorear la iglesia, que Satanás había querido usar la situación para dividir la iglesia, pero no íbamos a permitir que eso pasara. Las personas realmente apreciaron la sinceridad y nadie se fue. La iglesia ha crecido y tiene unos mil miembros fuertes en este momento.

Cuando intenta hacer algo y el miedo levanta su fea cabeza, debe recordar que la meta del miedo es detenerla. El miedo quiere que usted escape, se retire y se esconda. Dios quiere que usted termine lo que empezó.

Al apóstol Pablo se le dio un trabajo para hacer y él estaba determinado a hacerlo aunque sabía que le significaría encarcelamiento y sufrimiento. Él mantuvo sus ojos en la línea de llegada, no en lo que sabía que debería atravesar. Él dijo que él no fue movido por la oposición, sino que su meta era terminar su carrera con alegría. Pablo no sólo quería terminar lo que empezó, quería disfrutar de la jornada. El goce no es posible si tenemos miedo todo el tiempo. El miedo atormenta en el presente por situaciones futuras que puede que nunca ocurran. Pablo sabía que, sucediera lo que sucediese, Dios sería fiel en fortalecerlo para que él lo pudiera soportar pacientemente.

Tenga cuidado a donde mira

Si miramos fijamente a nuestros gigantes demasiado tiempo, el miedo a ellos nos alcanzará. Mantenga sus ojos en el premio, no en el dolor. En la Biblia, Pablo explica cómo ellos fueron presionados en cada lugar y tuvieron problemas y opresión en todos los sentidos.

Ellos no podían ver alguna salida pero se negaron a rendirse. En 2 Corintios 4:9 explica cómo eran perseguidos pero no desamparados ni dejados solos por Dios.

> Si miramos fijamente a nuestros problemas demasiado tiempo, si pensamos y hablamos acerca de ellos demasiado tiempo, lo más probable es que nos derroten. Mire a sus problemas, pero mire fijamente a Jesús.

Puedo sentir que mi corazón late con valentía mientras escucho a Pablo. Él se determinó a que sin importar lo que le pasara, iba a terminar su carrera. Pablo explicó que ellos no se descorazonaron (estar absolutamente exánimes, exhaustos, y agotados por el miedo) porque no miraban las cosas que se ven sino las que no se ven. (2 Corintios 4:8, 9, 16, 18).

Si miramos fijamente a nuestros problemas demasiado tiempo, si pensamos y hablamos acerca de ellos demasiado tiempo, lo más probable es que nos derroten. Mire a sus problemas, pero mire fijamente a Jesús. No negamos la existencia de problemas, no los ignoramos, pero no les permitimos que nos gobiernen. Cualquier problema que usted tiene está sujeto al cambio. ¡Todas las cosas son posibles con Dios!

Cuando David vino contra el gigante Goliat, no estuvo de pie durante horas mirándolo y preguntándose cómo ganar la batalla. La Biblia dice que él corrió rápidamente a la línea de batalla, hablando todo el tiempo de la grandeza de Dios y declarando su victoria por adelantado. David no huyó de su gigante; valientemente corrió hacia él.

Robert Schuller dijo: "Si escucha a sus miedos, se morirá sin saber qué gran persona podría haber sido."[1]

Si David hubiera huido de Goliat nunca habría sido rey de Israel. Él fue ungido por Dios para ser rey veinte años antes de llevar la corona. Durante esos años enfrentó a sus gigantes y demostró que él tenía la tenacidad para soportar la dificultad sin rendirse.

¿Sentía David algún miedo cuando se acercó a Goliat? Yo pienso que sí. En los escritos de David él nunca pidió ser libre de los sentimientos de miedo. De hecho él habló de estar asustado.

Cuando siento miedo, pongo en ti mi confianza. Confío en Dios
y alabo su palabra; confío en Dios; y no siento miedo. ¿Qué pue-
de hacerme un simple mortal? (Salmo 56:3-4, NVI).

¡David estaba diciendo claramente que aunque él *sentía* miedo,
escogió *estar* seguro!

Vuelva a levantarse

Pablo dijo que cada uno de nosotros está corriendo una carrera y que
debemos correrla para ganar. Ganar requiere preparación y entrenamiento, sacrificio y la voluntad de empeñarnos para sobrepasar a
nuestros competidores. A menudo implica caerse muchas veces y volver a levantarse una y otra vez. Seguir siempre adelante, a pesar de
cualquier oposición que usted pueda encontrar por el camino.

No se rinda jamás

En 1921 Peter Kyne escribió una emotiva historia sobre un hombre
que supo lo que significaba no darse por vencido. *The Go-Getter* (El
buscavidas) es una historia que sigue inspirando a personas hoy.[2] Me
gustaría compartir un breve resumen de él con usted.

Bill Peck regresa a casa de la Primera Guerra Mundial con una
cojera, sin el brazo izquierdo, y con un espíritu de determinación
mayor que el de diez saludables hombres juntos. Después de ser
entrevistado dos veces en Ricks Logging & Lumbering Company y
no ser contratado, Bill visita al fundador de la compañía, Alden
Ricks, y lo urge a que persuada al resto de la dirección para que le den
una oportunidad a Bill. "Yo quiero que me examinen las cabezas [de
la dirección] y me den un trabajo", le dice Bill a su potencial patrón.
"Me importa un rábano lo que sea, con tal de que yo pueda hacerlo.
Si puedo hacerlo, haré lo mejor que haya hecho en toda mi vida, y si
no puedo hacerlo me rendiré y usted no tendrá que despedirme."

A pesar de su renuencia a interferir en las decisiones sobre incor-
poración de personal del hombre que él ha puesto a cargo de esa

tarea, Alden es atraído por el joven veterano. Admira la habilidad de Bill para venderse, y está doblemente impresionado por el trato fácil de Bill, la manera amable con que se niega a tomar un no como respuesta. Alden convence a su mano derecha, el Sr. Skinner, de contratar a Bill, con una severa advertencia al veterano de que él recibirá tres oportunidades y ninguna más.

"¿Cuándo debo presentarme a mis tareas, señor?", pregunta él y comienza esa tarde.

Bill encuentra que el trabajo está hecho a su medida. El Sr. Skinner, privadamente aconsejado por Alden Rick, le da su misión: vender madera mofeta, una madera"tosca y correosa, húmeda y fuerte" que, por un corto tiempo después de ser cortada, "huele igual que una mofeta". Es una madera que pocos compran, y el Sr. Skinner está seguro de que eso permitirá que el nuevo vendedor se vaya cuando no pueda venderla. Pero Bill toma resueltamente su difícil misión y acepta con su respuesta típica: "Se hará."

Pasan dos meses y nada se oye hablar de Bill que ha sido mandado a los territorios de Utah, Arizona, Nuevo México, y Texas para ver qué ventas puede hacer de la madera mofeta. Nada se oye de Bill —pero sus órdenes empiezan a llegar. "Dos carretadas de pino alerce" para Salt Lake City y "una carretada de tablas de abeto mofeta, longitudes y calidades aleatorias, a un dólar encima del precio dado por Skinner" para un almacén al menudeo en Ogden —una compañía con la que el Sr. Skinner ha intentado hacer negocios desde hace muchos años. Cuando Bill llega a Texas, sus órdenes de madera mofeta están entrando tan rápido que Sr. Skinner se ve obligado a pedirle que vuelva su atención a vender la mejor madera, como abeto de Douglas y secoya.

Cuando vuelve a la oficina, Bill ha vendido más que el mejor vendedor de la compañía y recibe un gran salario como resultado de su éxito. Alden Ricks decide que quizás Bill es digno de un nueva prueba. Esto le parece bien al Sr. Skinner, quien está seguro de que Bill fracasará y él podrá sacarlo de la nómina por las buenas.

Alden Ricks llama a Bill y le pregunta si el joven veterano de guerra podría ocuparse de hacer un mandado para él. Alden ha visto un jarrón azul en el escaparate de una tienda particular y necesita que

Bill vaya a comprarlo para él, así puede llevarlo del pueblo a la casa de su hija esa noche para el aniversario de su boda.

Pero la tienda no está donde Alden Ricks dijo que estaba. Cuando Bill no puede localizar a Alden en el teléfono, investiga a pie y finalmente halla la tienda varias calles más lejos, cerrada por la tarde. Pero el nombre del dueño está en la puerta, y Bill pronto empieza una serie de llamadas telefónicas, llamando a tantos B. Jonsens como se listan en la guía telefónica. Finalmente da con el correcto, quién lo conecta con un ayudante que se encuentra en la tienda.

Pero el precio del jarrón es un monto enorme —dos mil dólares— y el ayudante se niega a aceptar un cheque. Decidido a cumplir su promesa, Bill telefonea al Sr. Skinner que evita ayudarlo de forma alguna. Bill es forzado a encontrar otra manera de conseguir el jarrón, poniendo un anillo especial de su propiedad como garantía real.

Después de comprar por fin el jarrón, él se apresura a la estación del tren donde se suponía que se encontraba Alden Ricks. El tren dejó la estación varias horas más temprano, así que Bill averigua el paradero de un piloto amigo que lo lleva en avión hasta un punto del tramo del ferrocarril. Allí Bill se sienta y espera. Cuando ve que el tren se aproxima, le hace señas con un diario del domingo que ha retorcido como una antorcha encendida. Fuerza al tren a que se detenga y convence al guardafrenos de que le permita abordarlo. Aunque es un poco tarde, finalmente entrega el jarrón en el camarote de un sorprendido Alden Ricks que explica al exhausto hombre que el jarrón era su "prueba suprema de buscavidas".

"Es un trabajo que muchos antes de usted han abandonado a la primera señal de un obstáculo", dice Alden Ricks. "Usted piensa que trajo a este camarote un jarrón de dos mil dólares, pero entre nosotros, lo que realmente trajo es un trabajo de diez mil dólares como nuestro gerente de Shanghai."

¡Ésa que una historia conmovedora! ¿No la anima? ¿No la hace querer terminar sus propios desafíos en la vida? Lo que más me gusta de esta historia es que ese Bill podría haberse rendido en cualquier punto. Él podría haber dejado en la tienda, o simplemente podría haberse ido a casa. Pero él usó integridad, recursos y determinación para conseguir hacer el trabajo. Él no se rindió nunca. Los cobardes dejaron, pero la confianza y el valor terminaron.

> ¿Se siente tentada a dejar algo ahora mismo? ¡No lo haga! Terminar su desafío edificará su confianza. Estará más segura de sí misma, y eso es importante.

Los ganadores no siempre tienen el primer lugar, pero deben terminar lo que empiezan. Después de comprender que no iba a alcanzar el tren a tiempo, Bill podría haber dicho fácilmente: "Es así, yo lo intenté y fallé". Pero él no lo hizo —¡y ganó un prestigioso, muy bien pagado trabajo por su logro!

Cuando siempre escoge el camino fácil, su conciencia está descontenta. Puede intentar ignorarlo, pero su conciencia le susurra que no ha hecho su mejor esfuerzo.

Así que cuando se enfrente con decisiones que la acosan o la desgastan, confíe en que su capacidad la llevará al éxito. Y repita siempre lo que dijo Bill Peck : "¡Se hará!"

Los ganadores no siempre tienen el primer lugar, pero ellos deben terminar la carrera. ¿La tienta perder el interés en algo ahora mismo? ¡No lo haga! Terminar su carrera edificará su confianza. Estará más segura de sí misma, y eso es importante. Cuando tomamos decisiones que sabemos en nuestro corazón que no son las mejores, eso molesta nuestra conciencia. Podemos intentar ignorar la voz de la conciencia pero susurra que no hemos hecho nuestro mejor esfuerzo.

Una conciencia culpable erosiona la confianza

He aprendido de la experiencia que una conciencia culpable impide el flujo de la confianza. La confianza es fe en Dios y la creencia de que porque Él la está ayudando, usted puede tener éxito en cualquier cosa que deba hacer. Sin embargo, si nos sentimos culpables retrocederemos en vez de esperar resueltamente que Dios nos ayude. Nos rendiremos en lugar de hacer frente a nuestros desafíos en la vida porque nos sentiremos mal respecto a nosotras mismas.

Una mujer a quien llamaremos Estefanía oyó que una posición estaba disponible en su compañía y quiso solicitarla. Necesitaba ganar más dinero y le gustó la idea y el prestigio de la promoción. Estefanía le preguntó a su supervisor si podía ser entrevistada para el nuevo trabajo y se le dijo que se preparara para hacerlo el próximo día. Toda esa tarde algo estuvo molestando a Estefanía; no estaba segura de qué era pero tenía un vago temor a no conseguir el trabajo. Cuando llegó la hora de la entrevista el siguiente día, ella incluso no estaba segura de si debió solicitarla. Su confianza desapareció y no esperaba poder contestar las preguntas de su supervisor. Durante la entrevista, era obvio que no estaba segura de sí misma. Cuando se le preguntó si creía que podía hacer el trabajo, contestó: "Así lo espero". En el momento en que su supervisor comprendió que a Estefanía le faltaba confianza, ella también perdió la confianza en sí misma y rápidamente acabó la entrevista. Después Estefanía recibió en su buzón del trabajo un aviso de que otra persona había llenado la posición.

Estefanía empezó a orar sobre lo que le había pasado a su confianza. ¿Por qué parecía de repente tan insegura de sí misma? Después de un tiempo de investigar en su alma y orar ella recordó algunas cosas que habían tenido lugar en los últimos meses en su trabajo. Ella hacía llamadas telefónicas personales innecesarias durante los horas de trabajo sabiendo que era contrario a la política de la compañía. Su conciencia la molestó cuando lo hizo, pero ella razonó que de todos modos la compañía no le pagaba bastante y se merecía algún beneficio extra. También tomó horas de almuerzo excepcionalmente largas los días en que su supervisor estaba fuera de la oficina. Una vez más su conciencia la molestó, pero excusó su conducta y siguió. La Biblia nos dice que los razonamientos nos llevan a engaños que son contrarios a la verdad. La verdad es simple y llana. ¡Las acciones de Estefanía eran incorrectas! Ni razonamientos ni excusas podían cambiar eso. Ella le estaba robando a su compañía y aunque intentó ignorar a su conciencia, profundamente dentro de ella se sentía culpable por sus acciones. Ahora entendió por qué no había podido sentir confianza para solicitar la posición que deseaba. Aprendió que la confianza y la condenación no trabajan bien juntas.

Si quiere caminar confiadamente con seguridad y sosteniendo su cabeza en alto, esfuércese por mantener su conciencia limpia de ofensas hacia Dios y el hombre.

Aun rendirse cuando sabe que debe seguir adelante no dejará su conciencia tranquila. Dios no nos dio su Espíritu Santo para estar en la esclavitud del temor. Él no envió el poder de su Espíritu a nuestras vidas para que no tengamos fuerza de voluntad, seamos debiluchos o el tipo de persona que renuncia cuando las cosas se ponen difíciles. Recuerde: Dios no nos dio un espíritu de cobardía, sino de poder, de amor y de dominio propio (2 Timoteo 1:7).

Siempre habrá oposición

Al principio de mi ministerio, Dios me dio un sueño. En el sueño, yo estaba manejando por una carretera y noté automóviles que se salían de ella. Algunos estaban estacionando y otros estaban dando vuelta para volver por donde habían venido. Yo supuse que debía haber un problema adelante pero no podía ver lo que era. Cuando continué manejando audazmente hacia adelante vi un puente con agua del río de abajo que empezaba a fluir a través de él. Comprendí que las personas de los automóviles tuvieron miedo de lastimarse o de llegar a alguna parte de la que no pudieran volver. Mi sueño terminaba conmigo sentada en mi automóvil primero mirando cómo el agua cubría el puente, retrocediendo hasta donde había estado antes, y al lado del camino, intentando decidir si debía estacionar, retirarme o seguir hacia adelante. Entonces me desperté.

Dios usó ese sueño para mostrarme que siempre habrá oposición al apretar el paso hacia una meta. Siempre habrá oportunidad para estacionar y no seguir adelante o dar la vuelta y rendirse. Me toca a mí decidir cada vez si yo me rendiría o seguiría. Ese sueño me ha ayudado muchas veces para seguir adelante cuando vinieron las dificultades y fui tentado a dejar. ¡Yo he decidido que aunque no siempre pueda hacer todo bien, y no siempre pueda conseguir el resultado que espero, nunca dejaré! La determinación la llevará un poco más lejos que el talento. Así que si siente que le falta talento, ponga garra. Lo que necesita para ganar en la vida es determinación más que ninguna otra cosa que usted sepa.

Capítulo Dieciséis

CONVIÉRTASE EN UNA MUJER VALEROSA

Todos nosotros, alguna vez, hemos deseado tener más valor. Piense en el valor que mostró Jocabed, la madre de Moisés. Ella desafió la orden de Faraón de matar a todos los niños varones hebreos y escondió a su hijo durante tres meses antes de ponerlo finalmente en un cesto, orando y confiando en que Dios proveería. Su hija, Miriam, exhibió gran valor cuando vio que el improvisado bote de su hermanito flotaba hacia la hija de Faraón. En lugar de ocultarse, o escapar, ella se acercó a la Princesa con resolución y ofreció conseguirle una nodriza hebrea (la madre de Moisés) para ayudar a criar al niño.

El valor significa ser valiente, audaz, y atrevido. Es una cualidad que, como en los ejemplos de Jocabed y Miriam, permite a una persona enfrentar el peligro y la dificultad con firmeza y resolución. Todos necesitamos valor. El valor viene de Dios mientras que el miedo es lo que Satanás intenta darnos. Yo siempre tuve miedo hasta que desarrollé una relación fuerte con Dios. Yo pretendía que no estaba asustada, pero lo estaba. En la Biblia vemos la frase "sé valiente". El valor está disponible, tanto como el miedo, pero podemos escoger rechazar el miedo y ser valientes.

Estas cosas os he hablado para que en mí tengáis paz . En el mundo tendréis aflicción; pero confiad, yo he vencido al mundo (Juan 16:33).

Si usted ha pasado por alto esa escritura, vuelva atrás y léala. Mire cada palabra y medite en ella hasta que obtenga el pleno significado de lo que Jesús está diciendo. Él nos está diciendo que durante nuestras vidas tendremos tiempos duros, pruebas, y cosas que nos frustren, pero no debemos permitir que la preocupación o la depresión sean parte de ellas porque Él nos ha dado valor (si lo tomamos), confianza y seguridad. No importa lo que venga contra nosotros, si tenemos confianza en que podremos atravesarlo, no nos molestará tanto. En realidad no son nuestros problemas lo que nos hacen infelices; es cómo respondemos a ellos.

Cuando vienen las pruebas y tribulaciones, Satanás querrá darnos miedo pero Dios nos brindará fe, valor y seguridad. ¿Qué está recibiendo usted? La respuesta a esta pregunta puede revelar la raíz de muchas frustraciones.

El libro de Job dice que lo que tememos nos sobreviene (Job 3:25). Ése es un pensamiento aleccionador. Satanás nos propone miedo, y si lo tomamos y meditamos en él y hablamos largamente de él le damos poder creativo.

También, note lo que Jesús dijo en el pasaje anterior de Juan 16:33: Él dice "confiad" (estén seguros). Note que no dijo: "siéntanse seguros". Como he dicho repetidamente en este libro, podemos escoger estar seguros, aunque no nos sintamos seguros en absoluto. Empiece hoy a escoger estar segura en cada situación y empezará a empujar el miedo hacia atrás, al Hades de donde vino. Cuando Satanás intente darle temor, devuélvaselo. Usted no bebería veneno si se lo ofrece alguien, ¿verdad? Entonces deje de tener miedo y empiece a escoger el valor.

Desaliento

Cuando pienso en el desaliento, pienso en un espíritu opresivo, uno que extingue el valor y nos priva de la confianza que Dios quiere que tengamos. El desaliento no es ciertamente de Dios, así que debe ser otra de las ofrendas del diablo. Dios da valor, el diablo da cobardía.

Él puede intentar descorazonarnos a través de pruebas repetidas o agravadas. Intenta descorazonarnos a través de personas que nos destruyen en lugar de edificarnos. Las personas negativas pueden descorazonarnos.

Hoy oí hablar de un hombre de 42 años con una familia, que fue al doctor con un dolor de espalda y descubrió que tenía cáncer en varios lugares del cuerpo. Su espíritu permanecía "arriba" y él nunca perdió el valor hasta que una doctora lo miró y le dijo: "No hay esperanza". Es estúpido decir eso. Comprendo que legalmente un doctor tiene que decirle la verdad de los hechos a un paciente, pero ella podría decirlo de una manera que no fuera tan cruda. Además, siempre hay esperanza. No hay ningún caso desesperado cuando una persona tiene a Dios de su lado.

No pase tiempo con personas que la tiran abajo y le pintan el peor cuadro posible acerca de todo. Resulta más fácil para alguien subirse a una silla y empujarla a usted hacia abajo, de lo que le cuesta a usted levantar a esa persona para que esté de pie a su lado. Debemos estar constantemente en guardia contra el desaliento.

Estímulo

El Duque de Wellington, el líder militar británico que derrotó a Napoleón en Waterloo, no era un hombre fácil para servir bajo él. Era brillante, exigente, y no hacía llover cumplidos sobre sus subordinados. Pero hasta Wellington comprendió que sus métodos dejaban algo que desear. En su vejez una joven dama le preguntó qué cosa, si alguna, haría de modo diferente si pudiera vivir de nuevo. Wellington pensó un momento, y luego contestó: "Haría más elogios".[1]

Todos necesitamos aliento. Es una herramienta que aumenta nuestra seguridad y nos inspira a actuar con valor, temple o fortaleza. ¡Eso es lo que necesitamos! No necesitamos a nuestro alrededor nadie que nos descorazone ... en cambio, necesitamos "estimuladores" en nuestra vida. La Biblia nos dice que nos animemos y edifiquemos moralmente unos a otros.

> Si un granjero planta semillas de tomate, obtendrá una cosecha de tomates. Si plantamos estímulo en las vidas de otras personas, segaremos una cosecha de estímulo en nuestra propia vida.

Por lo cual, animaos unos a otros, y edificaos unos a otros ... (1 Tesalonicenses 5:11).

Como todos encontramos dificultad mientras estamos corriendo nuestra carrera e intentando alcanzar nuestras metas, todos necesitamos estímulo. Cuanto más de él consigamos, más fácil nos será mantenernos en la huella y evitar malgastar días o semanas en depresión y desesperación. Una de las mejores maneras que conozco de obtener algo que quiero o necesito es regalar algo. La Palabra de Dios nos enseña que sembremos y luego seguemos. Si un granjero planta semillas de tomate, obtendrá una cosecha de tomates. Si plantamos estímulo en las vidas de otras personas, obtendremos una cosecha de estímulo en nuestra propia vida.

Lo que hacemos que pase para otro, Dios hará que pase para nosotros. ¿A veces se encuentra deseando tener más estímulo, tal vez de su familia, de sus amigos, o de su jefe? Pero ¿con qué frecuencia anima usted a otros? Si no está segura, haga enseguida un esfuerzo extra. Usted puede ser el cauce que Dios use para que alguien siga avanzando confiadamente hacia el éxito en lugar de rendirse. ¿Sabe que el Espíritu Santo se llama El Estimulador? La palabra griega *parakletos* se traduce como las palabras Espíritu Santo e incluye consuelo, edificación y aliento como parte de su definición. A través del Espíritu Santo, Jesús envió un Consolador, un Auxiliador, un Fortalecedor, un Edificador, y un Estimulador y lo envió para que estuviera en compañerismo íntimo con nosotros. Él vive dentro de los que creen en Jesucristo, y usted no puede tener mayor intimidad que ésa. Permita que Dios la estimule por medio de su Espíritu. Él nunca le dirá que usted no podrá hacerlo. Él nunca le dirá que su caso es desesperado.

Dios nos corrige y nos castiga cuando lo necesitamos, pero también nos estimula por el camino. Es así como debemos criar a nuestros hijos. De hecho, Pablo dijo en su carta a los Colosenses que los padres no debían imponer castigos indebidos e innecesarios a sus hijos, para no descorazonarlos, hacerlos sentirse inferiores, frustrarlos y quebrar sus espíritus (Colosenses 3:21). Si Dios da a los padres terrenales esa instrucción, entonces ciertamente Él no va a actuar de manera diferente hacia sus hijos.

Así que por favor recuerde, cuando viene el desaliento de cualquier origen, ¡que no es Dios quien lo envía a su camino! Recházelo inmediatamente y si no tiene ninguna otra fuente de estímulo, haga lo que hizo David. La Biblia dice que él se fortaleció en el Señor. ¡Cuando siente que empieza a perder valor, hable consigo mismo! Dígase lo que ha hecho a través de dificultades en el pasado y lo hará de nuevo. Recuerde las victorias del pasado. Haga una lista de sus bendiciones y léalas en voz alta cada vez que sienta que se empieza a hundir emocionalmente.

Uno de las maneras en que puede estimularse es leer historias de valor fuera de lo común. Cuando ve lo que otros han hecho, eso lo estimula a que usted puede hacer cualquier cosa que sea necesario que haga.

Valor fuera de lo común

Somos inspirados por las personas con valor fuera de lo común. Ellas ayudan a traer al exterior lo mejor de nosotros. Cuando oímos las historias de otros, eso nos inspira y anima a que hagamos lo mismo. Aquí hay una colección de historias que nos pueden dar visión. Espero que la ministren a usted tanto como me ministraron a mí.

Todos votaron por morir

En los días de guerra un policía japonés que tenía poder absoluto dijo que dentro de tres días todos los de un cierto pueblo montañés de Formosa debían venir a la estación de policía y jura

contra el cristianismo, o les atarían manos y pies juntos, les pon-
drían piedras y serían tirados desde lo alto del puente al río que
corría debajo.

Los cristianos se reunieron a medianoche para decidir qué
hacer. Algunos dijeron: "Tendremos que dejarlo. No podemos ser
cristianos ahora. Él ciertamente nos matará".

Entonces un muchacho joven se puso de pie. "¿Pero no recuer-
dan que Jesús dijo que no debíamos tener miedo de los que sólo
pueden matar el cuerpo, sino miedo de quien puede matar el
cuerpo y el alma? Si él nos mata, sólo serán nuestros cuerpos.
Nuestras almas irán a estar con Jesús." Todos ellos dijeron: "Es
verdad". Cuando se votó, cada la mano estaba levantada: todos
votaron por morir. Al día siguiente el policía se rió cruelmente,
y dijo: "Mañana ustedes mueren".

Al policía le gustaba pescar, y se adentró en el río caminan-
do. Una piedra o árbol llevado por la corriente golpeó su pierna
y se la rompió. Mientras el pueblo de la montaña estaba orando,
un mensajero se apresuró a ir, y les dijo: "El hombre que iba a
matarlos mañana se ahogó en el río".[2]

¿Fue una coincidencia? Pienso que no. Cuando las personas del
pueblo escogieron la valentía sobre el miedo, su fe en Dios abrió una
puerta para su liberación. Es así como Dios ahogó al enemigo en el
mismo río en que él planeó ahogarlos a ellos. Los planes de Satanás
fracasan cuando nos seguimos moviendo con fe y confianza.

Enfrentar una amenaza

Un coronel del Séptimo Regimiento de Rhode Island, en la Gue-
rra entre los Estados, se había vuelto muy impopular con sus
hombres. El informe dice que en el próximo compromiso su pro-
pio regimiento buscaría oportunidades para dispararle. Cuando
él lo oyó, dio órdenes para que los hombres marcharan fuera a
limpiar sus mosquetes; y tomando posición en la cima de un
banco de arcilla y enfrentando al regimiento, dio la orden: "Listos!

*¡Apunten! Fuego"! Cualquier hombre podría haberlo matado sin
el menor riesgo de ser descubierto; pero cada soldado admiró su
extraordinario valor, y quienquiera haya estado dispuesto a
matarlo se abstuvo.*[3]

Este coronel podría haber vivido atormentando temiendo que en
cualquiera momento uno de sus hombres le disparara. En cambio, él
escogió hacer frente a la amenaza y una vez más vemos que el valor gana.
No debemos tener miedo de las amenazas. A Satanás le gusta intimidar a las personas amenazándolas con pensamientos de que vendrán cosas malas. Si enfrentamos las amenazas audazmente, con
frecuencia el enemigo cede. Los matones sólo pueden intimidar a
quienes no los confrontan. No importa lo que nos amenace, nunca
podrá separarnos del amor de Dios.

Si hay algo que deba quedar con usted después que cierre este libro,
por favor recuerde esto: No viva con miedo de lo que puede suceder.
Quizás usted ha oído una amenaza de despido de su trabajo, o que las
reservas del mercado declinan, o puede haber recibido un mal reporte
de su doctor. Todas esas cosas pueden estar sujetas a cambios.

¡Sin aviso, en un momento, Dios puede hacer un cambio en
nuestras circunstancias! Manténgase esperanzado y no permita que el
miedo la gobierne. Confronte al miedo y encontrará que no es tan
poderoso como pensaba que era. Recuerde, el valor no es la ausencia
de miedo, sino acción en presencia de él. No existe una clase de valor
donde el miedo no esté presente. Una gran mujer no permite que el
temor sea su amo. Ella valientemente lo mira a la cara hasta lograr
que baje la vista, con Dios a su lado.

Valor a despecho de la adversidad

*Pablo Partridge vive en el Chicago suburbano. Perdió ambas
piernas en Vietnam, en 1966, por una mina terrestre. Él vivía
del otro lado de la calle de un mujer que un día gritó a voz en
cuello: "¡Mi bebé! ¡Mi bebe!". Dándose cuenta de que ocurría
algo tremendamente malo, este veterano y su esposa salieron de*

su casa —él en su silla de ruedas, su esposa corriendo. Después
de sesenta yardas llenas de baches, la silla de ruedas se detuvo. Él
salió de esa silla de ruedas…y se impulsó a sí mismo sesenta pies
hasta la cubierta de una piscina de natación. Allí estaba una
niñita. Su madre la había tirado de la piscina donde la había
encontrado aparentemente muerta…el pequeño corazón se detu-
vo. Partridge le realizó a la niña maniobras de reanimación y le
habló. "Pequeñita, vas a vivir. Vas a hacerlo. Yo sé que vas a
hacerlo." De repente la niña empezó a respirar, y él gritó para
que llamaran al médico.[4]

Ésa es la nobleza que el Señor ha plantado en este polvo que llamamos carne. Es por eso que Él nos hizo sólo un poco menores que
los ángeles, con el potencial de arriesgar nuestras vidas por otras personas —como este héroe hizo por su país, y con gran angustia y agonía se arrastró a sí mismo sesenta pies para salvar a esta niñita.

Partridge podría haber hecho una elección diferente cuando la
mujer gritó pidiendo ayuda. Él simplemente podría haber dicho:
"Soy un tullido, yo no puedo hacer algo para ayudarla". Y si lo hubiera dicho, ninguno pensaría menos de él. De hecho, la mayoría estaría de acuerdo con él. Pero él hizo lo opuesto porque es un hombre
de valor fuera de lo común. Él nos inspira al resto de nosotros a
enfrentar nuestros desafíos sin quejarnos y a estar menos preocupa-
dos por nosotros mismos y más respecto a otros.

Aquí hay otra historia similar:

Una mañana de verano, cuando Ray Blankenship preparaba su
desayuno, miró fijamente hacia fuera de la ventana y vio a una
muchacha pequeña que era barrida a lo largo de la acequia del
drenaje del desagüe para lluvia al lado de su casa de Andover,
Ohio. Blankenship sabía que a lo lejos, río abajo, la acequia
desaparecía con un rugido debajo de un camino y luego vaciaba
en la alcantarilla principal. Ray azotó la puerta y corrió a lo lar-
go de la acequia intentando adelantarse a la niña que se hun-
día. Entonces se lanzó en las aguas profundas, arremolinadas.

Blankenship apareció y pudo agarrar el brazo de la niña. Ellos dieron volteretas de extremo a extremo. A tres pies de la enorme alcantarilla, la mano libre de Ray sintió algo —posiblemente una roca— sobresaliendo de un banco. Él se asió desesperadamente, pero la tremenda fuerza del agua trató de separarlos a él y a la niña. "Si simplemente puedo aguantar hasta que venga ayuda", pensó. Él hizo algo mejor que eso. Cuando llegaron los rescatistas del cuerpo de bomberos, Blankenship había puesto a la muchacha a salvo. Los dos fueron tratados por el shock. El 12 de abril de 1989, a Ray Blankenship se le otorgó la Medalla de Plata de los Salvavidas de la Guardia Costera. El premio era perfecto, pero esta persona generosa había corrido un riesgo aún mayor de lo que la mayoría de las personas supo. Ray Blankenship no sabía nadar.[5]

Si no estuviéramos tan ocupados tratando de evitar el dolor personal, el miedo no podría dominar nuestras vidas. Quizás debemos ponernos de una vez por todas en las manos capaces de Dios, diciéndole que lo que pase es su preocupación, no la nuestra. Nuestra alegría aumenta cuando ayudamos a otras personas, pero no extenderemos la mano a muchísimos otros si estamos temerosos de lo que nos pasará.

Cuidar de otros

Barbara Makuch pagó amorosamente por su buena disposición para ayudar a los judíos en la Polonia ocupada por los nazis. Ella ayudó a dos personas judías a encontrar protección en la escuela internado de muchachos donde era maestra.

Uno era un joven muchacho judío que pasó con éxito por un estudiante cristiano polaco. La segunda era una mujer doctora que se convirtió en cocinera escolar. Aunque ellos se mantuvieron vivos con medios mínimos en un apartamento diminuto, Barbara y su madre aceptaron responsabilidad por una muchacha judía de siete años de edad, dejada con ellos por la desesperada madre de la niña. Temiendo ser descubiertos en una comunidad tan pequeña, Barbara llevó a la muchacha en un peligroso viaje a Lvov donde la puso al seguro resguardo de la escuela de un convento.

En Lvov, Barbara unió a su hermana Halina a su trabajo para la organización clandestina, Zegota, preparada para ayudar a los judíos polacos escondiéndolos. En una misión de correo Zegota Barbara fue apresada y seguidamente encarcelada, primero en una cárcel conocida, después en el campo de concentración de Ravensbruck en Alemania. Durante años en la cárcel y el campo, Barbara enfrentó la más dura prueba de valor y paciencia. Lo más notable es que no sólo sobrevivía sino que también administraba ayuda para salvar las vidas de compañeros presos.[6]

Sólo piénselo. Barbara podría haber temido por su propia seguridad y no hacer nada. Estoy segura de que millones hicieron simplemente eso. Pero ella era un mujer de valor fuera de lo común. Arriesgó su propia vida por otras personas y el resultado fueron que tantos salvaron sus vidas.

Mi vida es una oración

Mary Khoury tenía diecisiete años cuando ella y su familia fueron forzados a arrodillarse delante de su casa en Damour, Líbano durante la Guerra Civil Libanesa (1975-1992).

El líder de los fanáticos musulmanes que hizo una incursión en su pueblo sacudió descuidadamente su pistola ante sus caras. Su odio por los cristianos le ardía en los ojos. "Si no se vuelven musulmanes", amenazó, "les disparé."

Mary sabía que Jesús había tenido una opción similar. "Renuncie a su plan para salvar a los pecadores, o se le crucificará." Él escogió la cruz.

La opción de Mary era similar. "Yo me bauticé como cristiana, y su palabra vino a mí: 'No niegues tu fe'. Yo le obedeceré.

Prosiga y dispare". El sonido de un arma desde atrás de ella hizo eco en el valle y el cuerpo de Mary cayó fláccidamente a tierra. Dos días después, la Cruz Roja entró en su pueblo. De toda su familia, Mary era la única que todavía vivía. Pero la bala había cortado su espina dorsal, dejándole ambos brazos paralizados. Ellos estaban estirados al costado de su cuerpo y los codos inclinados, recordativos de la crucifixión de Jesús. Ella no podría hacer nada con ellos.

"Todos tenemos una vocación", dijo Mary. "Yo nunca podré casarme o hacer ningún trabajo físico. Así que ofreceré mi vida por los musulmanes, como el que cortó la garganta de mi padre, maldijo a mi madre y la apuñaló, y luego intentó matarme. Mi vida será una oración por ellos."[7]

Requiere un valor fuera de lo común estar deseoso de morir por lo que uno cree, pero también requiere un valor fuera de lo común estar deseoso de perdonar y orar por sus perseguidores. En nuestro mundo de hoy multitudes están ofendidas, enfadadas, amargadas y resentidas. Si más personas tuvieran el valor de perdonar harían de nuestro mundo un lugar mejor.

Tome partido

Él vino caminando por el pasillo sobre sus pequeñas piernas gordas, morenas, con seria determinación en sus ojos. Yo dejé de hablar y la congregación estaba callada, como muerta. "Me pregunto qué habría hecho yo si hubiera estado en la muchedumbre cuando Jesús cayó bajo el peso de su cruz." Él me buscaba de todo corazón a mí. "Por favor, señor, yo quisiera ayudarlo a llevarla." Era un muchacho mexicano de ocho años de edad. Su padre era un minero y su madre una proscrita de la sociedad decente. Yo había estado predicando sobre Simón de Cirene; y cuando pregunté a la audiencia para determinar en sus propios corazones su reacción a esa escena, el pequeño Pedro se acercó a mí.

Alcé mi brazo y lloré: "Sí, y si lo hubieras ayudado a llevar su cruz, los crueles soldados romanos habrían atravesado tu espalda con sus látigos hasta que la sangre corriera hasta tus talones!" Él no retrocedió. Encontrando mi mirada con un fresco valor, dijo a través de sus dientes apretados: "No importa. Yo le habría ayudado a llevarla lo mismo".

Dos semanas después, al cierre del servicio en el mismo edificio, yo estaba de pie a la puerta y saludaba a las personas cuando salían. Cuando vino Pedro, le di golpecitos afectuosos en la espalda. Él se encogió con un pequeño lamento. "No haga eso, mi espalda está dolorida." Yo estaba de pie asombrado. Apenas le había tocado los hombros. Lo llevé al baño y quité la camisa de su cuerpo. Entrecruzados desde su cuello a su cintura había feos ribetes sangrientos. "¿Quién te hizo eso?", lloré de enojo. "Mi madre lo hizo. Ella me azotó porque vengo a la iglesia." [8]

En nuestro mundo de hoy la mayoría de la gente es acomodaticia en lugar de tomar partido por lo que es correcto. Jesús dijo que nos perseguirían por causa de la justicia y la mayoría de las personas no está dispuesta a eso. Jesús también prometió un premio; sin embargo, la mayoría de la gente quiere el premio sin el compromiso. Si hacemos lo que Dios nos ha pedido que hagamos, tendremos lo que Él nos prometió que podríamos tener. La salvación es gratuita y su única condición es "crea", pero los beneficios de ser un cristiano tienen condiciones. Dios sencillamente: "Si tú quieres, yo quiero". La mayoría de los cristianos vive lejos del propósito ordenado por Dios para sus vidas, y de sus privilegios, simplemente porque se acomodan en lugar de tomar partido.

El pequeño Pedro sentía que era correcto para él ir a la iglesia y estuvo dispuesto a sufrir por hacer lo correcto. Muy pocos adultos harían lo que él hizo. Este muchachito era un promisorio cambiador del mundo. Las personas de valor fuera de lo común cambian el mundo que las rodea. No se conforman al mundo; lo cambian y lo hacen un mejor lugar para vivir.

¿Usted se está quejando de las condiciones del mundo de hoy? Pregúntese: "¿Qué estoy haciendo yo para cambiarlo?" Si su respuesta es nada, entonces ¡deje de quejarse y empiece a trabajar! Tome partido. Si

Si usted es el único de quien sabe que quiere hacer lo correcto, entonces usted es ese único que está haciendo una diferencia.

usted es el único de quien sabe que quiere hacer lo correcto, entonces usted es ese único que está haciendo una diferencia. Sí, puede ser un camino solitario, puede haber persecución a lo largo del camino, pero los premios valen la pena. Tendrá la satisfacción de saber que vivió su vida plena y completamente y que se negó a permitir que el miedo fuera su amo.

Haga todo lo que pueda hacer

Algunos individuos atraviesan la vida callada y miedosamente y nunca hacen algo para hacer del mundo un lugar mejor. Están tan concentrados en su autopreservación que nunca extienden la mano a los millones de almas a su alrededor que están clamando por ayuda. Piense simplemente en eso… La mujer de trabajo cuyo hijo de catorce años es muerto al pasar por un tiroteo. El hombre cuya esposa lo deja por otro hombre. La vecina que acaba de saber que tiene un cáncer terminal. Está esa familia de la que oyó en la iglesia que está en peligro de perder su casa porque el marido perdió su trabajo y no ha podido encontrar uno desde hace cinco meses. El banco está listo para ejecutar su préstamo y ellos realmente no tienen donde ir. Están desesperados y no saben qué hacer. Todos les decimos que Dios proveerá, pero nadie está haciendo nada.

Debemos comprender que Dios obra a través de las personas. Somos sus manos, pies, brazos, boca, ojos y orejas. Dios hace milagros, pero los hace a través de personas con valor fuera de lo común. Aquellos que se olvidan lo bastante de sí mismos notarán que Dios ha puesto en su camino a alguien que está herido y necesitado. Oramos para que Dios nos use y cuando lo intenta solemos estar demasiado ocupados para que nos molesten.

Cuando Dios creó a Adán y Eva, los bendijo, les dijo que fueran fructíferos y se multiplicaran y usaran todos los inmensos recursos de la tierra que Él les dio para el servicio de Dios y del hombre. ¿Está usted siendo fructífera? ¿Está su vida produciendo aumento? Cuando usted se involucra con personas y cosas, ¿aumentan y se multiplican? Algunas personas sólo toman en la vida, y nunca agregan algo. Me niego a ser ese tipo de persona. Yo quiero hacer que las personas vivan mejor. Yo quiero poner sonrisas en las caras. ¿Está usando los recursos que tiene al servicio de Dios y del hombre? Debemos asegurarnos efectivamente de que no somos como el hombre rico de la Biblia que tenía tanto que todos de sus graneros estaba completamente llenos, sin lugar para más. En vez de dar algo de eso, él decidió que tiraría abajo los graneros que tenía y construiría uno más grande y recolectaría más productos para él mismo. Yo pienso que fue el hombre más tonto de la Biblia.

Él podría haber decidido que usaría lo que tenía para bendecir otros, pero debe de haber sido un hombre miedoso, egoísta que sólo tenía lugar en su vida para él mismo (Lucas 12:16-20). Dios llamó al hombre un necio, y le dijo: "Esta misma noche ellos (los mensajeros de Dios) vendrán a buscar tu alma; y todas las cosas que has preparado ¿de quién serán?" El hombre iba a morirse esa noche y todo lo que dejaría detrás era "material". Él tuvo una oportunidad para hacer del mundo un lugar mejor. Él pudo añadir a muchas vidas y poner sonrisas en miles de caras. En cambio él, miedosa y egoístamente, sólo se preocupó de sí mismo.

Sea valerosa. Olvídese de usted misma y empiece a hacer todo lo que pueda para ayudar a otros. Consiga una nueva meta…. "Poner sonrisas en caras". Anime, edifique, levante, conforte, ayude, dé esperanza, alivie el dolor, y levante cargas.

Jesús dijo que si queremos ser sus discípulos debemos olvidarnos de nosotros mismos, perdernos de vista a nosotros y a nuestros propios intereses (Marcos 8:34). En el momento en que oímos eso, el miedo golpea nuestros corazones y oímos ruidosamente en nuestras cabezas: "¿Y qué pasará conmigo?" Si me olvido de mí, ¿quién me cuidará? Mi querida, no tenga miedo, Dios mismo la cuidará. Todo lo que usted hace para otras personas regresa multiplicado muchas veces, con alegría. Si está deseosa de darse, tendrá una vida mucho mejor de la que podrá tener si trata de guardarse.

Las mujeres son sensibles a las necesidades de otros. Ellas disciernen, notan cosas. Yo creo que Dios nos da a usted y a mí una capacidad de ser tocadas por los padecimientos de otros para el propósito expreso de ayudarlos. Las mujeres son expertas trayendo consuelo. Las mujeres valientes son generosas. No se limite a pasar por esta vida egoísta y miedosamente, sino haga todo lo que pueda, de cada manera que pueda, para todos los que pueda, tan a menudo como pueda. Si ésa es su meta, usted puede ser uno de esos raros individuos que realmente hacen del mundo un lugar mejor y ponen una sonrisa en cada cara.

Capítulo Diecisiete

¡ANDE, ACTÚE!

Le he compartido mucho de lo que sé sobre cómo volverse un mujer segura de sí misma, y creo que ahora le toca a usted actuar con esta información y empezar a vivir audaz y resueltamente. No importa cómo haya vivido antes, éste es un nuevo principio. Todos los días la misericordia de Dios es nueva y está disponible para todos nosotros hoy. ¡No mire atrás, mire adelante!

Sea decidida, siga su corazón y no se preocupe demasiado por lo que otras personas piensen de usted y de sus decisiones. La mayor parte de ellas no están pensando en usted tanto como imagina.

No viva comparándose constantemente con otros; sea el ser único que es. (Vea 2 Corintios 10:12.) Celebre que es quien Dios la ha hecho ser. Sólo hay una persona que tiene los singulares rasgos y capacidades que constituyen a quien usted es. Disfrute el hecho de que Dios supo que la estaba haciendo y confíe en el pensamiento de que ciertamente Dios dijo sobre usted lo mismo que dijo cuando llamó al mundo en la creación. "Y vio Dios que era bueno."

Hable con seguridad y camine con seguridad

Cuántas veces nuestra apariencia externa muestra cómo nos estamos sintiendo por dentro. ¡Pero también puede funcionar de la otra manera! Cuando parecemos seguros por fuera, podemos sentirnos más seguros por dentro. Cuando camina, hágalo derecha. No deje caer sus hombros ni que su cabeza cuelgue. ¡Usted está llena de la vida de Dios, entonces actúe así!

Viva con pasión, celo y entusiasmo. No sólo trate sino "hágalo" a lo largo del día. Celebre el día. Diga: "Éste es el día que el SEÑOR ha hecho; regocijémonos y alegrémonos en él" (Salmo 118:24, LBLA). No tema al día, ataque al día. Sepa lo que quiere lograr hoy y vaya por ello.

Sonría

Es un hecho que se declara a menudo, pero vale la pena mencionarlo aquí. Para sonreír sólo se necesitan diecisiete músculos, pero cuarenta y tres para fruncir el entrecejo. En otras palabras: ¡le da más trabajo parecer agria que parecer feliz! Así que propóngase sonreír más. Sonría mucho. Cuanto más sonría mejor se sentirá. Su sonrisa no sólo la hace parecer y sentirse más segura, da confianza a otros. Se sienten aprobados y aceptados cuando les sonreímos. Realmente decimos más con el idioma de nuestro cuerpo que con palabras. A menudo puedo decir si una persona está segura de sí misma sólo por cómo se desenvuelve y por cómo se ve su rostro. Algunas personas siempre parecen inseguras y hasta asustadas, mientras que otras parecen seguras y a gusto.

Usted puede pensar que no puede hacer nada respecto a cómo luce, pero puede. Yo era una persona que raramente sonreía. Había sido abusada y había mucha desilusión en mi vida así que tenía perpetuamente una mirada solemne. En realidad, yo esperaba en secreto el próximo desastre que ocurriría en mi vida. Había perdido la esperanza, tenía una actitud negativa, era temerosa y lo mostraba en mi cara y en la manera de conducirme. Mi primer cambio fue simplemente comenzar a sonreír. Ahora sonrío mucho.

¿Sabe que una sonrisa es una arma maravillosa? ¡Es tan poderosa que puede romper el hielo con ella! Si una persona es fría con usted, simplemente comience a sonreírle y la verá hacerse más cálida. Si lleva una sonrisa usted quiere tener amigos, si lleva un ceño todo lo que tendrá serán arrugas. Las sonrisas son un idioma que hasta los bebés entienden. Las sonrisas son multilingües; se entienden en todos los idiomas. Una vez escuché a alguien decir: "Usted no está totalmente vestida hasta que se pone su sonrisa".

Realmente sonreír la hace sentirse mejor y la levanta. Hay estudios que muestran que verdaderamente cuando sonríe, el ritmo de su corazón puede bajar y se reduce la velocidad de su respiración, particularmente si se está sintiendo estresada. Cuando sale de la cama, aunque no se sienta como para sonreír, fuércese a sí misma a sonreír de todos modos, y tendrá un día más feliz. Una sonrisa de estímulo en el momento justo puede ser el punto de inflexión de una vida con problemas. Una sonrisa no cuesta nada, pero da mucho. Si usted no está sonriendo, es como un millonario que tiene dinero en el banco pero no da ningún cheque.

La mayoría de las mujeres se preocupa por su mirada y una sonrisa es un manera barata de mejorar al instante su mirada. Ziggy dijo: "Una sonrisa es un estímulo que no tiene precio".

Cuando nació usted estaba llorando y todos a su alrededor sonreían; viva su vida de tal manera que cuando muera esté sonriendo y todos los demás estén llorando.

Quizás esté familiarizada con Joel Osteen, un pastor de Houston, Texas. Joel se ha hecho muy popular en un corto periodo. Él no sólo pastorea la iglesia más grande de los Estados Unidos sino que también está en la televisión en muchas partes del mundo. Joel es conocido como "el predicador sonriente". Él sonríe literalmente todo el tiempo. He comido con él varias veces y todavía estoy intentando comprender cómo se puede comer y sonreír al mismo tiempo, pero él lo hace. Es un gran pastor y maestro de la palabra de Dios, pero yo creo que una de las principales cosas que ayudan a su popularidad es su sonrisa. Las personas quieren sentirse mejor y cada vez que les sonreímos los ayudamos a sentirse así. Una sonrisa tranquiliza a las personas y las pone cómodas.

Hable segura

Según la Biblia, el poder de vida y muerte está en la lengua y a menudo tenemos que comer nuestras palabras.

La muerte y la vida están en poder de la lengua, y el que la ama comerá de sus frutos (Proverbios 18:21).

Me pregunto cuántas veces en nuestras vidas decimos: "Tengo miedo..." "Tengo miedo de pegarme esa gripe que anda rondando." "Tengo miedo de que mis hijos se metan en problemas." "Tengo miedo de que vaya a nevar, me asusta manejar con ella." "Con los precios subiendo de esta manera, tengo miedo de que no me alcance el dinero." "Tengo miedo de que si no voy a esa fiesta, la gente piense mal de mí." "Tengo miedo de no conseguir un buen asiento en el teatro." "Tengo miedo de que alguien se meta en mi casa mientras estoy fuera del pueblo." Si oyéramos una grabación de cada vez que hemos dicho: "Tengo miedo", probablemente nos sentiríamos asombrados de que nuestras vidas sigan yendo tan bien.

Si realmente entendiéramos el poder de las palabras, pienso que cambiaría la manera en que hablamos. Nuestra conversación debe ser segura y resuelta, no temeroso. La charla temerosa no sólo nos afecta de una manera adversa, sino que afecta a quienes nos rodean.

Quiero hacer una declaración resuelta ahora mismo. Si usted quiere cambiar la manera en que habla, inmediatamente empezará a sentirse más fuerte, más resuelta, valerosa y menos asustada. Santiago dijo que la lengua es como una bestia salvaje y no puede ser domada por nadie (Santiago 3:2-10). ¡Ciertamente necesitamos la ayuda de Dios para esto! Estamos tan acostumbrados a decir cosas sin prestar ninguna atención a lo que estamos diciendo, que necesitaremos la ayuda de Dios para reconocer lo que hay de temeroso, tonto, insensato y pecador en nuestra charla.

Aun después de que reconozcamos el error en nuestras actitudes, todavía necesitaremos formar nuevos hábitos. Crear y romper hábitos llevan tiempo así que no se descorazone consigo misma si no tiene victoria inmediata en esta área. Persista en ello y poco a poco desarrollará el hábito de decir cosas que sumen a su vida, no que le resten.

Háblese vida a sí misma

Soy una gran entusiasta de hablar la Palabra de Dios en voz alta. Hasta escribí un libro sobre este asunto llamado *The Secret Power of Speaking God's Word* (El poder secreto de hablar la Palabra de Dios). En ese libro hice una lista de escrituras por categorías, y las presento como confesiones en primera persona que hacen más fácil para las personas empezar a hacerlo.

No hable de usted misma según como se siente o ve. Hable la Palabra de Dios sobre su vida. No diga de usted lo que otros dicen a menos que lo que dicen tenga valor para repetirse. Quizás sus padres le hablaron de cierta manera que le ocasionó falta de confianza. Ellos pueden no haber sabido hacerlo mejor, pero las buenas noticias son que no tiene que ser afectada por sus palabras por el resto de su vida. ¡Usted puede cambiar su imagen de sí misma empezando ahora mismo!

No diga cosas como: "Tengo poca confianza", o: "Yo nunca superé mis miedos". Diga lo que usted quiere, no lo que tiene. Cualquier cosa que Dios dice que usted puede tener, lo puede tener. Pero deberá ponerse de acuerdo con Él. David dijo: "Mi confianza está en el Señor", y usted puede decir lo mismo. Pablo dijo: "Puedo hacer todas las cosas a través de Cristo que me fortalece". Así que usted puede decir: "Yo puedo hacer cualquier cosa que Dios me diga que haga en la vida porque Cristo me dará la fuerza". Dios dice en su Palabra que Él no nos dio un espíritu de temor, así que usted puede decir: "Yo no temeré, Dios no me ha dado un espíritu de temor". Estoy segura de que usted ya captó la idea.

Cuando usted habla la Palabra de Dios en voz alta renueva su propia mente. Recuerde, Romanos 12 nos enseña que aunque Dios tiene un bueno plan para nuestras vidas, debemos renovar totalmente nuestras mentes y aprender cómo pensar correctamente antes de que lo veamos realizarse.

Lo que está en su corazón sale de su boca (Mateo 12:34) y cuando usted cuida su boca afecta su corazón. Es un ciclo. ¿Qué viene primero, el pensamientos o las palabras? Realmente no importa porque ambos nos afectan y los dos deben corregirse para que disfrutemos la vida que Jesús murió para darnos.

Deje de decir: "Estoy deprimida, estoy descorazonada"; "Me rindo" o "Nada bueno me puede pasar a mí". Toda charla de ese tipo es totalmente inútil. Son palabras que no pueden añadir nada a su vida, pero ciertamente pueden impedirle vivir.

> Si realmente entendiéramos el poder que hay en las palabras, pienso que cambiaríamos nuestra manera de hablar.

Si considera que es una persona con baja autoestima, ninguna confianza, cobarde, inhibida, tímida y temerosa, creo que éste es un punto de inflexión para su vida. Sin embargo, tendrá que ser persistente. No es lo que corregimos una o dos veces lo que hace una diferencia en nuestra vida; es lo que corregimos de forma consecuente.

La conversación segura es contagiosa

Cuando usted habla confiadamente eso se contagia a quienes la rodean. Ellos tendrán confianza en usted si suena segura de sí misma. No sea arrogante, pero sí segura.

Hay una mujer que trabaja en mi oficina y es el tipo de mujer que sencillamente parece poder hacer cualquier cosa que se le pida que haga. No sé si es tan segura como parece, pero me siento a gusto con ella. Cuando sea que le pedimos que haga algo su respuesta inmediata es "no hay problema". Ella no lo quiere decir de una manera arrogante, simplemente está diciendo que lo hará y que ya no tenemos que preocuparnos por eso. Las personas ocupadas como yo necesitamos personas así en nuestras vidas.

Estoy convencida de que aunque no supiera hacer algo, lo averiguaría. O conseguiría a alguien que sepa hacerlo. Otra cosa que frecuentemente dice cuando le preguntó sobre hacer algo es: "Me ocuparé de eso", y siempre lo hace.

No estoy sugiriendo que las personas intenten hacer cosas para las que no están dotadas ni que finjan. Obviamente, debemos hacer lo que Dios nos capacita para hacer, pero debemos hacerlo confiadamente. Estoy segura de ser una maestra de la Biblia muy buena. Si no lo fuera, realmente no debería está intentando enseñar. ¿Cuál es el sentido de pasarse la vida haciendo algo para lo que no cree ser buena?

¡Ande, actúe! ¡Empiece a hablar y caminar con confianza! Es tiempo de búsqueda, no de derrota. Es tiempo de esperar que en su vida pasen cosas grandes.

Tenga una expectativa confiada

No tenemos ningún derecho a esperar algo por lo cual no hemos orado. La Biblia dice que no tenemos porque no pedimos (Santiago 4:2). Así que pida y siga pidiendo (Mateo 7:7).

La forma en que pide también es importante. La Biblia dice en Santiago 5:16 que la oración ferviente, eficaz de un hombre justo tiene tremendo poder disponible. ¿Qué tipo de hombre? ¡Un hombre justo! Ninguno que se sienta culpable, condenado, no bueno, y como si Dios estuviera enfadado con él. Ninguno que sea temeroso, cobarde, tímido, indeciso y de doble ánimo.

¿No dice la Biblia que nuestra justicia es como trapos de inmundicia y que todos han pecado y están destituidos de la gloria de Dios? sí, dice eso. Pero no es nuestra propia rectitud la que llevamos al lugar secreto de la oración, es la rectitud de Jesucristo. La que es dada a cada verdadero creyente en Él.

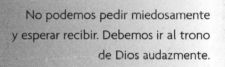

No podemos pedir miedosamente y esperar recibir. Debemos ir al trono de Dios audazmente.

En la cruz Él tomó nuestros pecados sobre sí y nos dio su justicia (2 Corintios 5:21). Podemos llamarnos mujeres virtuosas porque Él nos hace virtuosas ante Dios a través del sacrificio de su sangre.

No podemos pedir miedosamente y esperar recibir. Debemos venir audazmente al trono de Dios. Varias escrituras nos dicen que hagamos precisamente eso.

Acerquémonos, pues, confiadamente al trono de la gracia, para alcanzar misericordia y hallar gracia para el oportuno socorro (Hebreos 4:16).

Vemos en esta escritura la actitud con la que debemos venir. ¡Resueltas! ¡Seguras! ¡Audaces! Entramos de esa manera porque sabemos con convicción que Dios es fiel, que es bueno, y que quiere a satisfacer nuestras necesidades.

No necesitamos actuar como si Dios fuera un avaro al que debemos torcerle el brazo e intentar convencerlo de que nos ayude. ¡Él está esperando oír su clamor!

Algunas personas son incapaces de orar audazmente porque sus conciencias las molestan. Hay cosas de las que deben arrepentirse y compromisos que deben asumir para hacer las cosas de modo diferente. Si ése es su caso, simplemente hágalo. Si hay algo equivocado en su vida, no desperdicie el resto de sus días sintiéndose mal sobre eso …¡haga algo al respecto!

Queridos hermanos, si nuestro corazón no nos acusa, tenemos confianza delante de Dios (1 Juan 3:21, DHH).

Efesios 3:20 nos dice que Dios puede hacer extremadamente, abundantemente, por encima de todo lo que podríamos atrevernos a esperar, pedir o pensar. ¿Se está atreviendo usted en oración? ¿Está esperando lo bastante? El diablo quiere que creamos que debemos ir a Dios con la cabeza gacha y decirle lo espantosos que somos. Él quiere que creamos que no podemos atrevernos a pedir demasiado, porque después de todos, no merecemos nada. Satanás tiene miedo de la audacia, el atrevimiento, la seguridad, la resolución y la oración expectante.

Yo amo la Escritura y voy a citarla, así que dedique tiempo a examinarla cuidadosamente.

En él, mediante la fe, disfrutamos de libertad y confianza para acercarnos a Dios (Efesios 3:12, NVI).

¡GUAU! ¡GUAU! y otro ¡GUAU! Tenemos acceso libre. Podemos ir ante Dios en cualquier momento que queramos. No necesitamos una invitación especial. El cuarto del trono siempre está abierto, Dios siempre está en casa, Él nunca está durmiendo una siesta o en el teléfono. Podemos ir audazmente y esperar que Él satisfaga nuestra necesidad y lo haga de buena gana y alegremente.

Sin duda millones de personas oran, pero la pregunta que queremos responder es: ¿cómo oran? ¿Oran con expectativa, audazmente, resueltamente, confiadamente, entusiastamente, o avergonzados, condenados y piden apenas lo suficiente para seguir, y dudan seriamente de si lo obtendrán?

¡Ande, actúe! Empiece a orar como nunca ha orado antes. Crea que Dios quiere satisfacer sus necesidades porque Él es bueno, no, necesariamente porque usted sea buena. Ninguno de nosotros que vive en un cuerpo de carne tiene un historial perfecto, todos cometemos errores y los suyos probablemente no son peores que los de otros. Así que deje de pegarse y empiece a esperar que Dios sea Dios en su vida.

ESTÉ segura aunque no se SIENTA segura ¡y mire a Dios obrar!

Es un nuevo día

Muchas de las actitudes erróneas hacia las mujeres han cambiado o están en proceso de ser cambiadas. Todavía tenemos un largo camino que hacer, pero como dice el refrán: "¡Venimos de un largo camino, bebé!" Como ya he dicho, apreciamos a las mujeres que fueron pioneras en los movimientos de los derechos de la mujer. Lo lamentamos por las mujeres en que vivieron en el pasado y no conocieron la libertad que disfrutamos hoy. Recordamos con tristeza a los millones de mujeres a lo largo de la historia a quienes les fue robado el propósito que Dios les había dado. Aunque no existiera otra razón, por ellas nosotras debemos apretar el paso hacia adelante y ser todo lo que podemos ser.

¡Ande, actúe! Es un nuevo día. No hay ningún estorbo. La puerta ancha está abierta para que usted haga realidad sus sueños. ¡Camine confiadamente hacia su futuro y no mire atrás!

NOTAS FINALES

INTRODUCCIÓN
1. Greenberg, Susan H. & Anna Kuchment "The Family Moon."
   Newsweek, Enero 9, 2006, p. 47.
2. Parenting, Feb. 2006, p. 100.
3. Parenting, ibid, p. 99.
4. Newsweek, ibid, p. 98.
5. Parenting, ibid, p. 98.
6. Ibid, p. 98.
7. Ibid, p. 30.
8. Ibid, p. 30.
9. Ibid, p. 29.
10. Ibid, p. 100.

CAPÍTULO 1. LA CONFIANZA
1. God's Little Devotional Book for the Workplace, por Todd Hafer.
   Colorado Springs: Honor Books, 2001. pp. 310–311.
2. www.en.wikipedia.org/wiki/Golden_Gate_Bridge. Último acceso
   6/15/06
3. Daily Grace for Teens, por Richard Baxter, Brother Andrew, et. al,
   Colorado Springs: Honor Books, 2005.
4. Charles Swindoll, Kindred Spirit, Vol. 22, No. 3, Otoño, 1998, p. 3.
5. God's Little Devotional Book for the Workplace, por Todd Hafer.
   Colorado Springs: Honor Books, 2001. pp. 182–183.
6. "The Journal of John Wesley,"
   www.ccel.org/ccel/wesley/journal.toc.html. Último acceso 6/16/06.

CAPÍTULO 2. PONGAMOS LAS COSAS EN CLARO
1. Loren Cunningham, David Joel Hamilton, con Janice Rogers. Why
   Not Women: A Fresh Look at Scripture on Women in Missions,
   Ministry and Leadership. Seattle: YWAM Publishing, 2000. p. 17.

2. Cunningham, Hamilton, p. 72.
3. Cunningham, Hamilton, p. 73
4. "Trafficking In Persons Report," The Office to Monitor and Combat Trafficking in Persons, U.S. Department of State, Junio 3, 2005. http://www.state.gov/g/tip/rls/tiprpt/2005/46606.htm. Último acceso 6/16/06.
5. Ibid
6. "Female genital circumcision: medical and cultural considerations," Cindy M. Little. Journal of Cultural Diversity, Primavera 2003.
7. "2004 National Crime Victimization Survey." The Rape, Abuse &Incest National Network (RAINN). http://www.rainn.org/statistics/. Último acceso 6/16/06.
8. "Criminal Victimization, 2003." Washington, DC: Bureau of Justice Statistics, U.S. Department of Justice. www.ojp.usdoj.gov/bjs/abstract/cv03.htm. Último acceso 6/16/06.
9. Ibid
10. In Her Own Right: The Life of Elizabeth Cady Stanton, por Elisabeth Griffith. New York: Oxford University Press, 1984.

El Bureau del Censo de los EE.UU. informó en 2005 en el Estudio anual sobre la Población Actual – Suplemento socioeconómico, que el promedio real de ganancias de los hombres de 15 años de edad y mayores que trabajaron jornada completa, año redondo, descendieron el 2.3 por ciento entre 2003 y 2004, a $40,798. Las mujeres con experiencia de trabajo similar vieron descender sus ganancias el 1.0 por ciento, a $31,223. Reflejando la mayor caída en las ganancias de los hombres, la proporción de ganancias de mujer-a-varón para la jornada completa, año-redondo de los obreros era de 77 centavos de dólar, a 76 centavos en 2003.

CAPÍTULO 3. ¿EMPLEA DIOS A LAS MUJERES EN EL MINISTERIO?
1. www.sermonillustrations.com/a-z/f/faith.htm. Último acceso 6/20/06.

CAPÍTULO 6. SUPERAR LA INSEGURIDAD
1. Reader's Digest, Oct., 1991, p. 62.
2. Barbara L. Fredrickson, "The Value of Positive Emotions: The Emerging Science of Positive Psychology Is Coming to Understand Why It's

Good to Feel Good." (El valor de las emociones positivas: La emergente ciencia de la Psicología Positiva está viniendo a entender por qué es bueno sentirse bien".) American Scientist, Vol. 91, Julio-Agosto 2003. El artículo menciona un estudio que se realizó que monitoreó los sentimientos y actitudes de un grupo de monjas católicas en los años treinta que descubrió que "las monjas que expresaron emociones más positivas vivieron 10 años más que las que expresaron menos."

CAPÍTULO 7. EL PODER DE LA PREPARACIÓN
1. RWD, "Grass on Your Path," Our Daily Bread, Noviembre 18, 1996.
2. "'Entitlement Generation' expects it all'," Patricia Breakey, The Daily Star, Julio 2, 2005. www.thedailystar.com/news/stories/2005/07/02/gen1.html. Último acceso 6/16/06

CAPÍTULO 8. CUANDO EL MUNDO DICE NO
1. "No More Ms. Nice Guy! Confessions of a Recovering People Pleaser." Nancy Kennedy. Today's Christian Woman, Noviembre/Diciembre 2002, Vol. 24, No. 6, p. 70.
2. "A Quick Biography of Benjamin Franklin," www.ushistory.org/franklin/info/index.htm. Último acceso 6/16/06
3. "Alexander Graham Bell-Biography," http://inventors.about.com/library/inventors/bltelephone2.htm. Último acceso 6/16/06.
4. "Semmelweiss, Ignaz Philipp," http://www.answers.com/topic/ignaz-semmelweis. Último acceso 6/16/06.
5. "Margaret Knight—Queen of Paper Bags," por Mary Bellis, http://inventors.about.com/library/inventors/blknight.htm. Último acceso 6/16/06.
6. "Female Inventors: Hedy Lamarr." http://www.inventions.org/culture/female/lamarr.html. Último acceso 6/16/06.
7. "Getting What You Deserve," por Steve Goodier. http://www.inspirationalstories.com. Último acceso 6/16/06.

CAPÍTULO 9. ¿REALMENTE ES LA MUJER EL SEXO DÉBIL?
1. "U.S. Census Bureau Report." www.census.gov. Último acceso 6/16/06.

2. A Box of Delights, compilado por J. John and Mark Stibbe, Canada:Monarch Books, 2002, p. 121.
3. Bartlett's Familiar Quotations, eds. John Bartlett and Justine Kaplan. Boston: Little, Brown and Company, 1996 pp. 144–145.
4. Ibid, p. 654.
5. 100 Women Who Shaped History. Gail Meyer Rolks, San Francisco:Bluewood Books, 1994.
6. World Book Encyclopedia Chicago: Chicago World Book, Inc. 1996, p. 275.
7. www.brainyquotes.com/quotesauthors/m/margaret_thatcher.html. Último acceso 6/19/06.
8. 100 Women Who Shaped History. Gail Meyer Rolks, San Francisco:Bluewood Books, 1994.
9. International Dictionary of Women's Biography. The Continuum Publishing Co., 1982.
10. Stowe, Harriet Beecher, Uncle Tom's Cabin, (New York: Signet Classic 1966) pp. v-vi, 20–21
11. www.webster.edu/~woolflm/dorotheadix.html. Último acceso 6/19/06.
12. World Book Encyclopedia. Chicago: World Book, Inc. 1996. pp. 171–172.
13. "Yes, Women Are Different from Men," por Jane Everhart. International Journal of Humanities and Peace, Vol. 16, 2000. p. 96.
14. *Love and Respect.* Dr. Emerson Eggerichs, Nashville: Integrity Publishers, 2004, p. 30. Hay version en español: *Amor y Respeto* [Casa Creación]
15. For Women Only por Shaunti Feldhahn, Sisters: Multnomah Publishers, Inc. 2004. p. 25.
16. Sparks, quoted in Homemade, Dec. 1984. Accedido en:: www.bible.org/illus.asp?topic_id=1695. 6/19/06.

CAPÍTULO 10. PASOS HACIA LA INDEPENDENCIA

1. Scarf, Maggie. Unfinished Business: Pressure Points in the Lives of Women. New York: Doubleday, 1980.
2. Barbara Hatcher, Vital Speeches, Marzo 1, 1987. http://www.sermonillustrations.com/a-z/s/speech.htm. Accedido 6/20/06.
3. "Engaging Your Employees." James K. Clifton, SHRM Online www.shrm.org/foundation/engaging.asp Último acceso 6/19/06.

4. "How a Country Music Superstar Found Her Real Self," por Carol Crenshaw, December 1, 2005. www.wynonna.com. Último acceso 6/19/06.

CAPÍTULO 11. LA ANATOMÍA DEL MIEDO

1. "The Numbers Count: Mental Disorders in America," National Institute of Mental Health. http://www.nimh.nih.gov. Último acceso 6/19/06.
2. Confidence Booster Workout por Martin Perry. Berkeley, CA: Thunder Bay Press, 2004.
3. "Runaway bride's pastor to publish book on 'foolish decisions.'" Greg Bluestein. The Macon Telegraph, Enero 6, 2006. http://www.macon.com. Último acceso 6/20/06.
4. Our Daily Bread, Abril 6, 1995. Accedido en:: http://www.iclnet.org/pub/resources/text/Our.Daily.Bread/db950406. txt. 6/20/06.
5. Caring Enough to Confront por David Augsburger, Ventura, CA: Regal, 1980.
6. Historia de Dr. Jeff Ginn quien sirve como pastor de la Mount Pleasant Baptist Church, Colonial Heights, Va.
7. www.cybernation.com/quotationcenter. Último acceso 6/19/06.

CAPÍTULO 12. EL MIEDO TIENE PARIENTES

1. "Teenage girls suffer in silence. They really are worried sick." The *Observer*. Junio 28, 1998. http://www.childrens-express.org/dynamic/public/d299901.htm. Accedido 6/19/06.
2. Preacher's Commentar #26: Luke por Bruce Larson, Nashville: Nelson Reference and E-publications, 2003. p. 43
3. www.cyberntion.org/quotationcenter. Último acceso 6/19/06.
4. Hell's Best Kept Secret, por Ray Comfort, New Kensington: Whitaker House, 1989. pp. 160–161.
5. Adapted from The Great Stories CD, John Ortberg, South Barrington, Il.

CAPÍTULO 13. LA RELACIÓN ENTRE ESTRÉS Y MIEDO

1. Surviving Information Overload por Kevin A. Miller, Grand Rapids, MI: Zondervan, 2004. p. 27.

2. "The Life of Henry Ford." http://www.hfmgv.org/exhibits/hf/ default.asp. Último acceso 6/19/06.
3. "People & Discoveries: Jonas Salk 1914–1995," http://www.pbs.org/ wgbh/aso/databank/entries/bmsalk.html. Último acceso 6/19/06.
4. Bits & Pieces, Abril 29, 1993, p. 3 Howard Hendricks, in The Monday Morning Mission. Accedido en: www.sermonillustrations.com/a-z/c/change.htm 6/19/06.

CAPÍTULO 14. ¡ELIJA SER RESUELTA!
1. *Victory in the Valleys of Life* por Charles Allen, Old Tappan: Revell, 1981.

CAPÍTULO 15. LOS GANADORES JAMÁS SE RINDEN
1. www.cybernation.com/quotationcenter. Último acceso 6/19/06.

CAPÍTULO 16. CONVIÉRTASE EN UNA MUJER VALEROSA
1. Bits & Pieces, Marzo 31, 1994, p. 24. www.bible.org/illus.asp. Accedido 6/19/06.
2. "Courage: They All Voted to Die," in Child Evangelism. www.elbourne.org/sermons/index.mv?illustration+3928. Accedido 6/19/06.
3. "Courage: Facing Down a Threat" por McCartney. www.elbourne.org/ sermons/index.mv?illustration+3925. Accedido 6/19/06.
4. "Courage." www.elbourne.org/sermons/index.mv?illustration+1285. Accedido 6/19/06.
5. Paul Harvey, Los Angeles Times Syndicate. Accedido en:: www.sermonillustrations.com/a-z/c/courage.htm. 6/19/06.
6. "To Save a Life: Stories of the Holocaust Rescue," Story synopses, The Barbara Makuch Story. Accedido en:: www.humboldt.edu/~rescuers/book/synopses.html. 6/19/06.
7. *In the Face of Surrender: Over 200 Challenging and Inspiring Stories of Overcomers* por Richard Wurmbrand, New Brunswick, NJ: Bridge-Logos Publishers, 1998, pp. 219–220.
8. Told por Harold Dye, en The Teacher. http://elbourne.org/sermons/ index.mv?illustration+3930. Accedido 6/20/06.